Introduction
to
Logic

Mineshima Koji

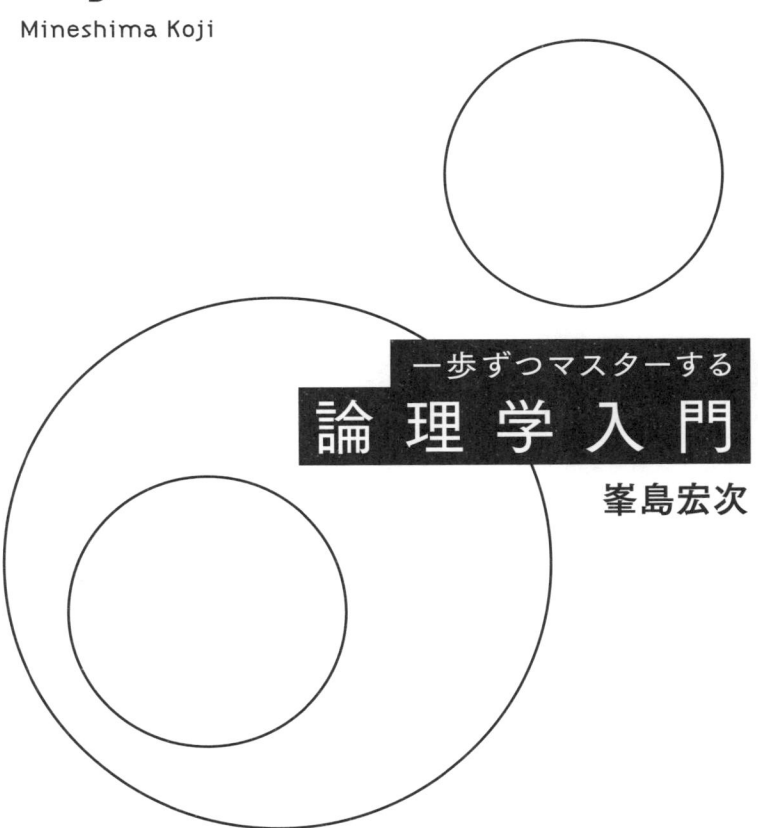

一歩ずつマスターする
論理学入門

峯島宏次

慶應義塾大学出版会

はじめに

　本書は、論理を使いこなせるようになることを第一の目的としている。論理学の教科書の中には、論理にすでにある程度習熟していることを前提して、論理のさまざまな体系について調べることを目的としているものも多い。いわば、論理を外から見て、それを分析するという視点である。一方、本書は論理を内側から見て、まず論理に慣れることを目標とする。論理を外から眺めてそれを分析するためには、まずは論理を使えるようにならなければならない。そのための重要な一歩は、推論や論証と呼ばれるものを記号化し、そのうえで証明を組み立てる能力を身につけることである。

　証明を組み立てるという目的のためには、自然演繹と呼ばれる証明体系に習熟することが、もっとも近道である。自然演繹を学ぶことは、ときにはゲームのような面白さがある。自然演繹は現代の情報科学にも重要なかかわりがあり、さらには現在さかんに研究されているコンピュータに基づく定理証明（いわゆる証明支援系）とも密接な関係をもつ。本書では、自然演繹での証明の書き方を初学者にもわかるように、できるだけ丁寧に説明することを試みている。

　現代論理学は、19世紀末から20世紀初頭にかけて、ゴットロープ・フレーゲ（1848–1925）やバートランド・ラッセル（1872–1970）といった哲学者の手によって、数学の基礎付けという問題から始まり、ダフィット・ヒルベルト（1862–1943）やクルト・ゲーデル（1906–1978）などの貢献を経て、現代の形に整備されていった。同時に分析哲学の基盤としての重要な役割を担ってきた。論理学が哲学にとって重要な道具の一つであるという観点は、現在では広く共有されていると言ってもよいだろう。また、論理学は人が日常的に使っている言葉、すなわち、自然言語について考える

ための欠かせない道具の一つでもある。論理学は哲学や数学のみならず、言語学や認知科学にとっても重要な方法論を提供する。論理学の言語と自然言語の関係について、類書よりも詳しく解説している点も本書の特徴の一つである。

このように論理学は哲学、数学、言語学から認知科学、情報科学まで、幅広い分野にまたがって使われている魅力的な学問分野であり、多様な側面をもつ。

1. 言語を明確に分析し、論証を組み立てるための基本的な道具立てとしての論理学
2. 数学の基礎としての論理学
3. 言語学、情報科学、認知科学など、言語や計算、思考や推論にかかわる分野に応用される論理学

とはいえ本書は、この全容を伝えるものではない。本書は主に、1の側面に焦点を当て、特に哲学を学ぼうとする読者を想定して書かれた入門書である。本書を一冊読めば、現代の哲学の文献において言語を分析する手法、またそこで展開される議論や論証を理解するための基本的な視点が得られるであろう。論理学から派生するさまざまなトピックについては「ノート」という形で補足をした。本書をふまえて、巻末の読書案内で紹介した文献に進めば、他の応用分野にも関心が広がっていくはずである。

本書は、大学では半年もしくは一年をかけて学習する内容をまとめた教科書である。よって、論理学を習ったことのない人がざっと斜め読みをしてすぐに頭に入ってくるようなものではないかもしれない。論理を本格的に身につけるには、紙と鉛筆、あるいはペンとタブレットを用意して、問題を解きながらじっくりと読み進める必要がある。巻末にはできるだけ詳しい練習問題の解答を用意してある。

論理学が何を目標にしているのかという問いから出発し、一つ一つ導入されていく概念や手法が何のためにあるのか、どのような問いに答えるために必要となるのかを考えながら読み進めてほしい。その一助となるためのサポートページを以下に用意した。

各章に配置されている練習問題のほかに、さらに問題を解きたいという人は、このページにある問題に取り組んでみてほしい。

　現代の論理学は、「記号論理学」とも呼ばれ、記号を多用する。本書で用いる記号をここに一覧表にしてまとめておこう。なぜ記号を使うのかについては第2章の解説（2.1　なぜ記号化するのか）を参照してほしい。論理学の言葉を習得することは、外国語を学ぶこととよく似た部分がある。これらの見慣れない記号の使い方を正しく理解することが、本書の目標の一つである。また、外国語を学習するときに、テキストを声に出して読むことが大切であるのと同じで、論理学の記号の「読み方」に慣れることも大いに役立つ。記号が出てきたときは、「読み方」を参考にして声に出して（あるいは頭の中で）読んでみてほしい。

　本書で主に扱う論理記号は以下の七つである。

表1　論理記号一覧

記号	名称	使い方	読み方
$\land$	連言	$A \land B$	A かつ B
$\lor$	選言	$A \lor B$	A または B
$\neg$	否定	$\neg A$	A でない
$\rightarrow$	含意	$A \rightarrow B$	A ならば B
$\forall$	全称量化	$\forall x A$	すべての x について A である
$\exists$	存在量化	$\exists x A$	ある x について A である
$=$	同一性	$t = u$	t と u は同一である（t と u は等しい）

最初の四つの記号「$\land$」「$\lor$」「$\neg$」「$\rightarrow$」は命題論理の記号であり、第2章で導入する。「$\forall$」「$\exists$」「$=$」の三つは、述語論理の記号であり、第5章から

第7章で解説する。「∀」と「∃」は特に見慣れないだろうが、「∀」は All（オール）、「∃」は Exist（イグジスト）と読むことが多い。

　この他に補助的な記号として以下の記号も使用する。

表2　メタ言語で使用する記号一覧

記号	名称	使い方	読み方
$\approx$	同値性	$A \approx B$	A と B は同値である
$\models$	モデルにおいて真	$\mathcal{M} \models A$	モデル $\mathcal{M}$ において A は真である
$\models$	意味論的妥当性	$A_1, \ldots, A_n \models B$	すべてのモデルについて、$A_1, \ldots, A_n$ がそのモデルで真であるなら、B も真である
$\vdash$	証明可能性	$A_1, \ldots, A_n \vdash B$	$A_1, \ldots, A_n$ から B が証明可能である

「$\approx$」と「$\models$」は、第3章で初めて登場する。「メタ言語」という用語についてもそこで説明される。「$\models$」は二つの意味をもち、「$\models$」の左側（左辺）に何が現れるかで意味が変わってくる。「$\vdash$」は第4章で最初に使用する。これらの記号の読み方は特に決まっていないが、記号単体で読むときは、「$\models$」はその形から「ゲタ」、「$\vdash$」は「ト記号」とか「ターンスタイル」と読むことがある。

　次々と新しい記号が登場して最初は戸惑うかもしれないが、新しい言葉を学び、使えるようになることは楽しいことでもある。単に眺めるのではなく、こうした論理の言葉を自ら使うという視点で本書を読み進めてほしい。

目 次

第1章　論理学の問題

　論理学は、**推論**あるいは**論証**と呼ばれるものを探究する。論理学の中心的な目標の一つは、正しい推論を誤った推論から区別する原理的な方法を探究することにあると言ってよい。推論や論証とは、理由を挙げて何かを主張したり、相手が行った主張に対してその根拠を問い返したりといった、私たちがふだん行っている活動を含むものである。それは、「なぜ？」という問いに対して答えを見つけようとする日常的な営みから、哲学的論証や数学の証明といった形態に至るまで、さまざまな形で私たちが実践していることに他ならない。

　現代論理学では、こうしたある意味では私たちがすでによく知っている推論や論証という活動を、形式的な道具立てを用いて記述し、分析する。この章では、その詳細に立ち入る前に、まず私たちがふだん行っている推論とはどのようなものであるのか、どのような構造をもつ推論を私たちは正しい推論と認めるのかを具体例に即して考えてみたい。形式的な分析を行う前に、その分析対象をよく見きわめておこう、というわけである。推論は、人が「なぜ」と問うとき日常的に行っている営みであるとはいえ、多くの場合、人はそのとき、推論の構造全体を把握しているわけではないし、そこで推論が行われていることすら意識していないのがふつうである。こうした無意識のうちに行っていることを明示的に取り出すことが、この章の課題である。

1.1　推論とはどのようなものか

　ここで推論と呼ぶものにはどのような特徴があるのかを順に見ていこう。「論証」と呼んでもかまわないが、以下では「推論」に統一することに

したい。「推論」という用語は、多くの人にとっては日常的にはあまり使うことがない言葉であろう。こうした耳慣れない言葉から始めることに戸惑いを感じる人がいるかもしれない。しかし、日常の言葉遣いと少し距離のある言葉を使うことは、ある学問分野が扱おうとしている対象を正確に理解するために役立つ。

　まず推論には、結論となる主張と、それを支える前提（根拠）がある。推論の分析は、結論となる主張とその前提を見つけ出すことから始まる。いくつかのごく単純な具体例を見ることから始めよう。

　例 1.1　もし泥棒が窓から入ったのなら、表に足跡があるはずだ。しかし、表に足跡はない。したがって、泥棒は窓から入ったのではない。

この推論は、次の (1) と (2) の二つを前提とし、(3) を結論とする。

> (1) もし泥棒が窓から入ったならば、表に足跡がある。
> (2) 表に足跡はない。
> ──────────────────────────────
> (3) したがって、泥棒は窓から入ったのではない。

推論の前提と結論に現れるものを**命題** (proposition) と言う。一般に推論は、前提と結論を含む複数の命題から構成される。このように各行に一つずつ命題を配置し、前提と結論を線で区切って示すことで、推論がどのような前提と結論をもつのかを見通しよく表すことができる。例や命題には、番号をつけておくと後で参照するときに便利であり、分析の対象をはっきりと切り分けるのに役立つ。

　命題とは、一つの文 (sentence) が表すものであり、その特徴は、真であったり偽であったりする、つまり、その真偽を問うことができるという点にある。真偽を問うことができるということは、例えば、(2) の「表に足跡はない」という文が言っていることが本当のことなのか、あるいは嘘なのかを問題にすることができることを意味する。

　一方、以下の (4a)、(4b)、(4c) の文が表すものはそれぞれ疑問、命令、挨拶であって、それが真であるか偽であるかを問題にすることはできない。

(4)　　a. ブラジルの首都はどこですか？
　　　　b. 窓を開けなさい。
　　　　c. おはよう。

よって、これらの文が表すものは命題ではない。もちろん、真面目に (4a) のような疑問を発したり、(4b) のような命令をしたりしているのかと問うことはできるが、それは真偽とはまた別のことである。こういった疑問や命令を分析するために論理を活用することもできるが、本書では命題を基本的な単位とする推論を扱うことにしよう。なお、複数の例を何らかの観点からまとめたいときは、ここにあるように番号の後にアルファベットの小文字を並べてもよい。この場合、後で (4a) や (4b) のような形でそれぞれの例を参照することができる。これは言語学で一般的なやり方であるが、例を挙げて議論するときには便利な慣習である。

　推論の前提となる命題は、一つであっても、複数個あってもかまわないが、結論となる命題は一つに限るものとする。次は、一つの前提と一つの結論からなる推論の例である。

　例1.2　太郎も花子も授業に出席したか、もしくは、次郎だけが授業に出席した。**それゆえ**、太郎か次郎の少なくとも一方は授業に出席した。

与えられた推論が正しいのか誤っているのかを判定するためには、まずその推論の前提と結論となる命題を特定しておく必要がある。そのために、手がかりとなる言葉がいくつかある。

- 「したがって」「それゆえ」「ゆえに」「よって」「だから」といった接続表現は、その後に結論が来ることを示す。
- 「なぜなら」「というのも」といった接続表現は、その後に推論の前提（根拠）が来ることを明示する。

もう一つ例を挙げておこう。

> **例 1.3** 花子はこのクラスの学生だ。花子は数学が得意だ。だ
> から、花子は英語が得意ではないはずだ。なぜなら、このクラスに
> は、数学と英語の両方が得意な人はいなかったから。

推論の結論は、上に示した接続表現のほかに、「はずだ」「ちがいない」と
いった助動詞的な表現をつけたくなるという特徴もある。

問題 1.1 この推論の前提と結論を特定しなさい。

以上の三つの具体例は、いずれも直観的に言って正しい推論である。で
は、推論が正しいとはどういうことだろうか。

ここで混乱を避けるため、いくつか用語を導入しておこう。「正しい」
という語は、「正しい推論」とか「この推論は正しい」といったように、推
論全体について言われる場合もあれば、「正しい命題」「正しい結論」「こ
の前提は正しい」といったように、推論の前提や結論となる、一つ一つの
命題について言われる場合もある。このように推論と命題という異なる単
位に、同じ「正しい」という評価語を用いることは混乱のもとである。こ
のため、推論については「妥当である」「妥当でない」と言い、前提や結論
となる命題については「真である」「偽である」と言うことにしよう。

1.2 妥当な推論と妥当でない推論

では、どのような場合に推論が妥当であると言えるだろうか。一つの基
準は、次のものである。

> **妥当な推論の基準** 前提がすべて真であるならば、必ず結論も真
> である。言い換えれば、前提がすべて真であって、結論が偽となる
> ことが不可能である。

このような場合、前提は結論を**含意する**、あるいは、前提から結論が**帰結**

するとも言う。ここに登場する「必ず」とか「不可能である」といった言葉は、「状況」という言葉を使って言い換えることができる。それによれば、妥当な推論とは、前提がすべて真となるようなあらゆる状況において、結論もまた真となるような推論、言い換えれば、前提がすべて真であって結論が偽となる状況が存在しないような推論のことに他ならない。実際、これまで挙げた推論はこの基準に従って、いずれも妥当な推論であると言える（それぞれについて、前提がすべて真であって結論が偽となるような状況が可能であるかどうか考えてみよう）。

さて、妥当な推論の基準がどのようにはたらくのかを理解するためには、どういう場合に推論は妥当でないのか、つまり、妥当でない推論の基準の方も確認しておくのがよい。それは次のようになる。

▶▲▼▲▼▲▼▲▼▲▼▲▼▲▼▲▼▲▼▲▼▲▼▲▼▲▼▲▼▲▼

> **妥当でない推論の基準**　前提がすべて真であっても、結論が真であるとはかぎらない。言い換えれば、前提がすべて真であって、結論が偽となることが可能である。

◀▼▲▼▲▼▲▼▲▼▲▼▲▼▲▼▲▼▲▼▲▼▲▼▲▼▲▼▲▼

同じように「状況」という言葉を使って言い換えるならば、妥当でない推論とは、前提がすべて真であり、結論が偽となるような状況を考えることができる推論のことである。

前提がすべて真であって結論が偽となるような状況のことを、その推論に対する「反例」と呼ぶ。与えられた推論が妥当でないことを示す、つまり反証するためには、さまざまな可能性のなかから、そのような反例となる状況を見つけ出せばよい。具体例を挙げておこう。

> **例 1.4**　雨が降ったなら、地面が濡れているはずだ。実際、地面は濡れている。したがって、雨が降ったにちがいない。

上の基準に従って、この推論は妥当ではない。この場合、

- 前提「雨が降ったなら、地面が濡れている」は真であり、
- 前提「地面は濡れている」も真であり、

- 結論「雨が降った」は偽である。

という組み合わせを満たす状況を想像することはたやすい。例えば、晴天の日に水を撒いたため地面が濡れたという状況である。次の例も同様に妥当な推論ではない。

> 例 1.5　この授業の履修者はみな文学部の学生だ。花子は文学部の学生である。したがって、花子はこの授業を履修している。

この推論が妥当でないことを納得するには、次のような図を描いてみるとわかりやすいかもしれない。このような図を**オイラー図**という。集合の関係を示すのによく使われる。

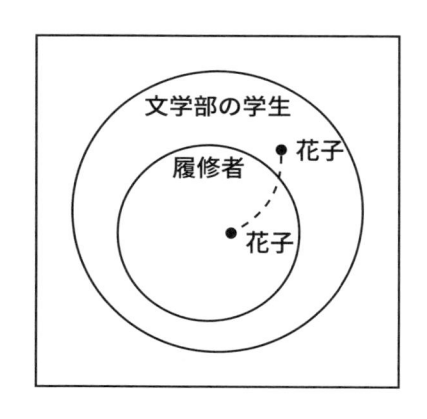

まず、「この授業の履修者」と「文学部の学生」が表す人の集まりをそれぞれ円によって表す。そうすると、「この授業の履修者はみな文学部の学生である」という前提が表している情報は、上のような円の包含関係によって表すことができる。もう一つの前提「花子は文学部の学生である」をこの図に追加するには、花子を点によって表し、それを大きな円（つまり、文学部の学生の集まり）の中に配置すればよい。しかしここで、花子の位置が上の図に示す通り、二通りあることに気づく。つまり、花子はこの授業の履修者かもしれないし、そうでないかもしれない。こうして、二つの前提が真であっても結論は必ず真であるとは限らないということ、つ

まり、この推論は妥当でないことがわかる。

　以上のように、推論が直観的に言って妥当であるか否かを判定するには、「前提がすべて真であって、結論が偽となるような状況が可能かどうか」を確かめればよい。ここで注意すべきことは、ここで問題になっているのがあくまで可能性であって、実際に前提や結論が真であるかどうかではない、ということである。

　私たちがふだん推論や論証を評価するときに考慮することがらは、次の二つに分けることができる。

1. **前提・結論の真偽**：前提や結論となる主張が実際に真であるかどうか。
2. **推論の妥当性**：前提から結論が帰結するかどうか。

推論の妥当性ということで問題にするのは、2の点のみである。前提や結論が実際に真か偽かを問題にするのではなく、前提が真であると仮定したとき、結論も必ず真であるかどうかを問うわけである。

　例 **1.6**　**4枚カード問題**　推論の妥当性を評価する上で重要な役割を演じるのは、与えられた文が真であるのか偽であるのかを判定するという課題である。しかし、人はしばしば、真偽の判定のさいに誤りを犯すことが知られている。次のような四枚のカードを考えよう。

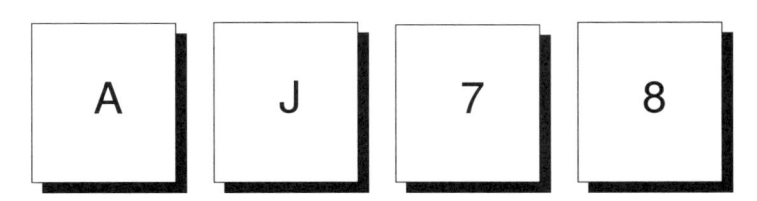

どのカードにも、片方の面にはアルファベット、もう片方の面には数字が書いてあるとしよう。そこで、次の (P) という命題が真であるかどうかを調べたい。

　(P)　もしカードの片方の面に母音が書いてあるならば、もう片方の面には偶数が書いてある。

そのために、最低限どのカードをめくってみればよいだろうか。これが問題である。先を読む前に、少し注意深く考えてみてほしい。

おそらくこの問題へのもっとも多い答えは「A」のカードと「8」のカードというものであろう。しかし、課題文の「ならば」の意味を正確に捉えるなら、これは間違いであり、正解は「A」のカードと「7」のカードである。なぜこれが正解なのかは第 3 章で説明しよう。

推論の妥当性を評価する場面でも、人はしばしば誤りを犯す。次の例を考えよう。

> **例 1.7**　ジャックはアンの方を見ている。アンはジョージの方を見ている。ジャックは帽子をかぶっているが、ジョージは帽子をかぶっていない。

このとき、次の (A) が帰結する、すなわち、(A) は必ず真であると言えるだろうか。

> (A)　誰か帽子をかぶっている人が、帽子をかぶっていない人の方を見ている。

おそらく最初に思い浮かぶ解答は、「帰結しない」、つまり、必ず真であるとは言えないというものであろう。しかし、正解は「帰結する」、すなわち、上の前提がすべて成り立つならば、(A) も必ず真である、というものである。それがなぜなのか、少し考えてみてほしい。

ここで鍵となるのは、「アンは帽子をかぶっているか、帽子をかぶっていないかのどちらかである」という補助的な命題である。この補助的な命題は考えてみると、必ず成り立つ。このようにつねに真である命題は、**トートロジー**と呼ばれる。「アンは帽子をかぶっているか、帽子をかぶっていないかのどちらかである」がつねに真であることに注意すると、もしアンが帽子をかぶっているならば、「アンがジョージの方を見ている」ということから (A) が真であることになる。他方でもしアンが帽子をかぶっていないならば、「ジャックがアンの方を見ている」ということから (A) が導かれる。この形の命題は第 3 章で詳しく見るように**排中律**と呼ばれ

る。この例はいわば隠れた排中律を利用した「場合分け」による推論であり、かなり難しい推論になっている。いまは難しく感じられるかもしれないが、第4章まで読み終わったときにここまで戻ってくると、論理の理解が進んだことが実感できるはずである。

例1.7のようなごくありふれた文から構成される推論であっても人がしばしば間違いを犯すということは、推論の妥当性を評価するという課題がそれほど容易ではないことを示唆している。こうした推論や論証を単なる直感のようなものではなく、確実な方法（そして、できれば効率的な方法）に基づいて評価する視点を身につけることが、論理学を学ぶことの一つの狙いである。

ここでは推論の妥当性を評価する形式的な手法を導入する前に、まずは以下の問題に取り組んでみよう。

問題 1.2　　次の推論の前提と結論を特定しなさい。また、上の基準に従ってそれぞれの妥当性を判定しなさい。

1. この授業を履修している人はみな文学部の学生だ。花子は文学部の学生ではない。したがって、花子はこの授業を履修していない。

2. この授業を履修している人はみな文学部の学生だ。花子はこの授業を履修していない。したがって、花子は文学部の学生ではない。

問題 1.3　次の推論の妥当性を判定しなさい。

前提1　文学部の学生の半数以上は論理学を履修する。
前提2　論理学を履修する人の半数以上は哲学も履修する。
結論　したがって、文学部の学生の半数以上は哲学を履修する。

問題1.3は少し考えさせられる問題である。この段階で答えがわからなくても、この先を読み進めるのに支障はない。ぱっと見て答えがわかるというよりも、少し時間をかけて、慎重に考えるという姿勢を身につけてほしい。本書を読み終わったときにここにある問題に戻ってくると、理解はよ

り鮮明になっているはずである。

1.3　命題論理と述語論理

　与えられた推論が妥当であるかどうかは、その推論を構成する前提や結論がどのような形の命題であるかに依存して決まる。次の (I) から (IV) の例をみよう。これらはいずれも妥当な推論の例である。

(I)　　もし雨が降っていた**ならば**、地面が濡れている。
　　　地面は濡れてい**ない**。
　　　したがって、雨は降ってい**ない**。

(II)　　太郎**も**花子も授業に出席したか、**もしくは**、次郎**だけ**が授業に出席した。
　　　したがって、太郎か次郎の**少なくとも一方**は授業に出席した。

(III)　この授業を履修している人は**みな**文学部の学生だ。
　　　花子はこの授業を履修している。
　　　したがって、花子は文学部の学生だ。

(IV)　この授業の履修者で、**かつ**、文学部の学生であるような人は**存在しない**。
　　　花子は文学部の学生である。
　　　したがって、花子はこの授業の履修者では**ない**。

例えば、(I) の例の場合、「雨が降っている」「地面が濡れている」という部分をそれぞれ A と B に置き換えるならば、推論全体は次のような形をもつことがわかる。

　　　A が成り立つ**ならば**、B が成り立つ。
　　　B は成り立た**ない**。
　　　したがって、A は成り立た**ない**。

ここで、A と B の部分にどんな文が来ようとも、やはり、推論は妥当である（すなわち、前提が真であるならば、つねに結論も真である）。(I) の推論の妥当性は、ここに登場する「ならば」や「ない」という表現の意味と密接にかかわっている。

さて、論理学の目標の一つは、妥当な推論がどんなものであるかを規定することであると述べた。論理学は、どのような表現を分析の基本単位とするか、また、推論に登場するどのような種類の表現に注目するかに応じて、大きく命題論理と述語論理に分けることができる。ここではまず、おおまかに両者の特徴を紹介しよう。

　命題論理は、命題（文）を基本単位とし、

　　…でない（否定）、ならば（含意）、かつ（連言）、または（選言）

という四種類の**文結合子**に注目して推論を分析する。これらの表現は、論理学においてしばしば日常の文脈での意味とは離れた特別な意味をもち、**論理結合子**とも呼ばれる。上の (I) の推論は、「雨が降っている」「地面が濡れている」を基本単位となる命題とし、「ならば」と「…でない」という文結合子を用いて分析される。次の節で詳しく説明するが、(II) の例もまた、「かつ」と「または」を用いて、命題論理の範囲で分析することが可能である。

　次に、(III) の例を見よう。この例において、「この授業を履修している」という部分を F、「文学部の学生である」を G、「花子」を a とそれぞれ置き換えると、推論全体は次のような形をもつことがわかる。

　　F である人は**みな**、G である。
　　a は F である。
　　したがって、a は G である。

ここで重要な役割を果たしているのは、「みな」という表現である。同様に (IV) の例の場合は、次のような形の推論とみなすことができる。

　　F であり、**かつ**、G であるような人は**存在しない**。
　　a は G である。
　　したがって、a は F では**ない**。

ここでは「存在する」という表現が重要である。「みな」や「存在する」とった表現は、**量化子**と呼ばれる表現のクラスに属する。特に「みな」に

類する表現は**全称量化子**、「存在する」に類する表現は**存在量化子**と呼ばれる。述語論理は、この二種類の量化子に注目して推論を分析する。さらに、述語論理では、命題論理において基本単位とされた「太郎は学生である」といった文を、「太郎」という名前と、「学生である」という述語に分解して扱うことが可能になる。上の図式的表現において、a は名前が現れる箇所を表わし、F や G は述語が現れる箇所を表わしている。

　以上をふまえると、命題論理と述語論理の特徴は、次のようにまとめることができる。

	分析の基本単位	注目する表現
命題論理	命題（文）	文結合子
述語論理	名前や述語	文結合子と量化子

　ここで注意すべきは、述語論理は、命題論理を拡張した体系であるという点である。(IV) の例において、「かつ」「…でない」という命題論理の文結合子が登場しているが、これらの文結合子も述語論理で扱われる表現の一部である。つまり、述語論理とは、原子命題を分解し、さらに量化子を導入することによって、命題論理が扱う範囲の推論に加えて、より広い範囲の推論を扱おうとする体系に他ならない。本書では、まず第 2 章から第 4 章まで命題論理を学び、第 5 章から第 7 章にかけて述語論理を学ぶことなる。

1.4　矛盾と整合性

　次のように考えている人がいるとしよう。

　例 1.8　このクラスの学生はみなよくできる。太郎はこのクラスの学生だ。よくできる学生で授業中に居眠りをする者はいない。太郎は授業中によく居眠りをする。

　この人の考えは矛盾している。一般に、ある命題の集まりが与えられたとき、それらの命題すべてが真であるような状況を考えることが不可能で

あるとき、その命題の集まりは**矛盾**している、あるいは、**整合的でない**という。逆に、命題の集まりに対して、それらがすべて真となるような状況を一つでも考えることが可能であるとき、その命題の集まりは**整合的**であるという。

このように、命題が与えられたときにそれが真となる状況や偽となる状況を考えるという手続きは、推論の妥当性だけでなく、命題の集まりの整合性を判定するのにも適用できる。

ここで矛盾や整合性とは、命題を単位としてその真偽をもとにして定義されていることに注意してほしい。社会がかかえている問題や人生で何かうまくいかないこと、本来期待してもおかしくないことがまったく実現されていないことを矛盾と呼ぶことはよくあるだろう。一方、論理学では矛盾をはっきりと限定された意味で使う。命題の集まりが同時に真となることがなければ、それは矛盾している。よって、働く時間が増えても給料が上がらなかったり、明日までに必ず仕事を終わらせると約束した部下が音信不通になったり、あるいは、プレゼン講座の先生のプレゼン能力がかなり低い、といったことは、「矛盾」と呼びたくなる事態ではあるが、ここでの定義によれば、それはまだ矛盾と呼べるものではない。

> **問題 1.4** 次の命題の集まりがそれぞれ整合的かどうか判定しなさい。

1. 太郎は次郎より背が高い。次郎は花子より背が高い。太郎は花子より背が低い。
2. AさんはCさんより若い。DさんはBさんより歳をとっている。BさんはCさんより若い。DさんはCさんより歳をとっている。

もしこの段階で、これまでの問題（推論の妥当性判定と整合性・矛盾の判定）にうまく答えられなかったとしても、それほど気にする必要はない。勘に頼らず、より信頼のできる方法で答えを見つけることがこの後の課題となる。

1.5 演繹と帰納

推論には、演繹的推論と帰納的推論という二種類がある。まず次の例を見よう。

例 1.9

(1) 時間通りに教室に行ったが誰もいない。休講なのだろう。

(2) これまで毎週金曜の終電は、いつも混み合っていた。今日は金曜日だ。だから、今日の終電もきっと混むだろう。

こうした推論は、日常ひんぱんに行われる。多くの場合、私たちがこれらを「正しい」推論とみなしていることは間違いない。しかし、例 1.9 の推論は、これまで見てきた推論とは、ある決定的な点で異なっている。いずれも、前提は結論を支持する十分な理由を与えてはいるが、決定的な理由を与えているとは言い切れない。時間になっても教室に誰もいないからといって、その日が休講であるとは限らない。他の学生と教師がたまたまそろって遅れているだけなのかもしれない。同様に、これまで金曜日の終電が混んでいたからといって、必ず今度の金曜日の終電も混むとは限らない。

これに対して、これまで扱ってきた推論の場合、前提が成り立つならば、結論も必ず成り立つ、という（驚くべき！）特徴を備えている。簡単な例を他にいくつか挙げておこう。

例 1.10

(1) 教室には誰もいない。よって、太郎は教室にいない。

(2) 正解は選択肢の A か B のどちらかだ。しかし、B は正解ではない。したがって、A が正解だ。

(3) 今日は木曜日だ。ということは、昨日は水曜日だ。

これらの推論では、前提は成り立つが結論は成り立たない、という事態を想像することは不可能である（それぞれの例に当てはめて考えてみて

ほしい）。言い換えれば、ここには、前提が成り立つならば結論も必ず成り立つ、という強制力がある。こうした強制力をもつ推論を**演繹的推論**(deduction) という。これに対して、例 1.9 の推論のように、前提は結論を支持する理由を与えるが、演繹的推論のような強制力をもたない推論——私たちが日常的に予測や推測と呼ぶもの——は、**帰納的推論** (induction)と呼ばれる。また、演繹的推論として正しいものを、演繹的に妥当な推論と呼び、帰納的推論として正しいものを、帰納的に妥当な推論と呼ぶ。つまり、推論の種類に応じて、妥当性の概念にも二つの種類があるということである。

　なぜ演繹的推論は強制力をもつのだろうか。この問いに次のように答えることで、演繹的推論と帰納的推論の違いが少しはっきりするかもしれない。演繹的推論では、結論の情報は、前提のうちにすでに含まれている。それゆえ、前提が成り立つにもかかわらず結論が成り立たない、という事態は端的に不可能である。演繹的推論が強制力をもつのは、このためである。これに対して、帰納的推論の場合、結論は前提で与えられている以上の情報を含む（先の具体例に則して考えてみてほしい）。この追加された内容に誤りがあれば、たとえ前提がすべて正しいとしても、結論全体は誤りとなる。帰納的推論は、前提に含まれる情報を増やすがゆえに、演繹的推論のような強制力を欠いているのである。

　私たちがこれから扱うのは、演繹的推論である。以下では、とくに断りのないかぎり、「推論」という用語で演繹的推論を指し、「妥当である」は「演繹的に妥当である」を意味することにしよう。ここでようやく、冒頭の問題に一応の答えを与えることができる。私たちが問題にする妥当な推論とは、演繹的に妥当な推論のことであり、それは「前提が真であるならば、結論も必ず真である」という特徴をもつ。しかしこれはいまだ、「妥当な推論」という概念のおおまかな特徴づけに過ぎない。次の課題は、これをより明確な仕方で捉え直すことである。

第2章 日本語文の記号化と形式言語

　私たちがふだん使っている日本語や英語のような言語を、**自然言語**と呼ぶ。自然言語の文はしばしば、曖昧性や省略を伴うため、推論を厳密に表現するための言語としては不向きな面がある。そのため、現代論理学では、自然言語で表現される推論を直接扱うのではなく、**形式言語**と呼ばれる一種の人工言語を設定し、そのなかでの推論を扱う。論理学で用いられる形式言語は、いっさいの曖昧性が生じないように設計され、また、自然言語とくらべて、はるかに単純で見通しのよい仕組みをもっている。こうした形式言語のなかで推論を正確に表現した上で、その妥当性を判定しようというわけである。その詳細を見るまえに、ここではまず、なぜ推論の記号化が必要であるのかを考えよう。

2.1　なぜ記号化するのか

　第1章では、私たちがふだん日本語を用いて行っている推論をとりあげ、それがどのような構造をもつのか、妥当な推論とそうでない推論がどのように区別されるのかを見てきた。これに対して、現代論理学（しばしば記号論理学とも呼ばれる）は、日本語や英語のような自然言語で表現される推論に直接かかわるのではなく、それを人工的に作られた言語へ移し換えた上で、そのなかで推論の妥当性を問題にする。例えば、

(5)　今日雨が降っているならば、運動会は中止だ。今日は雨が降っている。ゆえに、今日の運動会は中止だ。

という推論は、「今日雨が降っている」という命題を P、「今日運動会は中止である」という命題を Q、接続詞「ならば」を「→」と表すなら、次のように表すことができる。

(6)　$P \to Q.\ P.$ ゆえに、$Q.$

現代論理学では、(5) のような日本語で表現された推論を直接問題にするのではなく、(6) のような**記号化**された推論を扱うわけである。しかし、どうして記号化が必要なのだろうか。理由はいくつか考えられる。

　第一に、ここで問題にしている妥当な推論には、一定のパターン（図式）がある。

> もし雨が降っていた**ならば**、地面が濡れている。
> 地面は濡れてい**ない**。
> ―――――――――――――――――――――――――
> したがって、雨は降ってい**ない**。

という推論は、二つの前提と一つの結論からなる推論であり、（1.2 節で論じた基準に基づいて）妥当な推論である。ここで、「雨が降っている」「地面が濡れている」という部分をそれぞれ P と Q に置き換えるならば、推論全体は次のような形をもつことがわかる。

> P が成り立つ**ならば**、Q が成り立つ。
> Q は成り立た**ない**。
> ―――――――――――――――――――――――
> したがって、P は成り立た**ない**。

ここで、「雨が降っている」や「運動会は中止である」といった個々の命題が具体的に何であるのかとは独立に、P と Q の部分にどんな命題が来ようとも、やはり、推論は妥当である（すなわち、二つの前提が真であるならば、つねに結論も真である）。この推論の妥当性は、ここに登場する「ならば」や「…ない」という論理的表現の意味に基づくものであると言ってよい。具体的な日本語の文のかわりに、P や Q といった記号を用いることで、こうした推論の妥当性に直接影響するパターンを抽出することが可能となる。

　第二に、自然言語の表現は、しばしば曖昧である。例えば、

(7)　哲学と論理学か統計学を履修しなければならない。

という文は、哲学と論理学の両方か、あるいは統計学を履修しなければならないと解釈することもできれば、哲学に加えて、論理学か統計学のいず

れかを履修しなければならないと解釈することもできる。この二つの解釈の違いは、括弧を用いて、

1. (哲学と論理学) か統計学
2. 哲学と (論理学か統計学)

と表すことができる。同じことは、次のような**木** (tree) の形で、より視覚的に表すこともできる。左側の図が1の解釈に対応し、右側の図が2の解釈に対応する。

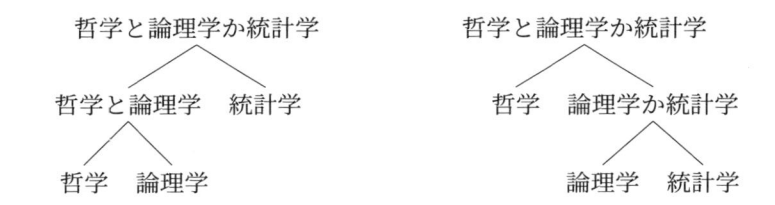

この例が示している重要な事実は、文を代表とする複合的な表現は、単に語を並べて作られたものではなく、むしろ、いくつかの語が集まってかたまりを作りながら表現全体が形成されるという点である。複合的な表現を構成する語がまったく同じでも、かたまりの作り方の違い（構造の違い）によって、意味に違いが生じる。この種の曖昧性は、**構造的曖昧性** (structural ambiguity) と呼ばれる。これに対して、例えば、

(8) 大きなくもを見た。

という文は、下線部を「雲」と解釈するか、「蜘蛛（クモ）」と解釈するかで曖昧である。このように、曖昧な単語を含むために生じる曖昧性を、構造的曖昧性と区別して、**語彙的曖昧性** (lexical ambiguity) と呼ぶ。

　推論の前提や結論に曖昧な表現が現れる場合、可能な解釈のうちどの解釈が意図されているのかに応じて、推論は妥当であったり妥当でなくなったりする。記号化と括弧の使用によって、こうした事態を避けることができる。

　ようするに、論理学では、妥当な推論を厳密に特徴づけるというその性

格上、推論の妥当性に影響しない部分を捨象すると同時に、表現の曖昧性をあらかじめ排除しておく必要がある。論理学において記号化された推論を扱うのは、このような要求に応えるためである。

推論の妥当性を捉えるために記号化が重要であるにしても、一つの形式言語まで導入するのは、おおげさだと感じるかもしれない。しかし、ここには次のような事情がある。1.3 節では、妥当な推論パターンのいくつかを挙げたが、もちろん、これで全部というわけではない。では、いったいどれくらいの数あるのだろうか。実は、少し考えればわかるように妥当な推論パターンは無数にある。例えば、

A ならば B。B ならば C。ゆえに、A ならば C。

は妥当である。前提をもう一つ増やした

A ならば B。B ならば C。C ならば D。ゆえに、A ならば D。

もまた妥当である。こうして、いくらでも新しいパターンを考えることができる。したがって、妥当な推論パターンの全体を単純に列挙することはできない。むしろ、ある限られた範囲の規則を出発点とし、妥当な推論パターンの全体を覆うようなメカニズムが必要なのである。そのようなメカニズムを規定するさいに、形式言語が重要な役割を果たすことになる。

問題 2.1　次の文はいずれも曖昧である。それぞれどのような解釈が可能であるか考えてみよう。
1. 土曜と日曜の夕方は家にいます。
2. 太郎の奥さんと妹が訪ねてきた。
3. またフランスに行きたくなった。

📖ノート　**自然言語の曖昧性**

構造的曖昧性や語彙的曖昧性は日本語に特有の現象というわけではなく、自然言語一般がもつ特徴である。例えば、英語の場合、bank という単語は銀行を意味するのか、土手を意味するのか、語彙的に曖昧である。また、A boy saw a girl with a telescope という文は、丸括弧を使えば、"A boy saw (a girl with a telescope)" 〔男の子は望遠鏡をもっている女の子を見た〕と解釈することもできれば、"A boy (saw a girl with a telescope)" 〔男の子は望遠鏡で女の子を見た〕と解釈することもできる。これは英語の前置詞句に特徴的な構造的曖昧性である。対応する訳文からわかるように、日本語の場合、修飾表現の「望遠鏡をもっている」や「望遠鏡で」は名詞や動詞の前に出現し、英語のような構造的曖昧性は生じない。ここで考えてみるべき問いは、なぜ自然言語は一般的に曖昧性という特徴をもつのか、という問いである。このような問いに本書で答えることはできないが、論理学の言語を学ぶことの一つの意義は、いわばそれを「ものさし」にして私たちがふだん使っている自然言語について考え直すことができる点にある。

20

2.2　文の記号化

　この節ではまず、形式言語の一つである、命題論理の言語を導入し、日本語の文をどのように命題論理の言語に移し換えるのか——どのように翻訳するのか——という問題を考える。命題論理の言語の定義は後回しにして、まずは日本語の表現と命題論理の表現との対応関係を見ることにしよう。

　命題論理の言語において、自然言語の文に対応する単位を**論理式** (formula) と呼ぶ。特に、それ以上分解されない基本単位となる論理式を、**原子論理式** (atomic formula) と呼ぶ。原子論理式は、A、B、C のようなアルファベットの大文字で表す。また必要に応じて、A_1、A_2、A_3 のように数字を添えたものを使ってもよい。

　原子論理式から出発して、次の四種類の**論理結合子**を用いて、複合的な論理式を作ることができる。

	記号	読み方
連言	$A \wedge B$	A かつ B
選言	$A \vee B$	A または B
否定	$\neg A$	A でない
含意	$A \to B$	A ならば B

一例を挙げると、$A \wedge \neg B$（連言と否定）、$\neg A \to B$（否定と含意）、$C \to (A \vee B)$（含意と選言）といったように、論理結合子を組み合わせて複合的な論理式を作ることができる。否定を繰り返して、$\neg\neg A$ のような論理式を作ってもかまわない。

　さて、こうした論理式の厳密な定義は後に見ることにして、この節では、論理結合子を用いて、日本語の文を命題論理の論理式に移し換える方法を考える。四つの論理結合子について順番に検討しよう。

◆ 連言

　「$\wedge$」は、連言の論理結合子であり、二つの論理式 A と B を結びつけて、「$A \wedge B$」という論理式を形成する。「$A \wedge B$」は、「A かつ B」と読むことができ、二つの論理式 A と B がどちらも真であることを主張している。

　連言「$\wedge$」を使って記号化することができる日本語文は、表面上「かつ」という接続詞を含むものだけではない。例えば、「東京は晴れである」を A、「大阪は雨である」を B、「札幌は雨である」を C とおくと、以下の日本語文はいずれも連言を使って記号化できる。

(9)　a.　東京は晴れであり、大阪は雨である。　$A \wedge B$

　　　b.　東京は晴れであり、かつ、大阪は雨である。　$A \wedge B$

　　　c.　東京は晴れであるが、大阪は雨である。　$A \wedge B$

　　　d.　東京は晴れであるにもかかわらず、大阪は雨である。　$A \wedge B$

　　　e.　大阪と札幌は雨である。　$B \wedge C$

　　　f.　大阪も札幌も雨である。$B \wedge C$

(9a) のように、日本語では二つの文を同時に主張するときに、接続詞は使わずに、動詞を「晴れである」から「晴れであり」という形に変えて、

単に二つの文を並列することもできる。このように「かつ」のような接続詞が表面上現れていない場合でも、二つの文が真であると主張している複合文は ∧ を使って記号化される。

また、(9c, d) にある「が」や「にもかかわらず」のような逆接の表現で接続された文も連言によって記号化される点に注意してほしい。二つの論理式がいずれも真であることを主張していると読めるものは、ほかにどんな意味の含みがあるとしても ∧ を使って記号化できるのである。

✦ 選言

「∨」は、選言の論理結合子であり、二つの論理式 A と B を結びつけて、「$A \lor B$」という論理式を形成する。「$A \lor B$」は、「A または B」と読むことができ、二つの論理式 A と B の少なくとも一方が真であることを主張している。第3章で詳しく説明するが、A と B の両方がともに真であるときも、「$A \lor B$」は真であると考える。こうした選言は「非排他的選言」と呼ばれる。

選言「∨」を使って記号化することができる日本語文は、表面上「または」を含むものだけではない。「東京で雨が降っている」を A、「大阪で雨が降っている」を B とおくと、以下の日本語文はいずれも選言を使って記号化できる。

(10)　a. 東京で雨が降っているか、大阪で雨が降っている。　$A \lor B$

　　　b. 東京で雨が降っているか、または、大阪で雨が降っている。
　　　　$A \lor B$

　　　c. 東京で雨が降っているか、あるいは、大阪で雨が降っている。
　　　　$A \lor B$

　　　d. 東京か大阪で雨が降っている。　$A \lor B$

✦ 丸括弧の使い方

連言と選言を同時に使って記号化を行うときは、丸括弧の使い方について注意が必要である。三つ以上の論理式を連言 ∧ によって結合するときは、丸括弧を省略して、例えば次のような記号化をゆるす（ここでは、「東

京は晴れである」を A、「神奈川は晴れである」を B、「埼玉は晴れである」を C とおく）。

 (11) 東京も神奈川も埼玉も晴れである。 $A \wedge B \wedge C$

選言 $\vee$ の場合も同様に、次のような丸括弧なしの記号化をゆるすことにしよう。

 (12) 東京か神奈川か埼玉は晴れである。 $A \vee B \vee C$

しかし、連言と選言が混在する場合、例えば、次のような日本語文を記号化するさいには、丸括弧の使用は不可欠である。

 (13) a. 東京と神奈川が晴れであるか、埼玉が晴れである。
     $(A \wedge B) \vee C$
   b. 東京は晴れであり、神奈川か埼玉も晴れである。
     $A \wedge (B \vee C)$

(13a) と (13b) では、別のことを主張している。よって、ここで括弧なしの $A \wedge B \vee C$ のような表記はゆるされない。$(A \wedge B) \vee C$ と読むのか $A \wedge (B \vee C)$ と読むのかはっきりしないからである。

 問題 2.2 次のように記号を割り当てる。このとき、1 から 5 までの日本語文を記号化しなさい。

  太郎はコーヒーが好きだ：A 花子はコーヒーが好きだ：C
  太郎は紅茶が好きだ：B 花子は紅茶が好きだ：D

1. 太郎はコーヒーが好きで、花子は紅茶が好きだ。
2. 太郎か花子は紅茶が好きだ。
3. 太郎は、コーヒーも紅茶も好きだ。
4. 太郎か花子は、コーヒーも紅茶も好きだ。
5. 太郎も花子も、コーヒーか紅茶が好きだ。

📖ノート　　日本語の「かつ」と「または」

　∧ を「かつ」と読み、∨ を「または」と読むと言っても、この二つの論理結合子と日本語の接続表現には違いがある。まず、(9a) と (9b) をくらべてみると、接続表現の「かつ」があってもなくても、ほとんど意味は変わらないことに気づく。日本語では、「降っている」という動詞を「降っていて」や「降っており」のように適切な形に変えて、二つの文を並べれば、それだけで連言の意味を表すことができる。

　同様に、(10a) と (10b) をくらべてみると、選言の意味を実質的に担っているのは、「か」という語であり、「または」や「あるいは」という接続表現は省略できることに気づく。これらの日本語の接続表現は、連言や選言の意味をいわば強調するための補助的なマーカーである。一方、英語の and や or は、次の例が示すように、省略不可能であり、文と文を結合し、連言や選言の意味を実質的に担っている。

　It is raining in Tokyo and it is raining in Sapporo.

　It is raining in Tokyo or it is raining in Osaka.

つまり、英語の場合、∧ と and、∨ と or が文法的にも対応しているのに対して、日本語の場合は、∧ と「かつ」、∨ と「または」にはずれがあるわけである。それでも、∧ を「かつ」、∨ を「または」のように読むことは、論理式を日本語に対応付けるときには便利な慣習である。

✦ 否定

　「¬」は否定の論理結合子であり、一つの論理式 A と結びつき、「¬A」という複合的な論理式を形成する。「¬A」は、「A でない」と読むことができる。

　否定を表す表現と、連言や選言を表す表現が組み合わさった場合、記号化のさいに注意が必要になる。いま、「太郎が来た」という命題を A、「花子が来た」という命題を B とおくと、「太郎が来なかった」は ¬A、「花子が来なかった」は ¬B と記号化できる。これを連言、選言でそれぞれ結びつけると、次のような日本語文に対応する論理式が形成される。

(14)　　a. 太郎も来なかったし、花子も来なかった。　¬A ∧ ¬B

b. 太郎が来なかったか、あるいは、花子が来なかった。
$\neg A \vee \neg B$

以上と区別すべきは、次の例である。

(15)　a. 太郎も花子も来たというわけではない。　$\neg(A \wedge B)$
　　　b. 太郎か花子が来たというわけではない。　$\neg(A \vee B)$

この例の場合、否定されているのは、「太郎も花子も来た $A \wedge B$」「太郎か花子が来た $A \vee B$」という連言文と選言文の全体である。つまり、(14a, b) と (15a, b) では、否定のかかり方が異なるのである。この否定のかかる範囲を否定の**スコープ**という。「…というわけではない」は、「…」の位置にくる文全体を否定する表現、つまり「…」の範囲を否定のスコープとする表現である。

(15a) と (15b) の論理式を見るとわかるように、否定のスコープを明示するのに、丸括弧が本質的な役割を果たしている。丸括弧をとりはずして、例えば、$\neg A \wedge B$ のように書くと、これは $\neg A$ と B の連言、つまり、「太郎は来なかったが、花子は来た」という日本語文に対応する論理式となる。

問題 2.3　太郎、次郎、花子の三人がパーティーに来るかどうかが話題になっているとする。いま、「太郎が来る」という命題を A、「次郎が来る」という命題を B、「花子が来る」という命題を C という記号で表すものとする。このとき、次の日本語文を記号化しなさい。

1. 花子か次郎は来ない。
2. 太郎と花子は来るが、次郎は来ない。
3. 太郎と次郎が二人とも来るわけではない。
4. 花子が来ないわけではない。
5. 太郎しか来ない。

✦ 含意

「→」は含意 (implication) を表す論理結合子であり、二つの論理式 A と

B を結びつけて、「$A \rightarrow B$」という論理式を形成する。「$A \rightarrow B$」は、「A ならば B」と読むことができる。A の位置にくる表現は**前件** (antecedent)、B の位置にくる表現は**後件** (consequent) と呼ばれる。

　日本語には、含意を表すさまざまな文体上の変種がある。「太郎が来る」を A、「花子が来る」を B とすると、次はいずれも $A \rightarrow B$ と記号化することができる。

(16)　a. もし太郎が来るならば、花子も来る。$A \rightarrow B$

　　　b. 太郎が来れば、花子も来る。$A \rightarrow B$

　　　c. 太郎が来ると、花子も来る。$A \rightarrow B$

　　　d. 太郎が来るとき、花子も来る。$A \rightarrow B$

　　　e. 太郎が来る場合、花子も来る。$A \rightarrow B$

　表層上の語順では、前件と後件の出現順序が入れ替わることもある。次の文は後件が先に出現するが、上の例と同じく $A \rightarrow B$ と記号化される。

(17)　a. 花子が来るのは、太郎が来るときである。$A \rightarrow B$

　　　b. 花子が来るのは、太郎が来る場合である。$A \rightarrow B$

　含意と連言・選言が組み合わさった場合、「連言 ($\wedge$)・選言 ($\vee$) は含意 ($\rightarrow$) よりも強く論理式を結びつける」というルールに従って、丸括弧を省略してよいことにする。例えば、

$$(A \wedge B) \rightarrow C \text{ を } A \wedge B \rightarrow C$$
$$(A \vee B) \rightarrow C \text{ を } A \vee B \rightarrow C$$
$$A \rightarrow (B \wedge C) \text{ を } A \rightarrow B \wedge C$$
$$A \rightarrow (B \vee C) \text{ を } A \rightarrow B \vee C$$

のように丸括弧を省略して書いてかまわない。ただし、例えば、$A \wedge (B \rightarrow C)$ や $(A \rightarrow B) \vee C$ のように、「$\rightarrow$」を「$\wedge$」や「$\vee$」よりも優先したい場合は、括弧を省略してはならない。

　また、$(A \rightarrow B) \rightarrow C$ と $A \rightarrow (B \rightarrow C)$ の違いにも注意が必要である。この二つの論理式が主張することは異なる。混乱を避けるため、

$A \to B \to C$ のように丸括弧なしで「→」を反復する表記は認めないことにする。

問題 2.4 アン、ボブ、キャロルが嘘をついているかどうかが問題となっているとする。「アンは嘘をついている」を A、「ボブは嘘をついている」を B、「キャロルは嘘をついている」を C とするとき、つぎの 1 から 4 までの日本語文を記号化しなさい。

1. もしアンが嘘をついているなら、ボブもキャロルも嘘をついている。
2. アンが嘘をついていない場合、ボブもキャロルも嘘をついていない。
3. キャロルが嘘をついていて、アンが嘘をついていないときは、ボブは嘘をついている。
4. もしアンが嘘をついているならボブも嘘をついており、アンが嘘をついていないならキャロルが嘘をついている。

✦「ときに限る」と双条件文

ここで、論理学に特有の言い回しについて、ひとつ注意をしておきたい。論理学では、しばしば次のような言い回しを用いる。

(18) a. A であるときに限り、B である。(Only if A, B)

　　 b. B であるのは、A であるときに限る。(B only if A)

これらは、条件文の前件に「…に限る (only)」という表現を付加したものであり、これまでに見た「A であるとき B である」とは意味が異なる。(18a) と (18b) はどちらも、$B \to A$ と記号化される。つまり、「…に限る」が付くと、前件と後件が入れ替わるという効果がある。なぜ「…に限る (only)」がつくと前件と後件が入れ替わるのかと考えていくと面白いが、ここでは慣習的なものだと思って受け入れてほしい。

具体例で考えると、

(19) 太郎が来るときに限り、花子も来る。

という文は、「花子が来るときは、太郎も来る」と言い換えられる。つまり、「太郎が来る → 花子が来る」ではなく、「花子が来る → 太郎が来る」という内容を表す。

「A のとき B」と「A のときに限り B」を組み合わせることで、次のような言い方をすることができる。

(20)　A であるとき、かつ、そのときに限り、B である。

論証を行ったり定義を述べたりするとき、しばしば、このような言い回しに出会う。これは次の1と2を同時に主張するものである。

1. A であるとき、B である。（A であるならば、B である）
2. A であるときに限り、B である。（つまり、B であるならば、A である）

論理式として書けば、(20) は、$(A \to B) \land (B \to A)$ に相当する。この形の論理式はしばしば、

$$A \leftrightarrow B$$

と略記され、**双条件文**と呼ばれる。1 は言い換えれば、「A であることは B であることの**十分条件**である」ということであり、2 は言い換えれば、「A であることは B であることの**必要条件**である」ということである。よって、これを同時に主張する、もとの (20) は、「A であることは B であることの**必要十分条件**である」ということを述べる文と理解することができる。

なお本書では、「$\leftrightarrow$」は、「$\land$」と「$\to$」から定義される記号であるという点に注意してほしい。$A \leftrightarrow B$ という形の論理式は、$(A \to B) \land (B \to A)$ という形の論理式を略記したものである。あくまでここで扱うプリミティブな論理結合子は、「$\land$」「$\lor$」「$\neg$」「$\to$」の四種類である。

また、「$\leftrightarrow$」は、「$\to$」と同様の取り決めに従って、丸括弧の省略をしてかまわない。例えば、$A \leftrightarrow (B \land C)$ は、$A \leftrightarrow B \land C$ のように丸括弧を省略して表記する。

2.3 命題論理の形式言語

この節では、命題論理の形式言語を正確に定義する。これまで具体例に基づいて「論理式」と呼んできたものをはっきりと定義することが目的となる。少し話が細かくなるので、難しく感じられる人は、最初は気にせず、先に進んで細かいところが気になり始めたら、ここに戻ってくることをおすすめする。

日本語の文、例えば、「雪は白い」は、「雪」という名詞、「は」という助詞、「白い」という形容詞という三つの語彙から、ある種の文法規則に基づいて組み立てられる。文法規則とは、どんな言語表現が文法的に正しい表現であるのかを示す規則のことである。この例の場合、例えば、「名詞と助詞を組み合わせると、主語名詞句が得られる」「主語名詞句と形容詞を組み合わせると、文が得られる」といった規則を考えればよい。このように、一つの言語を設定するということは、語彙と文法規則を定めることに他ならない。

自然言語の複雑さにくらべると、命題論理の形式言語の語彙と文法規則は、きわめて単純である。まず語彙は、次の通りである。

定義 2.1（命題論理の語彙）

論理結合子：$\neg, \rightarrow, \wedge, \vee$
原子論理式：$A, B, C, \ldots, A_1, A_2, \ldots$
矛盾記号：$\bot$
丸括弧：$(\ )$

原子論理式は命題変項とも呼ばれる。これに対して、矛盾記号 $\bot$ は、矛盾した命題を表すために用いられる命題定項の一種である。矛盾記号の使い方は第4章で説明する。また、表現の曖昧性を回避するため丸括弧を用いるが、この丸括弧も形式言語の語彙の一部である。

次に、命題論理の形式言語における論理式を定める文法規則を定義する。これまでにふれたように、論理記号を繰り返し用いることで、いくら

でも複雑な論理式を考えることができる。そのため、論理式は、以下のような仕方で定義される。このような形の定義を「帰納的定義」と呼ぶ。

定義 2.2（命題論理の論理式）

1. 原子論理式は論理式である。
2. 矛盾記号は論理式である。
3. $\mathcal{P}$ が論理式であるならば、$(\neg \mathcal{P})$ も論理式である。
4. $\mathcal{P}$、$\mathcal{Q}$ が論理式であるならば、$(\mathcal{P} \to \mathcal{Q})$、$(\mathcal{P} \wedge \mathcal{Q})$、$(\mathcal{P} \vee \mathcal{Q})$ はそれぞれ論理式である。
5. 以上で論理式とされるものだけが論理式である。

この定義では、$\mathcal{P}$ や $\mathcal{Q}$ の位置にはどんなに複雑な論理式が現れてもよいことに注意しよう。このような役割をもつ $\mathcal{P}$ や $\mathcal{Q}$ のような記号は、**メタ変項**と呼ばれる。言語について何か一般的なことを述べるときには、こうしたメタ変項が使われる。

さて、いくつか論理式の例を挙げれば、次の記号列はいずれも命題論理の論理式である。

例 2.1

1. $(A \to B)$
2. $((\neg A) \wedge B)$
3. $(((A \wedge B) \vee C) \to (\neg (A \wedge C)))$

例えば、3の表現が論理式であることは、厳密には次のように示すことができる。

(1) A、B、C は論理式である。[定義 2.2 の 1 より]

(2) $(A \wedge B)$ は論理式である。[(1)、定義 2.2 の 4 より]

(3) $((A \wedge B) \vee C)$ は論理式である。[(2)、(1)、定義 2.2 の 4 より]

(4) $(A \wedge C)$ は論理式である。[(1)、定義 2.2 の 4 より]

(5) $(\neg (A \wedge C))$ は論理式である。[(3)、定義 2.2 の 3 より]

(6) $(((A \wedge B) \vee C) \rightarrow (\neg (A \wedge C)))$ は論理式である。[(3)、(5)、定義 2.2 の 4 より]

他方で、$\neg \rightarrow A$ や $(A \wedge B \vee C)$ や $(A \vee B$ などは、論理式ではない。定義 2.2 の 5 は、このことを保証するために必要になる。

丸括弧に関しては、上の定義に従って付けると、論理式がきわめて煩雑になる。そこで、曖昧性を避けるために必要なものだけを使うことにし、次の規則に従って、丸括弧を省略するものとする。これは、前節で導入した丸括弧の省略法を明示化したものである。

丸括弧の省略規則

1. 一番外側の丸括弧は省略してよい。例：$(A \wedge B)$ は、$A \wedge B$ と書く。

2. $\neg$ が連続して現れる場合、丸括弧を省略してよい。例：$(\neg (\neg A))$ は、$\neg \neg A$ と書く。

3. $\wedge$ ないし $\vee$ が連続して現れる場合は、丸括弧を省略してよい。ただし、$(A_1 \wedge A_2 \wedge A_3)$ は、$(A_1 \wedge (A_2 \wedge A_3))$ の省略とみなす。$\vee$ についても同様である。

4. $\neg$ は $\wedge$ と $\vee$ より結びつきが強く、$\wedge$ と $\vee$ は $\rightarrow$ と $\leftrightarrow$ よりも結びつきが強いと約束する。この結びつきの強さの関係から、結びつきが明らかな丸括弧は省略する。例：$((\neg A) \wedge (\neg B))$ は、$\neg A \wedge \neg B$ と書き、$((A \wedge B) \rightarrow (A \vee B))$ は、$A \wedge B \rightarrow A \vee B$ と書く。

例えば、例 2.1 の三つの論理式については、この規則に基づき、次のように丸括弧を省略する。

- $(A \rightarrow B)$ は、規則 1 より、一番外側の丸括弧を省略し、$A \rightarrow B$ と書く。

- $((\neg A) \wedge B)$ は、規則 4 より、$\neg$ の方が $\wedge$ より A との結び付きが強いため、$(\neg A \wedge B)$ と省略する。さらに、規則 1 より、$\neg A \wedge B$ と書く。
- 同様に、規則 1、規則 2、規則 4 より、$(((A \wedge B) \vee C) \rightarrow (\neg(A \wedge C)))$ は、$(A \wedge B) \vee C \rightarrow \neg(A \wedge C)$ と省略する。$\wedge$ と $\vee$ は結びつきの強さが同じであるため、$(A \wedge B) \vee C$ における丸括弧を省略することはできない。$\neg(A \wedge C)$ における丸括弧も同様に省略することはできない。

問題 2.5　　次の 1 から 4 の論理式の丸括弧をできるだけ省略しなさい。

1. $(A \rightarrow (\neg B))$
2. $((\neg(A \vee B)) \rightarrow C)$
3. $(\neg(\neg(\neg A)))$
4. $(((A \vee B) \rightarrow (A \wedge C)) \rightarrow (B \rightarrow C))$

◆ 論理式の構文木

　論理式の構造は、次のようなツリー（木）によって図形的に表現することができる。それぞれ例 2.1 の三つの論理式に対応する（ただし、丸括弧は省略してある）。

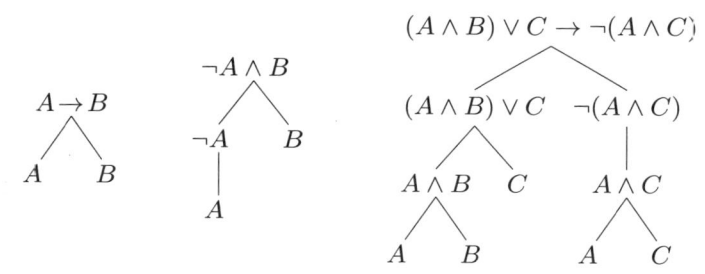

　このような図を、論理式の**構文木**と呼ぶ。構文木を上から下に見れば、目標となる複雑な論理式を出発点として、ときに枝分かれしながら、より単純な論理式へと分解されていき、やがて原子論理式にたどり着く。

　ここで、この構文木の構造と、さきほど見た、与えられた記号列が論理式であることを定義 2.2 に従って示すプロセスが対応していることに注意してほしい。先ほどの (1)–(6) のステップと例 2.1 の 3 の論理式に対する

構文木をくらべてみてほしい。構文木を下から上に見れば、原子論理式から出発して、定義 2.2 に従って、より複雑な記号列が論理式であることを示すプロセスに対応しているわけである。

ここで後に重要になる一つの概念を導入しておく。論理式の構文木の最後のステップ（一番上のステップ）で導入された論理記号を、その論理式の**主結合子**と言う。例えば、先ほどの三つの構文木において、論理式 $A \to B$ の主結合子は $\to$、$\neg A \wedge B$ の主結合子は $\wedge$、$(A \wedge B) \vee C \to \neg(A \wedge C)$ の主結合子は $\to$ である。

問題 **2.6** 以下の各論理式の構文木を書きなさい。また、それぞれの主結合子を言いなさい。

1. $A \to \neg B \vee C$
2. $\neg A \vee \neg B$
3. $\neg(A \wedge \neg B)$
4. $A \wedge \neg B \to A \wedge C$

第3章　命題論理の意味論

　第2章で扱った話題は、命題論理の構文論（シンタクス）と呼ばれる部門に属する。

- 構文論 (syntax)：構文論では、一つの形式言語を定める。特に、形式言語にどんな記号（語彙）があるのか、また、文がどのような規則に基づいて組み立てられるのかを定めることで、その形式言語の中で「文」に当たるものを定義する。

第1章で述べたように、論理学の中心的な課題は、「妥当な推論とは何か」という問いに答えることである。一つの形式言語を設定した上で、いよいよこの課題に向かうことになる。そのために大きく分けて、意味論（セマンティクス）と証明論と呼ばれる二つの部門がある。それぞれの課題はおおまかには次のようにまとめられる。

- 意味論 (semantics)：形式言語を定めた上で、その言語に属する表現の解釈を規定する。ここで展開する立場によれば、特に論理式に対してその真理条件を体系的に指定する。この真理条件に基づいて、「妥当な推論」を規定する。
- 証明論 (proof theory)：形式言語に対して、今度は一つの証明体系を定める。特に、証明体系でどんな推論規則が認められるのかを定めることで、その体系における適正な「証明」に当たるものを規定する。

この節では命題論理の意味論について説明する。その上で、次の第4章において命題論理の証明論に移ることにしよう。

　さて、第1章で述べたように、妥当な推論とは、

(◇) 前提がすべて真であるならば、結論も必ず真である

言い換えれば、

(◇′) 前提がすべて真となるようなあらゆる状況において、結論
もまた真となる

という特徴を備えた推論であることを思い出そう。これはいまだ、妥当な推論という概念のおおまかな特徴づけに過ぎない。(◇′) のような基準を、日本語文ではなく論理式によって表現された推論に適用するには、「真」「偽」「状況」といった概念をより正確に規定しておく必要がある。そのためにまず真理値分析と呼ばれる手法を導入する。

3.1 真理値分析

　以下で展開する命題論理の意味論は、「あらゆる命題は真か偽のいずれかである」という原則に基づいている。これを**二値原理** (Principle of Bivalence) と呼ぶ。ここで「真偽」という言葉の使い方について注意をしておく。ふつう、「真である」とか「偽である」という表現は、命題の性質を表すのに使われる。しかし以下ではしばしば、「真である」「偽である」の代わりに、「真という値をもつ」「偽という値をもつ」という言い方を用いる。これは、「このポストは赤い」と言う代わりに、「このポストは赤という色をもつ」と言うのと似たことである。これによって、真や偽は、命題のもつ性質というより、それ自体一つの対象として扱われる。真と偽という二つの値をあわせて**真理値** (truth-value) と呼ぶ。以下では、真という値は「T」、偽という値は「F」によって表すことにする。例えば、「「太陽は西から昇る」という命題は真である」は、「「太陽は西から昇る」という命題は真理値 T をもつ」と言い換えられる。

　真理値分析とは、ある複合的な命題が与えられたときに、それを構成する原子命題の真理値から、その複合的な命題の真理値を決定する方法のことである。真理値分析の背景には、一般に複合的な命題の真理値は、それ

を構成する命題の真理値に基づいて決まるという原則がある。これは真理値に関する**合成原理** (Principle of Compositionality) と呼ばれる。自然言語には真理値に関する合成原理がそのままの形では当てはまらないような構文が多くあるが、命題論理の四つの論理結合子については、これがうまく当てはまる。順に見ていこう。

まず連言が現れる命題をとりあげよう。例えば、日本語の例として、「東京では雨が降っており、かつ、大阪でも雨が降っている」という複合命題を考える。この命題は、「東京では雨が降っている」と「大阪では雨が降っている」という二つの原子命題から形成されている。この二つの原子命題がともに真であれば、もとの複合命題も真であり、原子命題のうちどちらか一方が偽であれば、複合命題は偽である。こうした原子命題と複合命題の真理値の依存関係は、次の表によって見通しよく表すことができる。

東京は雨である	大阪は雨である	東京は雨であり、かつ、大阪も雨である
T	T	T
T	F	F
F	T	F
F	F	F

この表の一行目は、「東京では雨が降っている」が真理値 T をもち、「大阪では雨が降っている」が真理値 T をもつとき、複合命題「東京では雨が降っており、かつ、大阪でも雨が降っている」もまた真理値 T をもつことを表している。他の行も同様の仕方で読むことができる。このように複合命題の真理値が原子命題の真理値にどのように依存するかを示すのが**真理表** (truth-table) である。

次に、否定命題に対する真理表がどのようなものになるのかを見ておこう。例えば、「東京では雨は降っていない」という否定命題を考えよう。この命題と、「東京では雨が降っている」という命題の真理値の依存関係は、次の真理表によって表すことができる。

東京では雨が降っている	東京では雨は降っていない
T	F
F	T

つまり、「東京では雨が降っている」が真のとき、「東京では雨は降っていない」は偽であり、「東京では雨が降っている」が偽のとき、「東京では雨は降っていない」は真となる。このように（二値原理のもとでの）否定は、命題の真理値を反転させるという機能をもつ。

　論理式が「どのような状況で真であり、どのような状況で偽となるか」ということを述べる条件のことを、その論理式の**真理条件** (truth-condition) という。一般に、文の意味は、文がどのような真理条件をもつのかを規定することによって記述することができる。こうした考え方は**真理条件意味論**と呼ばれる。真理条件意味論によれば、文の意味を理解するということは、その文がどのような状況で真であり、どのような状況で偽となるかを理解するということに他ならない。

✦ 否定と連言

　さて、否定 $\neg \mathcal{P}$ および連言 $\mathcal{P} \wedge \mathcal{Q}$ の形をした論理式の真理条件は、次のように述べることができる。

記号	真理条件
$\neg \mathcal{P}$	$\neg \mathcal{P}$ が真であるのは、$\mathcal{P}$ が偽のとき
	$\neg \mathcal{P}$ が偽であるのは、$\mathcal{P}$ が真のとき
$\mathcal{P} \wedge \mathcal{Q}$	$\mathcal{P} \wedge \mathcal{Q}$ が真であるのは、$\mathcal{P}$ と $\mathcal{Q}$ がどちらも真のとき
	$\mathcal{P} \wedge \mathcal{Q}$ が偽であるのは、$\mathcal{P}$ と $\mathcal{Q}$ の少なくとも一方が偽のとき

例えば、2.2 節では、「$A \wedge B$ は、A と B がどちらも真であると主張する論理式である」という言い方をしたが、これを真理条件の形で言い換えれば、「$A \wedge B$ が真であるのは、A と B がどちらも真のときであり、$A \wedge B$ が偽であるのは、A と B の少なくとも一方が偽のときである」となる。

　論理結合子に対する真理条件は、上のように日本語を用いて記述することもできれば、真理表によって記述することもできる。真理表を使うと、上の連言と否定の真理条件は次のように見通しよく表すことができる。

連言 ($\land$) と否定 ($\lnot$) の真理表

$\mathcal{P}$	$\lnot\mathcal{P}$
T	F
F	T

$\mathcal{P}$	$\mathcal{Q}$	$\mathcal{P}\land\mathcal{Q}$
T	T	T
T	F	F
F	T	F
F	F	F

　この表において、$\mathcal{P}$ や $\mathcal{Q}$ の位置にはどんなに複雑な論理式が現れてもよいという点に注意してほしい。複雑な論理式の真理値は、この真理表を繰り返し適用することでもとめることができる。ここでは、具体例として、「東京では雨が降っているが、大阪では雨が降っていない」という複合命題の真理値を分析してみよう。この複合命題には、「東京では雨が降っている」と「大阪では雨が降っている」という二つの原子命題が含まれている。ここでは、「東京では雨が降っている」に A、「大阪では雨が降っている」に B という記号を割り当てよう。すると、もとの命題は、$A\land\lnot B$ と記号化できる。この論理式に対する真理表は、上の $\lnot$ と $\land$ の真理表に基づいて、次のように書くことができる。

A	B	$\lnot B$	$A\land\lnot B$
T	T	F	F
T	F	T	T
F	T	F	F
F	F	T	F

この真理表を書く手続きを詳しく見ておこう。

1. まず、論理式 $A\land\lnot B$ に登場する原子論理式、すなわち、A と B がとる真理値の可能な組み合わせを枚挙する。この場合、4 通りの可能性がある。したがって、真理表は、4 行の形をとる。

2. 次に、論理式 $A\land\lnot B$ を、その部分となる論理式に分解し、それぞ

れの真理値を決定する。論理式の分解のさいに注目すべきは、その論理式の主結合子である。$A \wedge \neg B$ の主結合子は、連言 $\wedge$ であるから、これを除いた A と $\neg B$ に分解すればよい。

3. A の真理値はすでに枚挙してあるので、残る $\neg B$ の真理値を計算すればよい。これは、否定（$\neg$）の真理表に基づいて、B が T のとき F、B が F のとき T となることがわかる。

4. 最後に、$A \wedge \neg B$ の真理値を計算する。これは、$\wedge$ の真理表に基づいて、A と $\neg B$ がともに T のとき、T となり、それ以外の場合は F となる。

以上の真理値分析は、複合的な命題の真理値がその部分の真理値にどのように依存するかを表示すると同時に、見方を変えれば、その複合的な命題の真理条件、すなわち、「その命題がどのような状況で真であり、どのような状況で偽となるか」の分析も与えている。もう一度、上の $A \wedge \neg B$ に対する真理表を見よう。この真理表の各行は、「東京では雨が降っているが、大阪では雨は降っていない ($A \wedge \neg B$)」という命題の真偽に影響する状況を枚挙したものとみなすことができる。つまり、真理表の各行は上からそれぞれ、

- 状況 1：東京でも大阪でも雨が降っている。
- 状況 2：東京では雨が降っているが、大阪では雨は降っていない。
- 状況 3：東京では雨は降っていないが、大阪では雨が降っている。
- 状況 4：東京でも大阪でも雨は降っていない。

という四つの状況を表すものとみなせる。そして、$A \wedge \neg B$ の列に現れる真理値の組み合わせは、それぞれの状況において $A \wedge \neg B$ が真であるのか偽であるのかを示している。つまり、この論理式は、状況 1 では偽、状況 2 では真、状況 3 では偽、状況 4 では偽であることを真理表から読みとることができるわけである。

真理値分析の手続きは、練習問題をいくつかこなせば比較的容易に習得することができると思う。以下の問題に取り組んでみてほしい。

問題 3.1　論理式 ¬$(A \land B)$ と ¬$A \land$ ¬B に対する以下の真理表を完成させなさい。

A	B	$A \land B$	¬$(A \land B)$
T	T		
T	F		
F	T		
F	F		

A	B	¬A	¬B	¬$A \land$ ¬B
T	T			
T	F			
F	T			
F	F			

問題 3.2　論理式 ¬(¬$A \land$ ¬B) に対する真理表を示しなさい。

✦ 選言と含意

四つの論理結合子のうち、残る選言 (∨) と含意 (→) の真理条件は次のように規定される。

記号	真理条件
$\mathcal{P} \lor \mathcal{Q}$	$\mathcal{P} \lor \mathcal{Q}$ が真であるのは、$\mathcal{P}$ と $\mathcal{Q}$ の少なくとも一方が真のとき
	$\mathcal{P} \lor \mathcal{Q}$ が偽であるのは、$\mathcal{P}$ と $\mathcal{Q}$ がどちらも偽のとき
$\mathcal{P} \to \mathcal{Q}$	$\mathcal{P} \to \mathcal{Q}$ が真であるのは、$\mathcal{P}$ が偽であるか、$\mathcal{Q}$ が真であるとき
	$\mathcal{P} \to \mathcal{Q}$ が偽であるのは、$\mathcal{P}$ が真であって、しかも $\mathcal{Q}$ が偽であるとき

　選言にかんして、$\mathcal{P}$ も $\mathcal{Q}$ も真であるとき、$\mathcal{P} \lor \mathcal{Q}$ 全体は真となる点に注意が必要である。例えば、「東京で雨が降っているか、または、大阪で雨が降っている」という命題は、この真理表に基づけば、東京でも大阪でも雨が降っているときにも、真とみなされる。このような選言は、**非排他的** (non-exclusive) な選言と呼ばれる。他方、「どちらか一方であり、両方ではない」という意味での選言は、**排他的** (exclusive) な選言と呼ばれる。論理学の文脈では、とくに断りのないかぎり、「選言」と言えば、非排他的な選言のことを意味していると理解してほしい。

　含意 (→) にかんしては、前件 $\mathcal{P}$ が真で、後件 $\mathcal{Q}$ が偽のときのみ、条件文全体 $\mathcal{P} \to \mathcal{Q}$ は偽となり、それ以外の場合はいずれも、真となる。とくに、前件が偽のとき、後件の真偽にかかわらず、条件文全体は真となる点に注意してほしい。このような真理条件をもつ「ならば (→)」は、**実質含意** (material implication) と呼ばれる。

　真理表を使うと、選言と含意の真理条件は次のように表すことができる。

▶ ▲ ▼ ▲ ▼ ▲ ▼ ▲ ▼ ▲ ▼ ▲ ▼ ▲ ▼ ▲ ▼ ▲ ▼ ▲ ▼ ▲ ▼ ▲ ▼ ▲ ◀

選言 (∨) と含意 (→) の真理表

$\mathcal{P}$	$\mathcal{Q}$	$\mathcal{P} \lor \mathcal{Q}$
T	T	T
T	F	T
F	T	T
F	F	F

$\mathcal{P}$	$\mathcal{Q}$	$\mathcal{P} \to \mathcal{Q}$
T	T	T
T	F	F
F	T	T
F	F	T

▲ ▼ ▲ ▼ ▲ ▼ ▲ ▼ ▲ ▼ ▲ ▼ ▲ ▼ ▲ ▼ ▲ ▼ ▲ ▼ ▲ ▼ ▲ ▼ ▲ ▼

　先ほどの否定と連言の場合と同様、真理表における $\mathcal{P}$ や $\mathcal{Q}$ の位置には、どんなに複雑な論理式が現れてもよいという点に注意してほしい。

　この表からすぐにわかるように、選言 (∨) については、$\mathcal{P}$ も $\mathcal{Q}$ も F のときだけ、全体は F となり、それ以外の場合は、いずれも T となる。

　条件文 $\mathcal{P} \to \mathcal{Q}$ の真理条件では、まず、$\mathcal{P} \to \mathcal{Q}$ が偽となる条件に注目してもらいたい。$\mathcal{P} \to \mathcal{Q}$ が偽であるのは、前件 $\mathcal{P}$ が真であって、しかも後件 $\mathcal{Q}$ が偽となる場合である。これは直観に合致した規定であると言ってよいだろう。問題は、$\mathcal{P} \to \mathcal{Q}$ が真となる条件の方であるが、これはようするに、$\mathcal{P} \to \mathcal{Q}$ が偽となる場合以外のケースを挙げていると考えればよい。$\mathcal{P} \to \mathcal{Q}$ が偽となる場合とは、

　　(♠) 前件 $\mathcal{P}$ が真であり、かつ、後件 $\mathcal{Q}$ が偽である

ときであったから、(♠) が成り立たないのは、前件 $\mathcal{P}$ が真で̇な̇い̇か、もしくは、後件 $\mathcal{Q}$ が偽で̇な̇い̇かのいずれかの場合である。二値原理のもとで、「真でない」ということは「偽である」に等しく、「偽でない」ということは「真である」に等しいから、結局、(♠) が成り立たないということは、

　　(♣) 前件 $\mathcal{P}$ が偽であるか、または、後件 $\mathcal{Q}$ が真である

ということに等しい。これが、$\mathcal{P} \to \mathcal{Q}$ が真であるときの条件である。

　問題 3.3　論理式 $\neg(A \to B)$ および $\neg A \lor B$ に対する次の真理表を完成させなさい。

A	B	$A \to B$	$\neg(A \to B)$
T	T		
T	F		
F	T		
F	F		

A	B	$\neg A$	$\neg A \vee B$
T	T		
T	F		
F	T		
F	F		

問題 3.4 次の論理式の真理表を示しなさい。

1.　$\neg B \to \neg A$　　　　　　　　　2.　$(A \to B) \vee (A \to \neg B)$

📖 **ノート　　4枚カード問題の答え**

　第1章の例 1.6 (p.7) で見た4枚カード問題についてここで解説しておこう。「もしカードの片方の面に母音が書いてあるならば、もう片方の面には偶数が書いてある」という命題を $P \to Q$ と記号化すれば、$\to$ の真理条件からこの命題が偽となるのは、前件の「カードの片方の面に母音が書いてある (P)」が真であり、かつ、後件の「もう片方の面に偶数が書いてある (Q)」が偽となる場合だけである。「偶数が書いていない」ということは、「奇数が書いてある」ということであるから、母音のカード（「A」のカード）の裏に奇数のカードがあるか、あるいは、奇数のカード（「7」のカード）の裏に母音のカードがあれば、問題の命題は偽ということになる。一方、前件の P が偽である場合と後件の Q が真である場合は、$P \to Q$ 全体は真となるから、子音のカード（「J」のカード）と偶数のカード（「8」のカード）の裏がどうなっていても、問題の命題は真である。よって、「A」のカードと「7」のカードだけをめくればよい。人はなぜこの種の条件文の解釈について間違えやすいのかについて考えてみることは、興味深い問題である。関心のある人は巻末の文献案内を参照してほしい。

✦**「ならば」の真理条件について**

　条件文 $\mathcal{P} \to \mathcal{Q}$ の真理条件がなぜこのような形になるのかについて説明を追加しておきたい。特に、前件の $\mathcal{P}$ が偽のとき、後件 $\mathcal{Q}$ の真偽にかかわらず、条件文 $\mathcal{P} \to \mathcal{Q}$ 全体をどうして真とみなすのだろうか。これは少し考えてみる価値のある問いである。

まずここでは二値原理、すなわち、「命題は真 (T) か偽 (F) のどちらかである」という原理を採用していることを思い出そう。また合成原理から、$\mathcal{P} \to \mathcal{Q}$ の真理値を決めるのに使える情報は、その部分となっている $\mathcal{P}$ と $\mathcal{Q}$ の真理値だけである。したがって、この二つの原理を採用する限り、$\mathcal{P}$ と $\mathcal{Q}$ の真理値に基づいて、$\mathcal{P} \to \mathcal{Q}$ の真理値を T か F のいずれかに決める必要がある。

　さて、真理表の最初の二行、つまり、「$\mathcal{P}$ も $\mathcal{Q}$ も真であるとき、$\mathcal{P} \to \mathcal{Q}$ は真である」「$\mathcal{P}$ が真で $\mathcal{Q}$ が偽であるとき、$\mathcal{P} \to \mathcal{Q}$ は偽である」については異論ないだろう。例えば、

(21)　もし太郎が家にいるなら、花子も家にいるだろう

という条件文は、太郎が家にいて花子も家にいるなら真であり、太郎は家にいるが花子は家にいないとき偽である。問題は前件の $\mathcal{P}$ が偽となる場合である。「太郎が家にいる」が偽であるとき、(21) を真とみなすべきだろうか、それとも、偽とみなすべきだろうか。次の真理表をどう埋めたらよいのかが問題である。

$\mathcal{P}$	$\mathcal{Q}$	$\mathcal{P} \to \mathcal{Q}$
T	T	T
T	F	F
F	T	?
F	F	?

消去法で考えよう。この真理表で ? のところを埋める真理値の組み合わせは以下の四通りである。

$\mathcal{P}$	$\mathcal{Q}$	$\mathcal{P} \to \mathcal{Q}$ (i)	(ii)	(iii)	(iv)
T	T	T	T	T	T
T	F	F	F	F	F
F	T	T	T	F	F
F	F	T	F	T	F

　まず、(iv) の真理値の組み合わせは、$\mathcal{P} \land \mathcal{Q}$ のときと同じである。これでは、(21) の条件文と「太郎が家にいて、かつ、花子も家にいる」の真理

条件が同じになってしまう。条件文と連言文の真理条件が一致してしまうのは明らかにまずい。

次に、(ii) の真理値の組み合わせは、2列目の Q の真理値の組み合わせと同じである。よって、(ii) を採用すると、$P \rightarrow Q$ と Q が区別できなくなってしまう。(21) と「花子は家にいる」が言っていることは明らかに異なることから、この選択肢もありえない。

(iii) はどうだろうか。この真理値の組み合わせを採用すると、P もしくは Q のどちらか一方が偽のとき、$P \rightarrow Q$ 全体は偽となる。よって今度は、$P \rightarrow Q$ と、その前件と後件を入れ替えた $Q \rightarrow P$ の真理条件が一致してしまう。しかし、(21) と「もし花子が家にいるなら、太郎も家にいるだろう」が言っていることは明らかに異なることから、この真理値の割り当てにも問題がある。

こうして、生き残るのは (i) の組み合わせである。つまり、前件の P が偽であるとき、後件の Q は真であっても偽であっても、条件文 $P \rightarrow Q$ 全体は真とみなす、という実質含意の考え方である。

この真理値の割り当てによって、「ならば」を含む命題の真理値分析はかなりうまく機能するようになる。例えば、$A \rightarrow A$ という形の命題はつねに真となってほしい。後で見るように、真理表のすべての行で真となる命題は**トートロジー**と呼ばれる。じっさい、$A \rightarrow A$ の真理表を書いてみると、次のようにトートロジーとなる。

A	$A \rightarrow A$
T	T
F	T

$\rightarrow$ を実質含意とみなせば、A が真であって偽であっても、$A \rightarrow A$ 全体は真であり、トートロジーとなるわけである。

✦ 三つの原子論理式を含む場合

もう少し複雑な例として、三つの原子論理式を含むケースを考えよう。例えば、$A \rightarrow \neg B \vee C$ の真理表は次のようになる。

例 3.1　　$A \rightarrow \neg B \vee C$

A	B	C	$\neg B$	$\neg B \vee C$	$A \to \neg B \vee C$
T	T	T	F	T	T
T	T	F	F	F	F
T	F	T	T	T	T
T	F	F	T	T	T
F	T	T	F	T	T
F	T	F	F	F	T
F	F	T	T	T	T
F	F	F	T	T	T

この真理表は以下の三つの段階を経て作ることができる。

何行の真理表になるか　まず、論理式 $A \to \neg B \vee C$ に含まれる原子論理式が A、B、C の三つであることから、それぞれが T と F をとる可能な真理値の組み合わせが 8 通りあることがわかる。よって、8 行の真理表を用意する。これはつまり、この論理式の真偽を判定するために、8 通りの可能な状況を考える、ということである。

論理式の分解　$A \to \neg B \vee C$ は、$A \to (\neg B \vee C)$ という丸括弧を省略したものであるから、この論理式の主結合子は、$\to$ である。よって、A と $\neg B \vee C$ とに分解される。また、$\neg B \vee C$ の主結合子は $\vee$ であり、これはさらに $\neg B$ と C とに分解できる。

真理値の計算　そこで、$\neg B$ の真理条件を $\neg$ の規定に従ってまず求め、次に、C の列と合わせて、$\neg B \vee C$ の真理条件を求める。最後に、A の列と合わせて、目標とする $A \to \neg B \vee C$ の真理条件を求めればよい。こうして出来上がったのが、上の真理表である。

問題 3.5　論理式 $A \lor B \to \neg(\neg A \land C)$ に対する真理表を完成させなさい。

A	B	C	
T	T	T	
T	T	F	
T	F	T	
T	F	F	
F	T	T	
F	T	F	
F	F	T	
F	F	F	

💡ヒント　この論理式の主結合子は → であり、前件の $A \lor B$ と後件の $\neg(\neg A \land C)$ に分解される。$\neg(\neg A \land C)$ の方は、まず $\neg A$ と C の真理値から $\neg A \land C$ の真理値を求め、それに否定をつければよい。

問題 3.6　以下の論理式の真理表を示しなさい。

1.　$A \land B \to \neg C$　　　　　　2.　$A \to (B \to \neg C)$

問題 3.7　前に導入した双条件文 $A \leftrightarrow B$ に対する真理表を示しなさ

い。（双条件文 $A \leftrightarrow B$ が、$(A \rightarrow B) \wedge (B \rightarrow A)$ と定義されることを思い出そう。）その上で、A と B の真理値がどのような場合に $A \leftrightarrow B$ 全体が真となるか、真理表に基づいて説明しなさい。

📖ノート　双条件文による真理条件の記述

　これまで、それぞれの結合子に対する真理条件は、その結合子を伴う論理式が真であるときの条件と偽であるときの条件との二つによって規定してきた。例えば、$\neg A$ の真理条件は、この論理式が真であるときの条件 (T) と偽であるときの条件 (F) からなる。

　(T)　A が偽であるとき、$\neg A$ は真である。

　(F)　A が真であるとき、$\neg A$ は偽である。

ここで、(F) は、

　(F′)　$\neg A$ が偽でないとき、A は真でない。

と言い換えることができる。(F′) は (F) の対偶と呼ばれ、次の節で詳しく説明される。さらに、二値原理「すべての論理式は真か偽のいずれかである」が成り立つことを認めると、「偽でない」を「真である」に、「真でない」を「偽である」にそれぞれ言い換えることができる。よって、(F′) を主張することは、

　(F″)　$\neg A$ が真であるとき、A は偽である。

を主張することに等しい。したがって、(F) を (F″) と読み換えれば、(T) と (F) が主張していることは、双条件文を用いて、次のように一つの文にまとめて述べることができる。

　　　$\neg A$ が真であるのは、A が偽であるとき、かつそのときに限る。

ここで、「… のとき、かつそのときに限る」という日本語はかなりぎこちないが、第 2 章で見たように、双条件文を表すのによく使われる言い回しである。他の論理結合子についても同様に、二値原理のもとで、双条件文を用いて真理条件を述べることができる。

3.2 真理条件的に同値な論理式と同値変形

まず、次の文を見よう。

(22) a. 太郎と花子の両方が来るわけではない。

b. 太郎が来ないか、または、花子が来ない。

この二つの文は、直感的に言って、同じことを主張する文と理解することができる。この節では、真理値分析の使い道の一つとして、このような「同じことを主張する」という概念を捉えることを試みる。

「太郎が来る」を A、「花子が来る」を B とすると、(22a) と (22b) はそれぞれ、$\neg(A \wedge B)$ と $\neg A \vee \neg B$ と記号化することができる。ここでこの二つの論理式に対する真理表をくらべてみると、それらがとる真理値の組み合わせ（上から順に、F, T, T, T）が一致していることに気がつく。

A	B	$A \wedge B$	$\neg(A \wedge B)$
T	T	T	F
T	F	F	T
F	T	F	T
F	F	F	T

A	B	$\neg A$	$\neg B$	$\neg A \vee \neg B$
T	T	F	F	F
T	F	F	T	T
F	T	T	F	T
F	F	T	T	T

このように、二つの論理式が真理表のすべての行で同じ真理値をもつとき、その二つの論理式は真理条件的に**同値**であると言う。

少し別の言い方をすれば、論理式の真理条件は、可能な状況（上の例の場合、四通りの状況）をその論理式を真とする状況と偽とする状況に分割する。真理条件的に同値な論理式とは、その分割の仕方がぴったり一致する論理式のことである。

さて、3.1 節で説明したように、言語表現の意味とは、その表現を含む文（論理式）がどのような真理条件をもつのか（どのようなときに真であり、どのようなときに偽であるのか）を規定することによって記述することができる。命題論理の言語において、文という単位に対応するのは、論理式である。したがって、真理条件意味論の観点からすると、真理条件的に同値な論理式、つまり、あらゆる状況において同じ真理値をもつ論理式

とは、ようするに、同じ意味をもつ論理式（同じことを主張している論理式）と理解することができる。真理条件意味論のもとでは、(22a) と (22b) のような二つの文が同じことを主張しているかどうかは、対応する論理式が真理条件的に同値であるか否かを調べることによって判定することができるのである。

真理条件的な同値性が成り立つかどうかを判定するには、問題となっている論理式に対する真理表を作り、同じ真理値の組み合わせをとるかどうかを見ればよい。この後でもっと効率的な方法を導入するが、真理表は面倒ではあっても確実な手段となる。

問題 **3.8**　以下の論理式の真理表を書いて、この中から $A \to B$ と真理条件的に同値となるものをすべて選びなさい。

1.　$B \to A$
2.　$\neg A \wedge B$
3.　$\neg A \to \neg B$

4.　$\neg A \vee B$
5.　$\neg B \to \neg A$
6.　$\neg (A \wedge \neg B)$

いま、「論理式 $\mathcal{P}$ と $\mathcal{Q}$ が真理条件的に同値である」ということを、$\mathcal{P} \approx \mathcal{Q}$ と書くことにしよう。ここで、真理条件的な同値性のうち、有用なものを挙げておこう。

二重否定則
$$\neg\neg\mathcal{P} \quad \approx \quad \mathcal{P}$$

交換則
$$\mathcal{P} \wedge \mathcal{Q} \quad \approx \quad \mathcal{Q} \wedge \mathcal{P}$$
$$\mathcal{P} \vee \mathcal{Q} \quad \approx \quad \mathcal{Q} \vee \mathcal{P}$$

結合則
$$\mathcal{P} \wedge (\mathcal{Q} \wedge \mathcal{R}) \quad \approx \quad (\mathcal{P} \wedge \mathcal{Q}) \wedge \mathcal{R}$$
$$\mathcal{P} \vee (\mathcal{Q} \vee \mathcal{R}) \quad \approx \quad (\mathcal{P} \vee \mathcal{Q}) \vee \mathcal{R}$$

分配則
$$\mathcal{P} \wedge (\mathcal{Q} \vee \mathcal{R}) \quad \approx \quad (\mathcal{P} \wedge \mathcal{Q}) \vee (\mathcal{P} \wedge \mathcal{R})$$

$$\mathcal{P} \vee (\mathcal{Q} \wedge \mathcal{R}) \quad \approx \quad (\mathcal{P} \vee \mathcal{Q}) \wedge (\mathcal{P} \vee \mathcal{R})$$

吸収則

$$\mathcal{P} \wedge (\mathcal{P} \vee \mathcal{Q}) \quad \approx \quad \mathcal{P}$$
$$\mathcal{P} \vee (\mathcal{P} \wedge \mathcal{Q}) \quad \approx \quad \mathcal{P}$$

べき等則

$$\mathcal{P} \wedge \mathcal{P} \quad \approx \quad \mathcal{P}$$
$$\mathcal{P} \vee \mathcal{P} \quad \approx \quad \mathcal{P}$$

ド・モルガンの法則

$$\neg(\mathcal{P} \wedge \mathcal{Q}) \quad \approx \quad \neg\mathcal{P} \vee \neg\mathcal{Q}$$
$$\neg(\mathcal{P} \vee \mathcal{Q}) \quad \approx \quad \neg\mathcal{P} \wedge \neg\mathcal{Q}$$

対偶則

$$\mathcal{P} \to \mathcal{Q} \quad \approx \quad \neg\mathcal{Q} \to \neg\mathcal{P}$$

含意の法則

1. $\qquad \mathcal{P} \to \mathcal{Q} \quad \approx \quad \neg\mathcal{P} \vee \mathcal{Q}$
2. $\qquad \neg(\mathcal{P} \to \mathcal{Q}) \quad \approx \quad \mathcal{P} \wedge \neg\mathcal{Q}$
3. $\mathcal{P} \to (\mathcal{Q} \to \mathcal{R}) \quad \approx \quad \mathcal{P} \wedge \mathcal{Q} \to \mathcal{R}$
4. $\qquad \mathcal{P} \vee \mathcal{Q} \to \mathcal{R} \quad \approx \quad (\mathcal{P} \to \mathcal{R}) \wedge (\mathcal{Q} \to \mathcal{R})$
5. $\qquad \mathcal{P} \to \mathcal{Q} \wedge \mathcal{R} \quad \approx \quad (\mathcal{P} \to \mathcal{Q}) \wedge (\mathcal{P} \to \mathcal{R})$

　これらの同値性の法則は一般的なパターンを示したものであり、$\mathcal{P}$ や $\mathcal{Q}$ の位置には A や B のような原子論理式だけでなく、どんなに複雑な論理式が現れてもよい、ということに注意してほしい。例えば、次はいずれも、ド・モルガンの法則 $\neg(\mathcal{P} \wedge \mathcal{Q}) \approx \neg\mathcal{P} \vee \neg\mathcal{Q}$ の適用例である。$\mathcal{P}$ と $\mathcal{Q}$ の位置を　　によってマークする。

$$\neg(\ A\ \wedge\ \neg B\ ) \quad \approx \quad \neg\ A\ \vee \neg\ \neg B$$
$$\neg(\ \neg A\ \wedge\ \neg B\ ) \quad \approx \quad \neg\ \neg A\ \vee \neg\ \neg B$$
$$\neg(\ (A \vee B)\ \wedge\ (C \to D)\ ) \quad \approx \quad \neg\ (A \vee B)\ \vee \neg\ (C \to D)$$

したがって、$\neg(\ \ \wedge\ \ )$ というパターンの論理式があれば、ド・モルガンの法則によって否定を分配し、$\neg\ \ \vee \neg\ \ $ という形に意味を変えるこ

となく書き換えることができる。論理式を見たときに、このようなパターンに気づくことが重要となる。

含意の法則2は、$\mathcal{P} \rightarrow \mathcal{Q}$ が偽であるときの条件、つまり、$\rightarrow$ の真理表 (p.41) の2行目が指定する、「$\mathcal{P}$ が真であり、かつ、$\mathcal{Q}$ が偽である」という条件を述べたものであると見ればわかりやすい。そうすると、$\mathcal{P} \rightarrow \mathcal{Q}$ が真であるのは、この条件が成り立たないときであるから、「$\mathcal{P}$ が偽であるか、または、$\mathcal{Q}$ が真である」という条件に対応する。これを述べたものが、含意の法則1に他ならない。

さて、いったんこのような同値性を確立したならば、いちいち真理表を書かなくとも、論理式の書き換えによって新たな同値性を示すことができる。論理式をそれと真理条件的に同値な別の論理式に書き換えることを**同値変形**と言う。例えば、$\neg(A \wedge \neg B) \approx A \rightarrow B$ が成り立つことは、同値変形を繰り返すことで、次のように示すことができる。

$$
\begin{aligned}
\neg(A \wedge \neg B) \quad &\approx \quad \neg A \vee \neg\neg B \quad （ド・モルガンの法則）\\
&\approx \quad \neg A \vee B \quad （二重否定則）\\
&\approx \quad A \rightarrow B \quad （含意の法則1）
\end{aligned}
$$

ここで、二点注意が必要である。

- まず、この同値変形で二重否定則は、$\neg A \vee \neg\neg B$ という論理式の $\neg\neg B$ の部分に適用されていることに注意してほしい。同値変形は、論理式全体にも適用することもできるし、その部分として現れる論理式に適用することもできる。
- また、含意の法則1は、$\neg A \vee B$ を $A \rightarrow B$ に書き換えるときに使用されている。このように、上に列挙した同値性の法則によって、$\approx$ の左側の式を右側の式に置き換えてもかまわないし、$\approx$ の右側を左側に置き換えてもかまわない。

もう一つ例を挙げておこう。対偶則が示す同値性 $A \rightarrow B \approx \neg B \rightarrow \neg A$ は、含意の法則1と二重否定則を組み合わせることで導くこともできる。ここでは、$\neg B \rightarrow \neg A$ から出発して、$A \rightarrow B$ に至る同値変形を考えよう。同値性の法則のどのパターンに合致するのかを見るのが重要である。

$$\neg B \to \neg A \quad \approx \quad \neg\neg B \vee \neg A \quad \text{(含意の法則 1)}$$
$$\approx \quad B \vee \neg A \quad \text{(二重否定則)}$$
$$\approx \quad \neg A \vee B \quad \text{(交換則)}$$
$$\approx \quad A \to B \quad \text{(含意の法則 1)}$$

最初のステップでは、含意の法則 1 の $\mathcal{P}$ に当たる部分が $\neg B$ に、$\mathcal{Q}$ に当たる部分が $\neg A$ に対応することに注意してほしい。

問題 3.9 上で列挙した同値性に基づいて、同値変形によって、次の同値性が成り立つことを示しなさい。そのさい、変形の各ステップで、どの同値性の法則を用いたのかを示すこと。法則の適用の仕方は、一つに決まるわけではなく、近道もあれば、遠回りもある。どんなに遠回りであっても、二つの式を同値変形の連鎖によって結びつけることができればよい。

1. $A \to \neg B \approx B \to \neg A$
2. $\neg(A \to \neg B) \approx A \wedge B$
3. $\neg(\neg A \wedge \neg B) \approx A \vee B$

問題 3.10 同様に、同値変形によって以下の同値性が成り立つことを示しなさい。

1. $\neg(A \to (B \to C)) \approx A \wedge B \wedge \neg C$
2. $\neg(A \wedge \neg(B \vee C)) \approx A \to B \vee C$
3. $A \vee \neg(B \vee C) \approx (B \to A) \wedge (C \to A)$

💡**ヒント** 1 はまず含意の法則 2 によって、$\neg(A \to (B \to C)) \approx A \wedge \neg(B \to C)$ と書き換えることができる。含意の法則 2 を適用するさい、$\neg(\mathcal{P} \to \mathcal{Q})$ の $\mathcal{Q}$ の部分に $B \to C$ 全体を当てはめていることに注意しよう。

問題 3.11 以下の (♠) および 1 から 4 までの日本語文を記号化しなさい。その上で、(♠) と真理条件的に同値なものを 1 から 4 の文の中から**すべて**選びなさい。ただし、「雨が降っている」を A、「雪が降っている」を B、「試合は中止である」を C とする。

(♠) 雨か雪が降っていたら、試合は中止だ。

1. 試合が中止でないなら、雨も雪も降っていない。
2. 試合が中止なら、雨か雪が降っている。
3. 雨が降っていれば試合は中止であり、雪が降っていても試合は中止である。
4. 雨も雪も降っていないなら、試合は中止でない。

> **目目ノート　対象言語とメタ言語**
>
> 　同値性を表す記号 ≈ は、∧ や → のような、命題論理の言語に属する記号ではなく、「真理条件的に同値である」という日本語の表現を省略したものであることに注意してほしい。このように、命題論理の言語について何かを述べる記号は、**メタ記号**と呼ばれる。このとき、われわれが実際に説明のために使用している日本語のことを**メタ言語**、その日本語を用いて説明しようとしている命題論理の言語のことを**対象言語**と言う。メタ言語と対象言語の区別は相対的なものである。例えば、英語の話し手が、英語を使って日本語について説明しようとするとき、対象言語は日本語であり、メタ言語は英語であると言うことができる。対象言語とメタ言語の区別は、第6章でさらに詳しく見ることになる。

3.3　トートロジーと矛盾式

　真理表のあらゆる行で真理値 T をとる論理式を、**トートロジー**（恒真式）と言う。真理表の各行は、考えうる状況を枚挙したものとみなすことができるのであった。よって、トートロジーとは、いかなる状況においても真となる論理式のことに他ならない。いかなる状況においても真であるということは、見方をかえれば、なんら実質的な情報をもたないということに等しい。トートロジーは、論理的真理と呼ばれることもある。

　例えば、論理式 $\neg(A \lor B) \to \neg A$ は、次の真理表が示す通り、トートロジーである。

　例 3.2　$\neg(A \lor B) \to \neg A$

A B	$A \vee B$	$\neg(A \vee B)$	$\neg A$	$\neg(A \vee B) \to \neg A$
T T	T	F	F	T
T F	T	F	F	T
F T	T	F	T	T
F F	F	T	T	T

ここに示されている通り、$\neg(A \vee B) \to \neg A$ は、すべての行で真理値 T を
とっている。

　もっと単純な例としては、論理式 $A \vee \neg A$、および、$A \to A$ は、次の真
理表が示す通り、トートロジーである。$A \vee \neg A$ は**排中律**と呼ばれる。こ
れは第 1 章の例 1.7 (p.8) で登場したトートロジーの一つである。

例 3.3　（トートロジー）

A	$\neg A$	$A \vee \neg A$
T	F	T
F	T	T

A	$A \to A$
T	T
F	T

　真理表のあらゆる行で真理値 F をとる論理式は、**矛盾式**と呼ばれる。例
えば、$A \wedge \neg A$ は矛盾式である。

例 3.4（矛盾式）　$A \wedge \neg A$

A	$\neg A$	$A \wedge \neg A$
T	F	F
F	T	F

明らかに、トートロジーの否定、たとえば、$\neg(A \vee \neg A)$ や $\neg(A \to A)$ な
どは矛盾式となる。逆に、矛盾式の否定はトートロジーとなる。

　　問題 3.12　　次の論理式がトートロジーであることを真理表を用いて示
しなさい。3 は**ダメットの法則**、4 は**パースの法則**と呼ばれる。

1. $\neg(A \land \neg A)$

2. $A \to (B \to A)$

3. $(A \to B) \lor (B \to A)$

4. $((A \to B) \to A) \to A$

✦ トートロジーと矛盾式の同値変形

一般に、C がトートロジーであるとき、$A \land C$ は A と同値になり、$A \lor C$ はトートロジーとなる。また、C が矛盾式であるなら、$A \land C$ もまた矛盾式であり、$A \lor C$ は A と同値になる。これをトートロジーと矛盾式にかんして成り立つ同値性として、以下のようにまとめておこう。

トートロジーの法則：$\mathcal{T}$ がトートロジーであるとき、次のことが成り立つ。

$$\mathcal{P} \land \mathcal{T} \approx \mathcal{P}$$
$$\mathcal{P} \lor \mathcal{T} \approx \mathcal{T}$$

矛盾式の法則：$\mathcal{I}$ が矛盾式であるとき、次のことが成り立つ。

$$\mathcal{P} \land \mathcal{I} \approx \mathcal{I}$$
$$\mathcal{P} \lor \mathcal{I} \approx \mathcal{P}$$

例 3.5 $B \land \neg B$ が矛盾式であることを利用すれば、$(A \lor B) \land (A \lor \neg B)$ と A が同値であることを次のように示すことができる。

$$(A \lor B) \land (A \lor \neg B) \quad \approx \quad A \lor (B \land \neg B) \quad \text{（分配則）}$$
$$\approx \quad A \qquad\qquad \text{（矛盾式の法則）}$$

問題 3.13 同値変形により以下の同値性が成り立つことを確かめなさい。

1. $(A \land B) \lor (A \land \neg B) \approx A$

2. $(A \land \neg B) \lor (\neg A \land B) \approx (A \lor B) \land \neg(A \land B)$

✦ 同値性と双条件文の関係

ここで、3.2 節の冒頭 (p.48) にある $\neg(A \land B)$ と $\neg A \lor \neg B$ の真理表をもう一度見てみよう。この真理表からすぐに読み取れることであるが、この二つの論理式を $\to$ でつなげた $\neg(A \land B) \to \neg A \lor \neg B$ という論理式を考えてみると、あらゆる行で真となり、よって、トートロジーとなることがわかる。

A	B	$\neg(A \wedge B)$	$\neg A \vee \neg B$	$\neg(A \wedge B) \to \neg A \vee \neg B$
T	T	F	F	T
T	F	T	T	T
F	T	T	T	T
F	F	T	T	T

　もちろん、前件と後件で入れ換えた $\neg A \vee \neg B \to \neg(A \wedge B)$ という論理式もトートロジーであり、したがって、双条件文 $\neg A \vee \neg B \leftrightarrow \neg(A \wedge B)$ を作ると、これもまたトートロジーであることになる。さて、3.2節の冒頭において、$\neg(A \wedge B)$ と、$\neg A \vee \neg B$ は真理条件的に同値であることを確認した。この例から推察されるように、次の二つの主張は等しい。

1.　論理式 $\mathcal{P}$ と $\mathcal{Q}$ が真理条件的に同値である。すなわち、$\mathcal{P} \approx \mathcal{Q}$ が成り立つ。
2.　論理式 $\mathcal{P} \leftrightarrow \mathcal{Q}$ がトートロジーである。

つまり、真理値分析によって二つの論理式が同値かどうかを判定することは、その二つを結びつけた双条件文がトートロジーであるかどうかを判定することに等しいわけである。

3.4　真理値分析によって推論の妥当性を判定する

　ではいよいよ、真理表を用いて推論の妥当性を判定する方法を導入しよう。1.2節で導入した妥当な推論および妥当でない推論の基準をもう一度確認しておくと、次のようになる。

妥当な推論：前提の論理式がすべて真 (T) となる状況では、結論の論理式も必ず真 (T) となる。

妥当でない推論：前提の論理式がすべて真 (T) であって、結論の論理式が偽 (F) となる状況が存在する。

真理値分析の方法によれば、ここでの「状況」とは、真理表の一つ一つの行に対応するものである。よって、ある前提から結論への推論が妥当であるかどうかを判定するには、前提と結論の論理式に対応する真理表を書いた上で、前提の論理式がすべて真であり、結論の論理式が偽となる真理表の行が存在するかどうかを調べればよいことになる。

　「ある前提から結論へ至る推論が妥当である」という言い回しはたびたび使用するので、そのための新しい表記を導入しておくと便利である。前提 $\mathcal{P}_1, \mathcal{P}_2, \ldots, \mathcal{P}_n$ から結論 $\mathcal{Q}$ へ至る推論が真理表に基づいて妥当であるとき、

$$(\heartsuit)\ \mathcal{P}_1, \mathcal{P}_2, \ldots, \mathcal{P}_n \models \mathcal{Q}$$

と書く。このとき、$\mathcal{P}_1, \mathcal{P}_2, \ldots, \mathcal{P}_n$ は $\mathcal{Q}$ を**意味論的に含意** (entail) するともいう。また、前提 $\mathcal{P}_1, \mathcal{P}_2, \ldots, \mathcal{P}_n$ から結論 $\mathcal{Q}$ への推論が妥当でないことを、

$$(\spadesuit)\ \mathcal{P}_1, \mathcal{P}_2, \ldots, \mathcal{P}_n \not\models \mathcal{Q}$$

と書く。この関係は「$\mathcal{P}_1, \mathcal{P}_2, \ldots, \mathcal{P}_n$ は $\mathcal{Q}$ を意味論的に含意しない」とも呼ばれる。

　$(\heartsuit)$ の意味は、「前提 $\mathcal{P}_1, \mathcal{P}_2, \ldots, \mathcal{P}_n$ がすべて真であるような状況において、結論 $\mathcal{Q}$ も必ず真である」ということであった。これは言い換えるならば、

$(\heartsuit')$ 前提 $\mathcal{P}_1, \mathcal{P}_2, \ldots, \mathcal{P}_n$ がすべて真であって、かつ、結論 $\mathcal{Q}$ が偽であることは不可能である

ということに他ならない。他方、$(\spadesuit)$ は、$(\heartsuit')$ の否定を肯定に入れ替えた

$(\spadesuit')$ 前提 $\mathcal{P}_1, \mathcal{P}_2, \ldots, \mathcal{P}_n$ がすべて真であって、かつ、結論 $\mathcal{Q}$ が偽であることは可能である

すなわち、「前提がすべて真であって、しかも結論が偽となる状況が（少なくとも一つ）存在する」という意味である。

✦ 推論の妥当性判定

58

できるだけ単純な具体例として、次の推論をとりあげよう。

推論 1

前提	もし雪が降ったならば、地面に雪が残っているはずだ。　$A \to B$
前提	地面に雪は残っていない。　$\neg B$
結論	したがって、雪は降っていない。　$\neg A$

ここで、「雪が降った」という命題を A、「地面に雪が残っている」という命題を B とおくと、この推論のパターンは上に示したように記号化できる。この推論が妥当であることは、次のように表される。

$$A \to B, \neg B \models \neg A$$

この推論の妥当性を調べるには、二つの前提 $A \to B$ と $\neg B$ が真であるような状況において、結論 $\neg A$ も真となるかどうかを調べればよい。そこでまず、前提と結論の論理式に対する真理表を書いてみよう。

		前提	前提	結論	
A	B	$A \to B$	$\neg B$	$\neg A$	
T	T	T	F	F	
T	F	F	T	F	
F	T	T	F	T	
F	**F**	**T**	**T**	**T**	○

前提 $A \to B$ と $\neg B$ がどちらも真となるのは、◯ で示した4行目だけである。他の行では、いずれかの前提が真理値Fをとっている。よって、「前提がすべて真となる状況」に該当するのは、4行目の状況、つまり、A も B も偽である状況だけである。さて、この ◯ で示した4行目では、結論の $\neg A$ もまた真理値Tをとっている。したがって、「前提がすべて真となる状況では結論もつねに真となる」という基準に基づいて、**推論1**は妥当であると結論できる。

次に、妥当でない推論の例を考えてみよう。次の例を考えよう。

推論2

前提	もし雪が降ったならば、地面に雪が残っているはずだ。	$A \to B$
前提	地面に雪が残っている。	B
結論	したがって、雪が降ったはずだ。	A

この推論を上の例と同様の記号を用いて記号化すれば、推論の前提は $A \to B$ と B、結論は A である。上の基準に従えば、推論が妥当でないことを示すには、前提がすべて真であり、結論が偽となるような状況が一つでもあることを示せばよい。よって、この例の場合、$A \to B$ と B の真理値がTであり、A の真理値がFとなりうることを示せばよいわけである。このような真理値の組み合わせが可能であるのかどうかをみるために、A、B、$A \to B$ という三つの論理式に対する真理表を調べよう（前提がともに真となる行には色をつけてある）。

結論	前提	前提	
A	B	$A \to B$	
T	**T**	**T**	◯
T	F	F	
F	**T**	**T**	×
F	F	T	

◯ でマークした1行目では、二つの前提 $A \to B$ と B の真理値はともにTであり、結論 A の真理値もTである。これに対して、× で示した3行目に注目すると、前提 $A \to B$ と B の真理値がTであるが、結論 A の真理値がFとなっていることがわかる。よって、「前提がすべて真であって、結論

が偽となる状況がありうる」という基準から、**推論2**は妥当でない、すなわち、

$$A \to B, B \not\models A$$

と結論することができる。ここで、×で示した3行目に対応する状況は、この推論を反証する状況に他ならない。

このように、推論の妥当性および非妥当性を判定するには、前提と結論の論理式に対応する真理表を書いた上で、前提の論理式がすべて真であり、結論の論理式が偽となる行が存在するかどうかを調べればよい。ここでは、この判定を見通しよく行うために、上の例にあるように、次の仕方で、「○」および「×」というマークを使うことにしよう。

- 推論の前提に対応する論理式がすべて真Tとなり、結論に対応する論理式もまた真Tとなる行は、○ とマークする。
- 推論の前提に対応する論理式がすべて真Tとなり、結論に対応する論理式が偽Fとなる行（反例となる状況を表す行）は、× とマークする。

これによって、「×」とマークされる行が存在しないなら、推論は妥当であると結論でき、逆に、「×」とマークされる行が存在するなら、推論は妥当でないと結論できる。ただしここで、「前提がすべて真となる」という点に注意しよう。前提が複数あって、そのうち一つでも偽となるような状況は、推論に対する反例とはならない。つまり、そのような状況（真理表の行）は、上の例にもあるように、何もマークする必要はない。

問題 **3.14** これまでの分析をふまえて、真理表に基づいて、以下の4つの推論パターンを、妥当なものと妥当でないものに分類してみよう。

1. 前件肯定	2. 後件肯定	3. 前件否定	4. 後件否定
$A \to B$	$A \to B$	$A \to B$	$A \to B$
A	B	$\neg A$	$\neg B$
B	A	$\neg B$	$\neg A$

✦ 三つの原子論理式を含む推論の場合

さて、もう少し複雑な例として、次の推論をとりあげよう。

推論3

前提 太郎と次郎が授業に出席しているならば、花子も出席している
はずだ。

前提 花子は授業に出席していない。

結論 したがって、次郎も授業に出席していない。

「太郎が授業に出席している」を A、「次郎が授業に出席している」を B、
「花子が授業に出席している」を C とおくと、推論は、

$$\textbf{前提} \quad A \land B \to C$$
$$\textbf{前提} \quad \neg C$$
$$\textbf{結論} \quad したがって、\neg B$$

と記号化することができる。前提と結論の論理式に対する真理表は、次の
ようになる。

| | | | | 前提 | 前提 | 結論 | |
A	B	C	$A \land B$	$A \land B \to C$	$\neg C$	$\neg B$	
T	T	T	T	T	F	F	
T	T	F	T	F	T	F	
T	F	T	F	T	F	T	
T	F	F	F	**T**	**T**	**T**	○
F	T	T	F	T	F	F	
F	T	F	F	**T**	**T**	**F**	×
F	F	T	F	T	F	T	
F	F	F	F	**T**	**T**	**T**	○

ここで、二つの前提 $A \land B \to C$、および、$\neg C$ がともに真であるのは、4
行目、6行目、8行目である。4行目と8行目では、結論 $\neg B$ もまた真であ
るから、○とマークしておく。つまり、この二つの行は推論の反例とはな
らない。これに対して、6行目では、結論 $\neg B$ が偽となっている。よって、
これは推論に対する反例であり、×とマークとする。すなわち、この6行
目は、前提がすべて真であるにもかかわらず、結論が偽となる可能性に当

たる状況、つまり、この推論を反証する状況である。こうして、**推論3**は妥当でないと結論される。

問題 3.15　真理表を書いて以下が成り立つことを確認してみよう。

1. $A \wedge B \models A \vee B$、かつ、$A \vee B \not\models A \wedge B$である。
2. $\neg A \models A \rightarrow B$、かつ、$B \models A \rightarrow B$である。
3. $A \rightarrow B \vee C \models (A \rightarrow B) \vee (A \rightarrow C)$

問題 3.16　次の推論を記号化した上で、真理表を用いてその妥当性を判定しなさい。そのさい、前提がすべて真で結論も真である行には ◯ を、前提がすべて真で結論が偽となる行には × をつけること。ただし、「アンの主張は正しい」を A、「ボブの主張は正しい」を B、「キャロルの主張は正しい」を Cとする。

> **前提1**　アンかボブの主張は正しい。
> **前提2**　ボブかキャロルの主張は正しい。
> **前提3**　キャロルの主張は正しくない。
> ─────────────────────
> **結論**　したがって、アンの主張も正しくない。

📖ノート　　実質含意のパラドクス

問題 3.15 の 2 は、$A \rightarrow B$ を導くには、前件の否定 $\neg A$ か、後件の肯定 B があれば十分であることを示している。しかし、条件文とはふつう、前件と後件の何らかの関係について述べる文であり、前件と後件のどちらかの情報だけから条件文を結論するのはどこか奇妙である。例えば、$B \models A \rightarrow B$ が成り立つことを認めれば、次の推論が妥当であることになる。

> **前提**　地球は太陽の周りを回っている。B
> ─────────────────────
> **結論**　したがって、猫が空を飛ぶなら、地球は太陽の周りを回っている。
> 　　　$A \rightarrow B$

問題 3.15 の 2 の関係が成立することは、「実質含意のパラドクス」と呼ばれ、論理学の「ならば」と自然言語の条件文をめぐる大きな問題の一つとなっている。

✦ トートロジーと推論の妥当性の関係

ここで問題にしている推論の妥当性と前節で導入したトートロジーの概念には密接なつながりがある。例えば、先ほどの

$$A \to B, \neg B \models \neg A$$

という**推論1** (p.58) に対して、二つの前提 $A \to B$ と $\neg B$ を連言 $\wedge$ で結び、それと結論 $\neg A$ を含意 $\to$ で結んだ、$(A \to B) \wedge \neg B \to \neg A$ という形の論理式を考える。これはようするに「二つの前提が真であるならば結論も真である」と主張する論理式に他ならない。真理表から容易にわかることであるが、この論理式はトートロジーである（**推論1**に対する真理表で確認してみてほしい）。

ここで、トートロジーとはあらゆる状況で真であるような論理式のことであったことを思い出そう。これは言い換えれば、前提なしにつねに真となるような論理式のことに他ならない。よって、「論理式 $\mathcal{Q}$ がトートロジーである」ということを、$\mathcal{P}_1, \mathcal{P}_2, \ldots, \mathcal{P}_n \models \mathcal{Q}$ の特殊なケース（つまり、前提なしのケース）として、

$$\models \mathcal{Q}$$

と書くことができる。上の例の場合、次が成り立つ。

$$\models (A \to B) \wedge \neg B \to \neg A$$

実のところ、この例に示唆されているように、「前提 $\mathcal{P}_1, \mathcal{P}_2, \ldots, \mathcal{P}_n$ から結論 $\mathcal{Q}$ への推論が妥当である」ことと、「論理式 $\mathcal{P}_1 \wedge \mathcal{P}_2 \wedge \cdots \wedge \mathcal{P}_n \to \mathcal{Q}$ がトートロジーである」という主張は等しい。$\models$ を使った表記法を用いてまとめると次のようになる。

▶ ▲ ▼ ▲ ▼ ▲ ▼ ▲ ▼ ▲ ▼ ▲ ▼ ▲ ▼ ▲ ▼ ▲ ▼ ▲ ▼ ▲ ▼ ▲ ▼ ◀

以下の1と2の主張は等しい（つまり、1と2の主張は同値である）。

1. 前提 $\mathcal{P}_1, \mathcal{P}_2, \ldots, \mathcal{P}_n$ から結論 $\mathcal{Q}$ への推論が真理表に基づいて妥当である。すなわち、$\mathcal{P}_1, \mathcal{P}_2, \ldots, \mathcal{P}_n \models \mathcal{Q}$ が成り立つ。

◀ ◀ ◀ ◀ ◀ ◀ ◀

2. 論理式 $\mathcal{P}_1 \wedge \mathcal{P}_2 \wedge \cdots \wedge \mathcal{P}_n \rightarrow \mathcal{Q}$ がトートロジーである。すなわ
ち、$\models \mathcal{P}_1 \wedge \mathcal{P}_2 \wedge \cdots \wedge \mathcal{P}_n \rightarrow \mathcal{Q}$ が成り立つ。

推論が妥当であることを示すことは、このように、前提を $\wedge$ で結び、そ
れと結論を $\rightarrow$ で結んだ、「$\mathcal{P}_1 \wedge \cdots \wedge \mathcal{P}_n \rightarrow \mathcal{Q}$」という形の論理式がトー
トロジーとなることを示すことに等しいわけである。

3.5 真理値分析によって矛盾と整合性を判定する

1.4 節 (p.12) では、論理学の課題の一つとして、命題の集まりが整合的
であるか、それとも矛盾しているかを判定するという問題を考えた。この
節では、真理値分析に基づいて整合性と矛盾を判定する方法を考えてみ
よう。

まず命題の集まり —— これを以下では命題の**集合**という —— が与えられ
たとき、一つ一つの命題を論理式として記号化しておく必要がある。その
上で、論理式の集合が矛盾しているのか、あるいは整合的であるのかを真
理値分析の方法に基づいて判定する。そのための基準をあらためて定式化
すれば、次のようになる。

矛盾：論理式の集合が矛盾しているのは、それらをすべて真 (T) とす
るような状況（＝真理表の行）が存在しないときである。

整合性：論理式の集合が整合的であるのは、それらをすべて真 (T) と
するような状況（＝真理表の行）が少なくとも一つ存在するときで
ある。

具体例に基づいて考えよう。たとえば、ある人が次のように主張したと
しよう。

(23)　A 氏の主張が正しいならば、B 氏の主張は間違っている。だが、
　　　A 氏の主張も B 氏の主張も正しい。

直感的に言って (23) は矛盾している。このことを真理表を使って示してみよう。まず、「A 氏の主張は正しい」という命題を A、「B 氏の主張は正しい」という命題を B とすると、(23) は、$A \to \neg B$ と $A \wedge B$ という二つの論理式の集合として記号化することができる。こうした論理式の集合は、集合論の記法を用いて、

$$\{A \to \neg B,\ A \wedge B\}$$

のように書くことにしよう。さて、$A \to \neg B$ と $A \wedge B$ に対する真理表は以下のようになる。

A	B	$\neg B$	$A \to \neg B$	$A \wedge B$
T	T	F	**F**	**T**
T	F	T	**T**	**F**
F	T	F	**T**	**F**
F	F	T	**T**	**F**

ここでいずれの行においても、論理式 $A \to \neg B$ と $A \wedge B$ のどちらかは偽であり、ともに真となることはない。よって、上の基準から、この二つの論理式の集合は矛盾していると結論できる。

　今度は、もう少し複雑で興味深い例として、次の例を考えよう。例えば、次のような三つの証言があるとしよう。

証言 1 アンが犯人であるならば、ボブも犯人である。

証言 2 アンとキャロルが二人とも犯人であるということはない。

証言 3 ボブとキャロルは犯人である。

この三つの証言が整合的であるのか矛盾しているのかが、ここでの問題である。まずそれぞれの命題を論理式へと移しかえる。「アンが犯人である」を A、「ボブが犯人である」を B、「キャロルが犯人である」を C とおくと、それぞれの証言は、次のように記号化される。

証言 1 $A \to B$

証言 2 $\neg(A \wedge C)$

証言 3 $B \wedge C$

よって、$\{A \to B,\ \neg(A \wedge C),\ B \wedge C\}$ という論理式の集合が整合的か否かを判定すればよい。それぞれの論理式の真理表は以下のようになる。

			証言 1		証言 2	証言 3	
A	B	C	$A \to B$	$A \wedge C$	$\neg(A \wedge C)$	$B \wedge C$	
T	T	T	T	T	F	T	
T	T	F	T	F	T	F	
T	F	T	F	T	F	F	
T	F	F	F	F	T	F	
F	**T**	**T**	**T**	**F**	**T**	**T**	○
F	T	F	T	F	T	F	
F	F	T	T	F	T	F	
F	F	F	T	F	T	F	

この真理表において、○で示した5行目において、三つの証言に対応する論理式はいずれも真 (T) となっている。このことから、この三つの証言は整合的である、つまり、それらがすべて真となる状況がありうると結論することができる。具体的には、A が偽であり、B と C が真であるような状況、つまり、アンが無実であり、ボブとキャロルが犯人であるような状況がそれに当たる。さらにこの真理表から、この他に三つの証言を同時に真とするような状況は存在しないことも読み取ることができる。

問題 3.17　次の論理式の集合が整合的であるか矛盾しているか、真理表に基づいて判定しなさい。

$$\{A \to B,\ \neg A \to \neg B,\ \neg B\}$$

問題 3.18　次の命題の集合が整合的かそれとも矛盾しているか、それぞれの命題を記号化した上で、真理表を示して判定しなさい。ただし、「アンの主張は正しい」を A、「ボブの主張は正しい」を B、「キャロルの主張は正しい」を C とする。

　命題 1　もしボブの主張が正しいなら、アンの主張は正しくない。
　命題 2　ボブかキャロルの主張は正しい。

命題3 アンの主張は正しいが、キャロルの主張は正しくない。

✦ 妥当性と整合性の関係

　これまで、3.3節ではトートロジーという概念、3.4節では推論の妥当性という概念、3.5節では命題の集合の整合性・矛盾という概念をそれぞれ規定した。実はこの三つの概念には密接な関係がある。

　まず、前提 $\mathcal{P}_1, \mathcal{P}_2, \ldots, \mathcal{P}_n$ から結論 $\mathcal{Q}$ へ至る推論が真理表に基づいて妥当であるとき、$\mathcal{P}_1, \mathcal{P}_2, \ldots, \mathcal{P}_n \models \mathcal{Q}$ と書き、その意味は、「前提 $\mathcal{P}_1, \mathcal{P}_2, \ldots, \mathcal{P}_n$ がすべて真であるような状況において、結論 $\mathcal{Q}$ も必ず真である」ということであった。これは言い換えるならば、

　（♡）前提 $\mathcal{P}_1, \mathcal{P}_2, \ldots, \mathcal{P}_n$ がすべて真であって、かつ、結論 $\mathcal{Q}$ が
　　　偽であることは不可能である

ということである。

　いま、命題は真か偽のいずれかであるという想定——すなわち二値原理——のもとに話を進めていたことを思い出そう。この想定のもとでは、「結論 $\mathcal{Q}$ が偽である」ということは、$\mathcal{Q}$ の否定、すなわち、$\neg \mathcal{Q}$ が真であると言うことに等しい。よって、（♡）は、「$\mathcal{P}_1, \mathcal{P}_2, \ldots, \mathcal{P}_n$ がすべて真であって、しかも、$\neg \mathcal{Q}$ も真であるということが不可能である」ということ、つまり、「論理式の集合 $\{\mathcal{P}_1, \mathcal{P}_2, \ldots, \mathcal{P}_n \neg \mathcal{Q}\}$ が矛盾している」と主張することに等しい。こうして、「推論が妥当であること」と「論理式の集合が矛盾していること」という二つの概念の結びつきが明らかとなった。

　トートロジーとの関係も含めてまとめると以下のようになる。

> ▲▼▲▼▲▼▲▼▲▼▲▼▲▼▲▼▲▼▲▼▲▼▲▼▲▼▲▼▲◄
>
> 以下の 1–3 の主張は等しい（つまり、1–3 の主張は同値である）。
>
> 1. 前提 $\mathcal{P}_1, \mathcal{P}_2, \ldots, \mathcal{P}_n$ から結論 $\mathcal{Q}$ への推論が真理表に基づいて妥当である。すなわち、$\mathcal{P}_1, \mathcal{P}_2, \ldots, \mathcal{P}_n \models \mathcal{Q}$ が成り立つ。
> 2. 論理式の集合 $\{\mathcal{P}_1, \mathcal{P}_2, \ldots, \mathcal{P}_n, \neg \mathcal{Q}\}$ が矛盾している。
> 3. 論理式 $\mathcal{P}_1 \wedge \mathcal{P}_2 \wedge \cdots \wedge \mathcal{P}_n \to \mathcal{Q}$ がトートロジーである。すなわち、$\models \mathcal{P}_1 \wedge \mathcal{P}_2 \wedge \cdots \wedge \mathcal{P}_n \to \mathcal{Q}$ が成り立つ。
>
> ▲▼▲▼▲▼▲▼▲▼▲▼▲▼▲▼▲▼▲▼▲▼▲▼▲▼▲▼▲◄

第4章　命題論理の証明論

　第3章では、真理表に基づいて推論の妥当性を判定する方法を導入した。その基本的な考え方は、前提が真となるあらゆる状況を真理表によって枚挙し、そこで結論が真であるかどうかを判定するというものであった。この節では、これとは別の観点から推論の妥当性を判定するやり方を導入する。その基本的な考え方は、前提から結論を証明することができるとき、推論を妥当なものとみなすというものである。この考え方を具体化するには、形式言語（ここでは命題論理の言語）において、正しい証明とはどのようなものであるのかをきちんと規定しておく必要がある。こうした問題を扱う論理学の部門は、**証明論**と呼ばれる。

　しかし、なぜ推論の妥当性を判定するのに、真理表とは別の方法が必要なのだろうか。ここではまず、その理由について考えてみよう。話を具体的にするため、次の推論の例を見よう。

> **例4.1**　犯人は太郎か花子だ。しかし、太郎にはアリバイがある。**だから**、太郎は犯人ではない。**したがって**、花子が犯人だ。

この推論では、結論を示す表現が二つ登場している。まず、「だから」の部分において、中間的な結論「太郎は犯人ではない」を導き、その上で、前提「犯人は太郎か花子だ」をふまえて、「したがって」の部分において、最終的な結論「花子が犯人だ」を導き出している。これまでに扱った推論は、一組の前提と結論を含むものに限られていたが、一般的に言って推論や論証、証明といったものは、この例のように中間的な結論をいくつか経ながら最終的な結論に至るという、複合的な構造をもつ。そして、こうした推論の一つ一つのステップで私たちが実際に行っていることは、直感的

に言って、真理表のような「前提が真であるようなあらゆる可能性を枚挙して結論の真偽を判定する」という作業とは、本質的に異なるものであるように見える。

　そこで、この推論構造をもう少し詳しく見てみよう。まず、この推論には、「もし太郎にアリバイがあれば、太郎は犯人ではない」という前提が隠れている。これを含めて、推論を再構成すると、次のようになる。ここで記号化は、「太郎が犯人だ」を A、「花子が犯人だ」を B、「太郎にはアリバイがある」を C とおいている。

(1) 犯人は太郎か花子だ。$A \lor B$　（前提）
(2) 太郎にはアリバイがある。C　（前提）
(3) もし太郎にアリバイがあれば、太郎は犯人ではない。$C \to \neg A$（隠れた前提）
(4) よって、(2) と (3) より、太郎は犯人ではない。$\neg A$（中間的な結論）
(5) ゆえに、(1) と (4) より、花子が犯人である。B（結論）

この推論における前提と結論の依存関係は、次のような木（ツリー）によって見通しよく表すことができる。

$$\cfrac{(1)\ A \lor B \quad \cfrac{(2)\ C \quad (3)\ C \to \neg A}{(4)\ \neg A}}{(5)\ B}$$

このような推論構造を示す図を、**証明図**と呼ぶ。ここで、(4) および (5) に移行するステップで、推論が行われていることに注意しよう。例 4.1 における「だから」と「したがって」という言葉がこの二つのステップの所在を示している。この移行が正当なものであるかどうかは、その移行が「正しい推論規則」に合致しているかどうかによる。では、正しい推論規則とは何だろうか。それはいったいどれくらいあるのだろうか。その全体を体系的に取り出すことは可能だろうか。私たちはしばしば、「論理が飛躍している」とか「この論証にはギャップがある」という言い方をするが、では「飛躍やギャップを含まない論証」とはどのようなものだろうか。この

章の課題は、こうした問いに答えることである。これから学ぶ証明論の枠組みでは、証明（論証）のステップを、できるかぎり細かく分析し、それ以上正当化の必要のない自明なステップにまで分解することで、「飛躍やギャップを含まない論証」を作ることを目指すことになる。

　以下では、命題論理における「正しい推論規則」や「正しい証明」を規定する方法の一つとして、**自然演繹** (natural deduction) を導入する。自然演繹は、数学の証明を典型とするような、私たちが実際に行っている推論とできるだけ近い形で推論規則を定式化した体系である。

　しかし、ここで当然生じる疑問は、真理表に基づく推論の妥当性の規定（意味論的な規定）と、自然演繹に基づく規定（証明論的な規定）との関係はどうなっているのか、というものであろう。実は、この節の最後にふれるように、この二つの規定は一致する。すなわち、二つの規定はぴったり同じ範囲の推論を妥当なものとして規定している。これは完全性定理という名前で知られている。つまり、真理表に基づく方法（意味論的方法）と自然演繹に基づく方法（証明論的方法）は、それぞれ別の視点から妥当な推論とは何かという問いに答えを与えるものであるが、そこで捉えようとしている妥当な推論の範囲は一致するのである。その視点の違いとは、簡潔に言って、意味論的方法（すなわち、真理表）が、前提が真であり結論が偽となる状況をさがすという**反証**の考え方を軸としているのに対して、証明論的方法（すなわち、自然演繹）は、前提から結論を規則に従って導出するというという**証明**の考え方を軸としている、という点にもとめられる。しかしまずは、自然演繹とはどんな体系であるのか見ていくことにしよう。

4.1　命題論理の自然演繹

　自然演繹は、主として、次の二種類の推論規則からなる。

導入規則	結論を導くための**根拠**を述べる規則
	目標となる命題を**証明する方法**を定める
除去規則	前提から導かれる**帰結**を述べる規則
	前提として与えられた命題を**使用する方法**を定める

この二種類の推論規則は、連言、選言、否定、含意という各論理記号に対して定式化される。この二種類の推論規則に従って、前提から結論を導くことができるとき、言い換えると、前提から結論に至る証明が存在するとき、その結論は前提から**証明可能**であるという。この証明可能性という概念を規定し、実際に証明を見つける方法を導入することが、この節の課題である。

　記号を導入しておくと便利である。前提 $\mathcal{P}_1, \ldots, \mathcal{P}_n$ から結論 $\mathcal{Q}$ が命題論理の自然演繹において証明可能であることを、

$$\mathcal{P}_1, \ldots, \mathcal{P}_n \vdash \mathcal{Q}$$

と書く。このとき、結論 $\mathcal{Q}$ は前提 $\mathcal{P}_1, \ldots, \mathcal{P}_n$ から**帰結する**ともいう。また、このような**帰結関係**が成り立つという言い方をすることもある。例えば、先ほどの例 4.1 の前提から結論が証明可能であることは、

$$A \vee B, C, C \to \neg A \vdash B$$

のように書くことができる。また特別な場合として、前提なしに結論 $\mathcal{Q}$ が証明可能であるとき、

$$\vdash \mathcal{Q}$$

と書く。

　この証明可能性を表す「$\vdash$」は、第 3 章の真理表に基づく意味論的な妥当性を表す「$\models$」とは異なる概念である。先にふれたように、両者の関係については後に明確にするが、$A \vee B, C, C \to \neg A \vdash B$ という帰結関係が成り立つならば（実際これは成り立つ）、真理表に基づいて、

$$A \vee B, C, C \to \neg A \models B$$

ということも成り立つ。つまり、これら前提がすべて真であるならば、結論 B も必ず真である。こうして、これから説明する自然演繹の方法は、真

理表を使わずに自然な推論により近い形で、しかも、より効率的な仕方で、推論の妥当性を判定する方法を与えるのである。

　では、推論規則を順に見ていくことにしよう。まずは、含意 (→) と連言 (∧) の推論規則を導入する。最初に除去規則を見よう。除去規則とは、前提として与えられた命題の使い方を定める規則とみなすことができる。含意 (→) の除去規則は、$A \to B$ という形の条件命題が前提として与えられているときに何を導くことができるのかを定める規則である。これは次のように規定される。

→ の除去規則（→E と略記する）

　$\mathcal{P}$ という形の論理式と、$\mathcal{P} \to \mathcal{Q}$ という形の論理式から、$\mathcal{Q}$ という形の論理式を導いてよい。

$$\frac{\mathcal{P} \quad \mathcal{P} \to \mathcal{Q}}{\mathcal{Q}} \to E$$

ここでは任意の論理式を $\mathcal{P}, \mathcal{Q}, \ldots$ などの記号で表す。「任意の論理式」ということは、ここにはどんな論理式が現れてもよいという意味である。$\mathcal{P}$ の位置を⌐ ̄⌐、$\mathcal{Q}$ の位置を █ とマークすると、次はいずれも正しい →E の適用例である。

$$\frac{[A \land B] \quad [A \land B] \to C}{C} \to E \qquad \frac{[A] \quad [A] \to (B \to C)}{B \to C} \to E$$

$$\frac{[A \lor B] \quad [A \lor B] \to \neg(B \land C)}{\neg(B \land C)} \to E$$

　→ の除去規則が意味していることは、比較的容易に理解できるだろう。例えば、「太郎が来るならば、花子も来る」ということがすでにわかっている場合、さらに「太郎が来る」という前提があれば、「花子も来る」という結論を導くことができる。→E はこうした推論ステップを保証する規則である。

→ の除去規則 $(\to E)$ を要する証明の具体例として、次の例を考えよう。

例 4.2　$A,\ A \to B,\ A \to (B \to C) \vdash C$

これは、A と $A \to B$ と $A \to (B \to C)$ という三つの前提から C という結論への証明が存在することを述べている。先ほどのような木（ツリー）の形での証明図を書くことが目標であるが、その前に、証明を一行ずつ書いてみると次のようになる。

(1)	A	前提
(2)	$A \to B$	前提
(3)	B	(1) と (2) に $\to E$ を適用
(4)	$A \to (B \to C)$	前提
(5)	$B \to C$	(1) と (4) に $\to E$ を適用
(6)	C	(3) と (5) に $\to E$ を適用

これに対応する証明図は次のように書くことができる。

$$\cfrac{\cfrac{A \quad A \to B}{B} \to E \quad \cfrac{A \quad A \to (B \to C)}{B \to C} \to E}{C} \to E$$

ここに示されているように、この証明図を上から見ると、前提から出発して認められた推論規則だけを用いて、結論（この場合、C）にたどり着く形になっている。証明図は、前提から結論を導くプロセスを見通しよく図的に表している。

　証明の各ステップでは、そこでどの推論規則を使ったのかを明示しておくとよい。この場合、→ の除去規則を使ったので、その名称である「$\to E$」を各ステップに書いておく。この E は、Elimination の頭文字である。

　もう一つ注意すべきは、この証明で A という前提が二回使用されている点である。このように同じ前提は証明において何度使用してもかまわない。一行ずつ証明を書くと同じ前提を複数回書く必要はないが、証明図では使った回数だけ前提をコピーする必要があることに注意しよう。同じ前提を何度も書くことは煩雑であるが、同じ前提を何回使ったのかは、証明の構造を捉える上で重要な役割を果たす。

まず、→ の除去規則だけを用いた証明問題に取り組んでみよう。

問題 **4.1**　次の証明図を示しなさい。
1.　$A, A \to B, B \to C \vdash C$
2.　$(A \to B) \to (C \to D), A \to B, C \vdash D$

次に、連言 ($\wedge$) の除去規則である。ここまでは、規則の意味は比較的明らかだろう。なお、ここでも $\mathcal{P}$ や $\mathcal{Q}$ の位置には複雑な論理式が現れうることに注意しよう。

$\wedge$ の除去規則（左）　（$\wedge E_l$ と略記する）

　$\mathcal{P} \wedge \mathcal{Q}$ という形の論理式から、$\mathcal{P}$ という形の論理式を導いてよい。

$$\frac{\mathcal{P} \wedge \mathcal{Q}}{\mathcal{P}} \,\wedge E_l$$

$\wedge$ の除去規則（右）　（$\wedge E_r$ と略記する）

　$\mathcal{P} \wedge \mathcal{Q}$ という形の論理式から、$\mathcal{Q}$ という形の論理式を導いてよい。

$$\frac{\mathcal{P} \wedge \mathcal{Q}}{\mathcal{Q}} \,\wedge E_r$$

$\wedge$ の除去規則は、$\mathcal{P} \wedge \mathcal{Q}$ という形の論理式を使って何ができるのかを指定している。$\mathcal{P} \wedge \mathcal{Q}$ という命題が前提として与えられている場合、そこから $\mathcal{P}$ を導いてもかまわないし、$\mathcal{Q}$ を導いてもかまわない。証明の具体例を二つ挙げておく。以下では、$\wedge E_r$ と $\wedge E_l$ を適用するさい、添え字の r と l は、省略することにしよう。

例 **4.3**　$A \wedge (B \wedge C) \vdash C$

$$\frac{\dfrac{A \wedge (B \wedge C)}{B \wedge C} \,\wedge E}{C} \,\wedge E$$

例 **4.4**　$A \wedge B, A \to C \wedge D \vdash D$

$$\frac{\dfrac{A \wedge B}{A} \wedge E \quad A \to C \wedge D}{\dfrac{C \wedge D}{D} \wedge E} \to E$$

　証明をどうやって構成するかは、与えられた前提と結論の形に依存する。→ と ∧ の除去規則を使って証明を進めることができるのは、前提に → や ∧ を含む論理式があるときである。与えられた前提の論理式の形をよく見て、結論までたどり着くのにどのような除去規則を適用すればよいのかを考える必要がある。最初は論理式がかなり複雑に見えるかもしれないが、前提には → E や ∧E が適用できるパターンが隠されている。それをうまく発見することが大切である。まずは、次の問題を考えてみよう。

問題 4.2　　次の証明を示しなさい。

1. $A \to B, A \wedge C \vdash B$　　　　2. $A \wedge (B \to C), A \to B \vdash C$

　次に連言の導入規則である。この導入規則は、$\mathcal{P} \wedge \mathcal{Q}$ という形の命題を主張するのに十分な**根拠**を定めるものである。$\mathcal{P} \wedge \mathcal{Q}$ が真であると主張するには、$\mathcal{P}$ が真であるという主張と $\mathcal{Q}$ が真であるという主張の両方がすでに得られていれば十分である。

∧ の導入規則（∧I と略記する）

　$\mathcal{P}$ という形の論理式と、$\mathcal{Q}$ という形の論理式がすでに得られているとき、これを合わせて、$\mathcal{P} \wedge \mathcal{Q}$ という形の論理式を導いてよい。

$$\frac{\mathcal{P} \quad \mathcal{Q}}{\mathcal{P} \wedge \mathcal{Q}} \wedge I$$

∧I における I は、Introduction の頭文字である。簡単な適用例を一つ挙げよう。やや煩雑に見えるかもしれないが、このような括弧の付け替えは、3.2 節の同値変形の箇所 (p.49) で説明した結合則として知られるものである。

例 4.5　$A \wedge (B \wedge C) \vdash (A \wedge B) \wedge C$

$$
\cfrac{\cfrac{A \wedge (B \wedge C)}{A} \wedge E_l \quad \cfrac{\cfrac{A \wedge (B \wedge C)}{B \wedge C} \wedge E_r}{B} \wedge E_l}{A \wedge B} \wedge I \quad \cfrac{\cfrac{A \wedge (B \wedge C)}{B \wedge C} \wedge E_r}{C} \wedge E_r
$$

$$
\cfrac{A \wedge B \quad\quad\quad\quad C}{(A \wedge B) \wedge C} \wedge I
$$

これはほとんど自明な推論に見えるかもしれない。しかし、どんなに自明な推論であっても、自然演繹で定められた導入規則と除去規則だけを使って導き出す必要があり、実際驚くべきことに、同値変形で導入した法則はすべて自然演繹の推論規則を用いて証明することができるのである。

✦ ∧ の導入規則による証明を構成する方法

　これまでに見た除去規則を使用する証明では、前提の形に注目して、推論規則を適用してきた。つまり、$\mathcal{P} \to \mathcal{Q}$ という形の前提があれば → の除去規則（$\to E$）を適用し、$\mathcal{P} \wedge \mathcal{Q}$ という形の前提があれば ∧ の除去規則（$\wedge E$）を適用することを試みた。これに対して、∧ の導入規則を使用するのは、導き出したい結論に $\mathcal{P} \wedge \mathcal{Q}$ という形の論理式が登場するときである。つまり、今度は、結論の形に注目して証明を構成していく方法である。例外がないわけではないが、結論が $\mathcal{P} \wedge \mathcal{Q}$ という形の場合、最終的な証明は、次のような形になる。

$$
\cfrac{\begin{matrix} \vdots & \vdots \\ \mathcal{P} & \mathcal{Q} \end{matrix}}{\mathcal{P} \wedge \mathcal{Q}} \wedge I
$$

この形が決まれば、次に考えるべきは、与えられた前提から $\mathcal{P}$ と $\mathcal{Q}$ をそれぞれどのように導き出すかという問題である。こうして、証明を結論から遡って考えることで、$\mathcal{P} \wedge \mathcal{Q}$ を導くという課題は、$\mathcal{P}$ と $\mathcal{Q}$ をそれぞれ導くという、より単純な課題に置き換えることができる。

　証明を考えるさいは、前提から結論へとトップダウンに進むだけでなく、結論の形から遡って、ボトムアップに証明を構成していくという手段が有効である。どんな前提が与えられているのであれ、結論の形が分からなければ証明を進めようがない。証明を考えるさいは、まず結論がどんな形をしているのかに注目するという視点が重要である。

問題 4.3　　次の証明を示しなさい。
1.　$A, A \to B \vdash A \wedge B$
2.　$A \wedge B, A \to C, B \to D \vdash C \wedge D$

さて、次に含意 ($\to$) の導入規則である。これは $\mathcal{P} \to \mathcal{Q}$ という形の論理式を導くために何を証明すればよいのかを定める規則である。この規則によって、**一時的仮定からの推論**という論法が可能になる。この論法は、自然演繹の仕組みを理解する上で非常に重要な役割を果たすものであり、同時にもっともつまずきやすいところでもある。

▶ ▲ ▼ ▲ ▼ ▲ ▼ ▲ ▼ ▲ ▼ ▲ ▶ ▲ ▼ ▲ ▼ ▲ ▼ ▲ ▼ ▲ ▼ ▲ ▼ ◀

$\to$ の導入規則（$\to I$ と略記する）
　$\mathcal{P}$ という形の論理式を一時的に仮定し、$\mathcal{Q}$ という形の論理式が導かれたならば、$\mathcal{P}$ という仮定を閉じて、$\mathcal{P} \to \mathcal{Q}$ という形の論理式を導いてよい。

$$\begin{array}{c} [\mathcal{P}]^n \\ \vdots \\ \dfrac{\mathcal{Q}}{\mathcal{P} \to \mathcal{Q}} \; \to I, n \end{array}$$

　導入規則 $\to I$ によって $\mathcal{P} \to \mathcal{Q}$ を結論するとき、仮定 $\mathcal{P}$ を「閉じる」と言い、閉じた仮定は、括弧 [ ] によって括られる。証明のどの段階で仮定が閉じられたのかを明示するため、括弧 [ ] および対応する除去規則 $\to I$ には、数字の添え字 n を付ける。なお、括弧 [ ] によって括られていない仮定は、「開いた仮定」と呼ばれる。

▶ ▲ ▼ ▲ ▼ ▲ ▼ ▲ ▼ ▲ ▼ ▲ ▼ ▲ ▼ ▲ ▼ ▲ ▼ ▲ ▼ ▲ ▼ ▲ ▼

ここには細かい規定が含まれている。一つの具体例をもとに考えよう。

例 4.6　　$A \to B, B \to C \vdash A \to C$

証明図を示す前に、前提から結論までのステップを一行ずつ書き下してみると次のようになる。

(1)　　$A \to B$　　前提
(2)　　$B \to C$　　前提
(3)　　A　　　　一時的に仮定
(4)　　B　　　　(1) と (3) に $\to E$ を適用
(5)　　C　　　　(2) と (4) に $\to E$ を適用
(6)　　$A \to C$　　(3) と (5) に $\to I$ を適用し、一時的仮定の (3) を閉じる

ここで結論は $A \to C$ という条件文である。$\to I$ 規則によれば、$A \to C$ という形の論理式を導くには、一時的に前件である A を仮定し、その仮定のもとで後件の C を証明すればよい。一時的に仮定された A は、欲しい結論 C が導出されるまで、前提に付け加えられる。そして、C が導き出されたなら、その仮定を閉じて、最初から与えられている前提だけから、$A \to C$ が真であると結論することができる。

上の (1) から (6) までの推論のステップに対応する証明図は、以下の通りである。

$$\cfrac{\cfrac{[A]^1 \quad A \to B}{B} {\scriptstyle \to E} \quad B \to C}{\cfrac{C}{A \to C} {\scriptstyle \to I,\, 1}} {\scriptstyle \to E}$$

ここで、一時的仮定である A は、最後の $\to I$ を適用するステップにおいて閉じられている。このことを明示するために、仮定 A を括弧 [ ] で括り、さらに証明のどのステップで仮定 A を閉じたのかを明示するために、$\to I$ および括弧 [ ] に、同じ数字を添えておく。この場合、1 という数字が付いている。

◆ → の導入規則による証明を構成する方法

$\to$ の導入規則（$\to I$）を証明のどのような段階で使えばよいのか、上の例の証明図の作り方を具体例として少し詳しく見ておきたい。この推論では、前提、つまり最初から使える仮定は、$A \to B$ と $B \to C$ の二つであり、導き出したい結論は $A \to C$ である。これを次のように整理しよう。

使用してよい仮定　　　　**導き出したい目標**

$A \rightarrow B$　　　　　　　$A \rightarrow C$

$B \rightarrow C$

まず結論（目標）の論理式の形に注目することが、何より重要である。この目標を導くためには、その前段階として何を証明しておく必要があるのかを考えよう。いま導き出したい目標は、$A \rightarrow C$ という条件命題である。これを導くための基本方針は、上で述べた通り、前件の A を仮定して、後件の C を導くというものである。つまり、下から上へとボトムアップに証明の形を考えれば、最終的には、

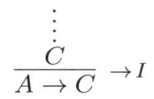

$$\frac{\vdots \atop C}{A \rightarrow C} \rightarrow I$$

という $\rightarrow I$ の適用で終わる形の証明になるはずである。ここで、C に至る証明のなかでは、A という一時的な仮定を自由に（何度でも）使ってかまわない。さて、仮定と目標は次のように更新されたことに注意しよう。

使用してよい仮定　　　　**導き出したい目標**

$A \rightarrow B$　　　　　　　C

$B \rightarrow C$

$[A]$

残る問題は、$A \rightarrow B$ と $B \rightarrow C$ と新たな仮定の A を使ってどのようにこの C を導くかという問題であるが、これは $\rightarrow$ の除去規則の使い方が分かっていれば、すでに見慣れた問題のはずである。なお、一時的な仮定の A を使用できるのは、目標の C を導出するまでの間に限られる。$\rightarrow I$ を適用する段階で A の「使用期間」が終わることを示すのに、仮定の A には、$[A]$ のように括弧を付けなければならない。最終的な証明が先ほどの証明図のようになることをもう一度確認してみてほしい。

　以上の方針を次のようにまとめておこう。

以上はあくまで基本方針であり、例外もある。それは、与えられた前提に何らかの除去規則を適用することで条件命題が直接導ける場合である。例えば、$A, A \to (B \to C) \vdash B \to C$ という推論の場合、結論は $B \to C$ という条件命題であるが、その前件の B を一時的に仮定しなくても、前提の A と $A \to (B \to C)$ に $\to$ の除去規則を適用すれば、直ちに結論の $B \to C$ を導くことができる。結論だけでなく、与えられた前提（仮定）の形もよく吟味して、こうした単純な導出が可能でないか考えることも重要である。

$\to$ の導入規則の使用例をもう一つ見ておこう。

例 4.7　$A \to (B \to C) \vdash A \land B \to C$

結論は $A \land B \to C$ という条件命題であるから、先ほどの方針に従って、前件の $A \land B$ を一時的仮定として追加し、後件の C を導くことを試みればよい。つまり、次のように仮定と目標を設定することができる。

使用してよい仮定	導き出したい目標
$A \to (B \to C)$	C
$A \land B$	

この段階で最終的な証明図は、次のような形になることがわかる。

$$\frac{\begin{array}{c}\vdots\\C\end{array}}{A \land B \to C} \to I$$

次に考えるべき問題は、$A \to (B \to C)$ と $A \land B$ を使ってどのように C を導くかであるが、今度は仮定の形に注目し、$\to$ と $\land$ の除去規則を適用することを試みればよい。完成した証明図は次のようになる。

$$\frac{\dfrac{[A \land B]^1}{B} \land E \qquad \dfrac{\dfrac{[A \land B]^1}{A} \land E \qquad A \to (B \to C)}{B \to C} \to E}{\dfrac{C}{A \land B \to C} \to I,\,1} \to E$$

　この例では、同じ仮定 $A \land B$ を二回使い、$\to I$ を適用する最後のステップにおいてそれを同時に閉じている。このような場合、$A \land B$ の二つの現れのどちらにも同じ数字（この場合、1）をつけておけばよい。

　では、$\to$ の導入規則に慣れるため、次の問題に取り組んでみよう。

　問題 4.4　次の証明を示しなさい。

1. $A \to (B \to C),\, A \to B \vdash A \to C$
2. $A \to B,\, A \to C \vdash A \to B \land C$
3. $A \to C \vdash A \land B \to C \land B$
4. $A \land B \to C \vdash A \to (B \to C)$

✦ 定理の証明

　一時的な仮定を導入して証明を進めることで、前提なしに証明可能な論理式というものがある。このような論理式のことを、**定理** (theorem) と呼ぶ。例題として、次の証明を考えよう。

例 4.8　⊢ $A \to ((A \to B) \to B)$

前提が一つもないのに、いったいどのようにして結論が導かれるのか、不思議に思う人もいるかもしれない。しかし、先ほどの基本方針に従って考えれば、ほぼ機械的に証明を見つけることができる。

　まず、「使用してよい仮定」は最初の段階では存在せず、「導き出したい目標」は $A \to ((A \to B) \to B)$ という複雑な形の条件命題である。ここで、基本方針に従うと、$A \to ((A \to B) \to B)$ の前件 A を一時的に仮定すればよいから、仮定と目標は次のように設定できる。

使用してよい仮定　　　　　**導き出したい目標**

A　　　　　　　$(A \to B) \to B$

この段階で、証明の形を示しておくと、次のようになる。

$$\frac{\begin{array}{c}\vdots \\ (A \to B) \to B\end{array}}{A \to ((A \to B) \to B)} \to I$$

これまで通り、結論から遡って証明を進めるのが常套手段である。ここで再び目標は、$(A \to B) \to B$ という形の条件命題であることに注意してほしい。よって、その前件 $A \to B$ を一時的に仮定し、次のように仮定と目標を再設定すればよい。

使用してよい仮定　　　　　**導き出したい目標**

A　　　　　　　　B

$A \to B$

証明は、下から上へと次のように進展している。

$$\frac{\dfrac{\begin{array}{c}\vdots \\ B\end{array}}{(A \to B) \to B} \to I}{A \to ((A \to B) \to B)} \to I$$

残る課題は、A と $A \to B$ を使って B を導くことであるが、これは、$\to$ の除去規則によって、直ちに導くことができる。ただし、証明はこれで完成

ではない。一時的な仮定はそれを前件として導入する $\to I$ の適用のさいに閉じる必要がある。以下が完成した証明図であるが、どのタイミングでどの仮定が閉じられたか、仮定に付けられた数字に注意して証明図を確認してみてほしい。なお、$\to I$ を適用したステップとそこで閉じた仮定の番号さえ正しく対応していれば、どのような番号を付けてもかまわない。

$$\frac{\dfrac{[A]^2 \quad [A \to B]^1}{B} \to E}{\dfrac{(A \to B) \to B}{A \to ((A \to B) \to B)} \to I,\, 2} \to I,\, 1$$

問題 4.5 次の証明を示しなさい。

1. $\vdash (A \to (A \to B)) \to (A \to B)$
2. $\vdash (A \to B) \to ((B \to C) \to (A \to C))$

- - -

📖 **ノート　定理とトートロジーの関係**

$A \to ((A \to B) \to B)$ が定理であるということは、意味論の側では、$A \to ((A \to B) \to B)$ がトートロジーであるという事実に対応する。真理表を書いて $A \to ((A \to B) \to B)$ がトートロジーであることを確かめてみよう。

- - -

これまでの例から予想されることであるが、次の三つの主張は等しい。

1. $\mathcal{P}_1, \mathcal{P}_2, \ldots, \mathcal{P}_n \vdash \mathcal{Q}$
2. $\vdash \mathcal{P}_1 \to (\mathcal{P}_2 \to \cdots \to (\mathcal{P}_n \to \mathcal{Q}))$
3. $\vdash \mathcal{P}_1 \wedge \mathcal{P}_2 \wedge \cdots \wedge \mathcal{P}_n \to \mathcal{Q}$

一つの具体例を考えよう。例えば、次の三つはいずれも証明可能であり、このうち $2'$ は、さきほどの例 4.8 と同じものである。

$1'$. $A,\ A \to B \vdash B$
$2'$. $\vdash A \to ((A \to B) \to B)$
$3'$. $\vdash A \wedge (A \to B) \to B$

この $1'$ および $3'$ の証明を $2'$ の証明とくらべてみると、これらの証明の相互関係、より一般化すれば、上の 1–3 の相互関係がよくわかるだろう。

✦ 否定の推論規則

さて次は、否定 ($\neg$) の導入規則と除去規則である。以下に現れる「$\perp$」は、命題論理の形式言語の定義 2.1 (p.29) の箇所で登場した、矛盾を表す命題定項である。「$\perp$」は「ボトム」と読む。

¬ の除去規則（$\neg E$ と略記する）

P という形の論理式と $\neg\mathcal{P}$ という形の論理式を合わせて、矛盾 $\perp$ を導いてよい。

$$\frac{\mathcal{P} \quad \neg\mathcal{P}}{\perp} \neg E$$

¬ の導入規則（$\neg I$ と略記する）

$\mathcal{P}$ という形の論理式を一時的に仮定し、矛盾 $\perp$ が導かれたならば、

▶ $\mathcal{P}$ という仮定を閉じて ¬$\mathcal{P}$ という形の論理式を導いてよい。

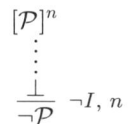

$$\frac{\begin{array}{c}[\mathcal{P}]^n \\ \vdots \\ \bot\end{array}}{\neg\mathcal{P}} \ \neg I, n$$

$\to I$ の場合と同様に、導入規則 ¬I によって ¬$\mathcal{P}$ を結論するとき、仮定 $\mathcal{P}$ は、閉じた仮定となり、添え字を付けて括弧 [ ] によって括られる。

否定の導入規則 (¬I) は、含意の導入規則 ($\to I$) と同じように、一時的な仮定を伴う。$\to I$ では、条件文 $\mathcal{P} \to \mathcal{Q}$ における前件 $\mathcal{P}$ を一時的に仮定したが、¬I の場合は、¬$\mathcal{P}$ に対して、否定記号なしの肯定形の $\mathcal{P}$ を一時的に仮定する。$\mathcal{P}$ を仮定し矛盾が導けたなら、否定文 ¬$\mathcal{P}$ を論証したと言えるのである。

✦ ¬ の導入規則による証明を構成する方法

ここで、否定がかかわる証明を構成するための、一つの有力な方針を与えておく。¬ の導入規則を使った証明も、「まず結論の形に注目する」というこれまでの方針に従って、ある程度機械的に作ることができる。結論が ¬$\mathcal{P}$ という形の論理式の場合、最終的には、

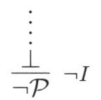

$$\frac{\begin{array}{c}\vdots \\ \bot\end{array}}{\neg\mathcal{P}} \ \neg I$$

という ¬ の導入規則 (¬I) の適用で終わる形の証明になるはずである。ここで、矛盾 $\bot$ に至る証明のなかでは、$\mathcal{P}$ という一時的な仮定を自由に使ってかまわない。この方針は次のようにまとめられる。

$\neg\mathcal{P}$ という形の論理式を証明する基本的な方針

　$\neg\mathcal{P}$ という形の論理式を証明するには、$\mathcal{P}$ を新たに仮定に付け加えて、矛盾 $\bot$ を証明することを目標にすればよい。すなわち、

証明で使用してよい仮定	導き出したい目標
——	$\neg\mathcal{P}$

という仮定と目標があるときは、

証明で使用してよい仮定	導き出したい目標
$[\mathcal{P}]$	$\bot$

とすればよい。

　矛盾 $\bot$ を導くには、$\neg$ の除去規則 $(\neg E)$ を使えばよい。つまり、与えられた前提や一時的仮定に $\neg\mathcal{P}$ という形の論理式があるときには、これと対になる $\mathcal{P}$ という形の論理式を見つけ出して、$\neg E$ によって矛盾 $(\bot)$ を導き出すことを試みるとよい。

　次の例をもとに考えよう。

　例 4.9　　$A \rightarrow B, \neg B \vdash \neg A$

　この例では、前提、つまり最初から使える仮定は、$A \rightarrow B$ と $\neg B$ であり、導き出したい結論は $\neg A$ である。使用してよい仮定と導きたい目標は次のように整理することができる。

使用してよい仮定	導き出したい目標
$A \rightarrow B$	$\neg A$
$\neg B$	

ここで導き出したい結論は $\neg A$ という否定命題であるから、上の基本方針に従って、その肯定形の A を新たに仮定し、矛盾 $\bot$ を導くことを試みよう。

使用してよい仮定	導き出したい目標
$A \to B$	$\bot$
$\neg B$	
A	

この段階で、結論から遡って考えると、証明図は次のような形になること
に注意しよう。

$$\frac{\vdots}{\neg A} \; \neg I$$

矛盾 $\bot$ を導くには、何らかの命題とその否定を導き出し、否定の除去規
則 $\neg E$ を使えばよい。この例の場合、$\neg B$ という否定命題が前提として与
えられている（他に否定は現れないことに注意）。よって、もし B という
対応する肯定形を導くことができれば、矛盾を導出できるはずである。実
際、B を導くことは難しくない。最終的な証明図は、次のようになる。こ
こで、一時的な仮定 A は、$\neg I$ により $\neg A$ を導くさいに閉じられているこ
とに注意してほしい。

$$\frac{\dfrac{[A]^1 \quad A \to B}{B} \to E \quad \neg B}{\dfrac{\bot}{\neg A} \; \neg I,\,1} \; \neg E$$

さっそく次の問題で、否定命題を証明するやり方を練習してみよう。

問題 4.6 次の証明を示しなさい。

1. $A \to \neg B,\ B \vdash \neg A$
2. $A \to C,\ B \to \neg C \vdash \neg (A \wedge B)$
3. $\neg (A \wedge B) \vdash A \to \neg B$
4. $A \wedge C \vdash \neg (A \to \neg C)$

問題 4.7 次の推論を記号化し、前提から結論が帰結することを証明し
なさい。ただし、「アンの主張が正しい」を A、「ボブの主張が正しい」
を B、「キャロルの主張が正しい」を C とする。

前提 1	もしアンの主張が正しいならば、キャロルの主張は間違っている。
前提 2	もしボブの主張が正しいならば、キャロルの主張は正しい。
結論	したがって、もしボブの主張が正しいならば、アンの主張は間違っている。

　自然演繹の方法が妥当とする推論と真理表の方法が妥当とする推論の範囲はぴったり一致する。よってここで挙げた推論はいずれも、意味論の方法によってもまた妥当な推論となる。意味論の方法の場合、与えられた推論に対して「反例がない」といういわば間接的な方法によって推論の妥当性を判定したが、自然演繹の場合は、「証明がある」という直接的な方法に基づく。自然演繹の視点から推論を眺めると、意味論とは違った仕方で推論の構造というものが分析されることがわかるだろう。

✦ 否定を伴う定理の証明

　否定命題の証明の例として、仮定なしに証明可能な命題、つまり定理の例も見ておこう。

　例 4.10　　$\vdash A \to \neg\neg A$

ここで導き出したい目標は、$A \to \neg\neg A$ という条件命題であるから、まずその前件 A を仮定し、後件 $\neg\neg A$ を導くことを目指す。

使用してよい仮定　　　　**導き出したい目標**

A　　　　　　　　　　$\neg\neg A$

この段階で、証明図の最後のステップは、

$$\frac{\begin{array}{c} \vdots \\ \neg\neg A \end{array}}{A \to \neg\neg A} \to I$$

となることがわかる。次に、この段階での目標 $\neg\neg A$ は、否定命題である。これは二重否定の形なので、最初は戸惑うかもしれないが、基本方針を当てはめて考えればよい。つまり、$\neg A$ と仮定して、矛盾 $\bot$ が導き出せれ

ば、否定の導入規則により、$\neg\neg A$ と結論することができる。そうすると、仮定と目標は次のようになる。

使用してよい仮定	導き出したい目標
A	$\bot$
$\neg A$	

この段階で証明図は、下から進めて、次のような形になる。

$$\frac{\begin{array}{c}\vdots\\\bot\end{array}}{\dfrac{\neg\neg A}{A \to \neg\neg A}\,{\to}I}\,{\neg}I$$

次の目標は A と $\neg A$ から矛盾 $\bot$ を導くことであるが、これは否定の除去規則により、直ちに導かれる。

$$\frac{\dfrac{[A]^2 \quad [\neg A]^1}{\bot}\,{\neg}E}{\dfrac{\neg\neg A}{A \to \neg\neg A}\,{\to}I,\,2}\,{\neg}I,\,1$$

この証明図において、$\neg I$ によって $\neg\neg A$ を導くときに一時的仮定の $\neg A$ を閉じ、また最後のステップで $\to I$ によって $A \to \neg\neg A$ を導くさいに一時的仮定の A を閉じている。1 と 2 という番号は、どの仮定がどのステップで閉じられたかを示している。ここで番号を逆にして、仮定 $\neg A$ と $\neg I$ の適用に 2 という番号を付け、仮定 A と $\to I$ の適用に 1 という番号を付けてもかまわない。導入規則を適用したステップと閉じた仮定の番号さえ正しく対応していれば、どのような番号を付けてもかまわない。

　次は、やや複雑な問題である。証明の各段階で使用してよい仮定とそこで導き出したい目標を整理しながら、ボトムアップに結論から遡って証明を考えてみよう。ここまでの話を十分に理解しているならば、3 まではすぐにできてもおかしくはない。4 は、少し考える必要がある問題である。

　問題 4.8　次の証明を示しなさい。
　　1.　$\vdash (A \to B) \to (\neg B \to \neg A)$

2. $\vdash (A \rightarrow \neg A) \rightarrow \neg A$

3. $(A \rightarrow B) \rightarrow C, C \rightarrow D \vdash (A \rightarrow B) \rightarrow \neg\neg D$

4. $A \rightarrow B, \neg A \rightarrow B \vdash \neg\neg B$

💡**ヒント** 結論の形から $\neg B$ を仮定するところまではいいとして、その先で詰まってしまうかもしれない。ここで、とりあえず A を仮定してみたらどうだろう。

問題 4.8 が難しく感じられる人は、ひとまず飛ばして、4.2 節を読んでからここに戻ってくるとよいだろう。

✦ 選言の推論規則

四つの論理記号のうち、最後に残ったのは選言 ($\lor$) である。まず、選言の導入規則を見よう。

$\lor$ の導入規則（左）（$\lor I_l$ と略記）

$\mathcal{P}$ という形の論理式から $\mathcal{P} \lor \mathcal{Q}$ という形の論理式を導いてよい。

$$\frac{\mathcal{P}}{\mathcal{P} \lor \mathcal{Q}} \ \lor I_l$$

$\lor$ の導入規則（右）（$\lor I_r$ と略記）

$\mathcal{Q}$ という形の論理式から $\mathcal{P} \lor \mathcal{Q}$ という形の論理式を導いてよい。

$$\frac{\mathcal{Q}}{\mathcal{P} \lor \mathcal{Q}} \ \lor I_r$$

以下では、$\lor I_r$ および $\lor I_l$ における添え字の r と l は省略してよいものとする。

日常的な場面で $\mathcal{P}$ から、$\mathcal{P} \lor \mathcal{Q}$ というより弱い命題を導出することはないと思われるかもしれない。しかし、妥当な推論の全体を自然演繹によって捉えようとするなら、この推論規則も必要である。

例えば、次が $\lor$ の導入規則を用いる典型例の一つである。

例 **4.11**　$A \vee B \to C \vdash A \to C$

$$\frac{\dfrac{[A]^1}{A \vee B} \vee I \quad A \vee B \to C}{\dfrac{C}{A \to C} \to I,\ 1} \to E$$

ここで $A \vee B$ は条件文の前件に現れている。この場合、$A \vee B \to C$ は、$A \to C$ よりも強い命題を表している。このような場合、$\vee$ の導入規則を使う必要がある。

問題 **4.9**　　次の証明を示しなさい。

1.　$A \wedge B \vdash A \vee B$
2.　$A \vee B \to C \vdash (A \to C) \wedge (B \to C)$

次に選言の除去規則である。これはいわゆる場合分けの推論形式に対応するものである。$\to I$ および $\neg I$ の場合と同様に、一時的仮定を伴うという点で注意が必要である。

▼の除去規則（$\vee E$ と略記する）

　$\mathcal{P} \vee \mathcal{Q}$ という形の論理式があるとき、$\mathcal{P}$ という形の仮定から $\mathcal{C}$ という形の論理式を導くことができ、さらに、$\mathcal{Q}$ という形の仮定からも $\mathcal{C}$ という形の論理式を導くことができるならば、この二つの仮定を閉じて $\mathcal{C}$ を導いてよい。

$$\frac{\mathcal{P} \vee \mathcal{Q} \qquad \overset{[\mathcal{P}]^n}{\underset{\mathcal{C}}{\vdots}} \qquad \overset{[\mathcal{Q}]^n}{\underset{\mathcal{C}}{\vdots}}}{\mathcal{C}} \vee E,\ n$$

　ここで、除去規則 ($\vee E$) によって、$\mathcal{C}$ を結論するとき、仮定 $\mathcal{P}$ と仮定 $\mathcal{Q}$ は、閉じた仮定となり、添え字 n を付けて括弧 [ ] によって括られる。

以下は∨の結合則を自然演繹で証明したものである。これは少し複雑な例であるから、最初は読み飛ばしてもかまわない。こんなことまで証明するのか（できるのか）と驚いてほしいところである。この証明図では添え字のrとlを明示しておく。

例 **4.12**　　$A \lor (B \lor C) \vdash (A \lor B) \lor C$

$$
\dfrac{A \lor (B \lor C) \quad \dfrac{\dfrac{[A]^1}{A \lor B} {\scriptstyle \lor I_l}}{(A \lor B) \lor C} {\scriptstyle \lor I_l} \quad \dfrac{[B \lor C]^1 \quad \dfrac{\dfrac{[B]^2}{A \lor B} {\scriptstyle \lor I_r}}{(A \lor B) \lor C} {\scriptstyle \lor I_l} \quad \dfrac{[C]^2}{(A \lor B) \lor C} {\scriptstyle \lor I_r}}{(A \lor B) \lor C} {\scriptstyle \lor E,\, 2}}{(A \lor B) \lor C} {\scriptstyle \lor E,\, 1}
$$

　証明を構成する上では、否定のときと同様に、次の方針が手がかりとなる。導き出したい結論に$\mathcal{P} \lor \mathcal{Q}$という形の命題がある場合は、∨の導入規則 $(\lor I)$ を使うことを試みるとよい。一方、与えられた前提や一時的仮定に$\mathcal{P} \lor \mathcal{Q}$という形の命題がある場合は、∨の除去規則 $(\lor E)$ を使うことを試みるとよい。

　次の例は、同値変形の箇所で見たド・モルガンの法則の一方向を自然演繹で証明するという問題である。最初はやや複雑に見えるかもしれないが、∨の除去規則の使い方の好例となっているので、詳しく検討しよう。

例 **4.13**（ド・モルガンの法則）　　$\lnot A \land \lnot B \vdash \lnot (A \lor B)$

まず、結論は$\lnot (A \lor B)$という否定の形をしている。前提の$\lnot A \land \lnot B$から除去規則を使って直ちにこの形の命題を導くことはできそうもないので、否定命題を導く基本方針に従って考えよう。それによれば、$A \lor B$と仮定し、矛盾$\bot$を導くことができれば、$\lnot (A \lor B)$と結論づけることができる。これによって、仮定と目標は次のように設定される。

使用してよい仮定	導き出したい目標
$\lnot A \land \lnot B$	$\bot$
$A \lor B$	

念のため確認しておくと、証明図は、次のような形で終わるはずである。

$$\frac{\vdots}{\neg(A \lor B)} \, \neg I$$

次の課題は、$\neg A \land \neg B$ と $A \lor B$ を使って、どうやって $\bot$ を導くかである。使える仮定の中に、選言命題があるときは、次の方針に従って証明を構成することを試みてみよう。

> **$\mathcal{P} \lor \mathcal{Q}$ という形の仮定を使って証明を構成する基本的な方針**
>
> 　仮定に $\mathcal{P} \lor \mathcal{Q}$ という形の論理式があり、目標が $\mathcal{C}$ という形であるとする。このとき、次の二つの場合に分けて証明を進める。
>
> （**場合1**）　まず、$\mathcal{P}$ と仮定し、$\mathcal{C}$ を導くことを試みる。
>
> （**場合2**）　次に、$\mathcal{Q}$ と仮定し、$\mathcal{C}$ を導くことを試みる。
>
> どちらも成功したならば、$\mathcal{P}$ と $\mathcal{Q}$ という仮定を閉じて、$\mathcal{C}$ と結論する。

この方針に従うと、証明図は下から上へと次のように進展する。

$$\frac{A \lor B \quad \begin{matrix}[A]\\ \vdots\\ \bot \end{matrix} \quad \begin{matrix}[B]\\ \vdots\\ \bot \end{matrix}}{\dfrac{\bot}{\neg(A \lor B)} \, \neg I} \lor E$$

ここで、証明で埋めるべきギャップが二つできたことに注意してほしい。$A \lor B$ という選言命題を構成する A と B のことを選言肢と言うが、この二つの選言肢のいずれからも $\bot$ を導くことができれば、$A \lor B$ に基づいて $\bot$ を結論することができる。ようするに、この段階で仮定と目標は次のような形で二つに分岐したことになる。

使用してよい仮定	目標1
$\neg A \land \neg B$	$\bot$
A	

使用してよい仮定	目標2
$\neg A \land \neg B$	$\bot$
B	

ここまでくれば、それぞれの目標を導くのはたやすいはずである。$\neg A \wedge \neg B$ から、$\wedge$ の除去規則により、$\neg A$ と $\neg B$ を導くことができるので、これは、A と B とそれぞれ矛盾する。こうして最終的に次の証明図が得られる。

$$\cfrac{[A \vee B]^2 \quad \cfrac{[A]^1 \quad \cfrac{\neg A \wedge \neg B}{\neg A} \wedge E}{\bot} \neg E \quad \cfrac{[B]^1 \quad \cfrac{\neg A \wedge \neg B}{\neg B} \wedge E}{\bot} \neg E}{\cfrac{\bot}{\neg(A \vee B)} \neg I,\, 2} \vee E,\, 1$$

$\vee$ の除去規則を適用するさいには、二つの選言肢に当たる仮定を閉じる必要がある。二つの仮定を同時に閉じるので、上の証明図では閉じた仮定 $[A]$ と $[B]$ にともに 1 という番号がついている。なお、$A \vee B$ もまた一時的仮定であり、これは $\neg I$ の適用において閉じられることに注意しよう。

> **問題 4.10**　　次の証明を示しなさい。
> 1.　$A \vee B,\ A \rightarrow B \vdash B$
> 2.　$A \rightarrow C,\ B \rightarrow C \vdash A \vee B \rightarrow C$
> 3.　$\neg A \vee \neg B \vdash \neg(A \wedge B)$
> 4.　$A \vee B \vdash B \vee A$　（選言の交換則）

4.2　自然演繹の証明を作る方針

　これまでに含意、否定、連言、選言という四つの論理結合子に対する導入規則と除去規則を説明した。ここで、一覧にしてまとめておこう。

論理結合子の導入規則と除去規則

含意

$$\cfrac{\begin{array}{c}[\mathcal{P}]^n \\ \vdots \\ \mathcal{Q}\end{array}}{\mathcal{P} \rightarrow \mathcal{Q}} \rightarrow I, n \qquad \cfrac{\mathcal{P} \quad \mathcal{P} \rightarrow \mathcal{Q}}{\mathcal{Q}} \rightarrow E$$

$$\text{否定} \quad \begin{array}{c} [\mathcal{P}]^n \\ \vdots \\ \dfrac{\bot}{\neg\mathcal{P}} \end{array} \neg I, n \qquad \dfrac{\mathcal{P} \quad \neg\mathcal{P}}{\bot}\,\neg E$$

$$\text{連言} \quad \dfrac{\mathcal{P} \quad \mathcal{Q}}{\mathcal{P} \wedge \mathcal{Q}}\,\wedge I \qquad \dfrac{\mathcal{P} \wedge \mathcal{Q}}{\mathcal{P}}\,\wedge E \qquad \dfrac{\mathcal{P} \wedge \mathcal{Q}}{\mathcal{Q}}\,\wedge E$$

$$\text{選言} \quad \dfrac{\mathcal{P}}{\mathcal{P} \vee \mathcal{Q}}\,\vee I \qquad \dfrac{\mathcal{Q}}{\mathcal{P} \vee \mathcal{Q}}\,\vee I \qquad \dfrac{\mathcal{P} \vee \mathcal{Q} \quad \overset{\displaystyle[\mathcal{P}]^n}{\vdots}\, \mathcal{C} \quad \overset{\displaystyle[\mathcal{Q}]^n}{\vdots}\, \mathcal{C}}{\mathcal{C}}\,\vee E, n$$

　以上の自然演繹の推論規則は、証明の各ステップでどのような移行が正当であるのかを指定している。その背景にあるのは、それぞれの論理結合子の意味に基づいて、推論をできるだけ自然で基本的なステップまで分解しようという考え方である。

　以上の推論規則は正しい証明とはどんなものであるのかを規定するものであるが、証明をどうやって作るのかについては何も述べていない。推論規則を実際の証明の場面で使うには、推論規則をどのような順序で適用するのかについてのある程度定まった方針があるとよい。以下この節では、自然演繹において証明を構成する基本的な方針について少し詳しく説明する。実のところ、以上にまとめた推論規則の範囲では、試行錯誤によらず、ある程度機械的に証明を構成する方針が存在する。

　これまでにも説明したように、自然演繹での証明の構成の仕方には、導き出したい結論に注目して、そこから遡って必要な前提を見つけ出すやり方と、与えられた前提に注目して、そこから帰結を引き出すやり方の二つがある。つまり、下から上へとボトムアップに証明を作る戦略と、上から下にトップダウンで証明を作る戦略の二つである。効率よく証明を構成するためには、与えられた前提と導き出したい結論の形に応じて、この二つの戦略をうまく使い分ける必要がある。一つの方針は、まず結論の形に注目してボトムアップに、できるかぎり導入規則の適用を試み、その上で、与えられた前提の形に注目して、トップダウンに除去規則の適用を試みる、というものである。その方針は、次のようにまとめられる。

証明を作る基本的な方針

1. まず、導き出したい結論が複雑な論理式である場合、結論から遡って、導入規則 (I) を適用することを試みる。結論の形に応じて、適用すべき導入規則が決まる。

    -   結論が $\mathcal{P} \to \mathcal{Q}$ という形の場合は、$\to I$ を適用する。つまり、前件の $\mathcal{P}$ を仮定し、後件の $\mathcal{Q}$ を導くことを試みる。
    -   結論が $\neg \mathcal{P}$ という形の場合は、$\neg I$ を適用する。つまり、肯定形の $\mathcal{P}$ を仮定し、矛盾 $\perp$ を導くことを試みる。
    -   結論が $\mathcal{P} \wedge \mathcal{Q}$ という形の場合は、$\wedge I$ を適用する。つまり、$\mathcal{P}$ と $\mathcal{Q}$ をそれぞれ導くことを試みる。
    -   結論が $\mathcal{P} \vee \mathcal{Q}$ という形の場合は、$\vee I$ を適用する。つまり、$\mathcal{P}$ か $\mathcal{Q}$ のいずれかを導くことを試みる。

2. それ以上導入規則が適用できない（あるいは導入規則を適用する必要のない）形が得られたら、今度は、前提（および一時的仮定）の形に注目して、除去規則 (E) の適用を試みる。前提の形に応じて、適用すべき除去規則が決まる。

    -   前提が $\mathcal{P} \to \mathcal{Q}$ という形の場合は、$\to E$ を適用する。つまり、前件の $\mathcal{P}$ が主張できるとき、後件の $\mathcal{Q}$ を導いてよい。
    -   前提が $\neg \mathcal{P}$ という形の場合は、$\neg E$ を適用する。つまり、肯定形の $\mathcal{P}$ が主張できるとき、矛盾 $\perp$ を導いてよい。
    -   前提が $\mathcal{P} \wedge \mathcal{Q}$ という形の場合は、$\wedge E$ を適用する。つまり、$\mathcal{P}$ と $\mathcal{Q}$ をそれぞれ導いてよい。
    -   前提が $\mathcal{P} \vee \mathcal{Q}$ という形の場合は、$\vee E$ を適用する。つまり、$\mathcal{P}$ と仮定して目標の $\mathcal{C}$ を導くことができ、さらに、$\mathcal{Q}$ と仮定しても $\mathcal{C}$ を導くことができるならば、$\mathcal{C}$ と結論してよい。

例 4.14   次の例をもとにして説明しよう。

$$P \wedge Q \to R, \ \neg R \vdash P \to \neg Q$$

与えられた前提 $P \land Q \to R$ と $\neg R$ から出発して、上で認められた推論規則だけを使って、結論 $P \to \neg Q$ へと至る証明図を作ることがここでの目標である。いくつかのステップにわけて証明の構成を進めよう。

$\boxed{\text{ステップ1}}$　まず、結論の形に注目しよう。ここで最終的に導き出したい結論は、$P \to \neg Q$ という条件命題である。では、どうしたら $P \to \neg Q$ と主張することができるだろうか。ここで上の方針に従って、$\to I$（含意の導入規則）を適用することを試みる。すると、結論から遡って、次のような証明の形が決まる。

$$\frac{\begin{array}{c} [P] \\ \vdots \\ \neg Q \end{array}}{P \to \neg Q} \to I$$

つまり、P と仮定して、$\neg Q$ が導き出されたなら、$P \to \neg Q$ と結論することができるわけである。ここで次の二つの点に注意しよう。

- 最終的に導き出したい結論（ゴール）は、$P \to \neg Q$ であるが、そのためには、$\neg Q$ を導き出せばよい。つまり、ここで、目標が $P \to \neg Q$ から、$\neg Q$ に移行したと考えてほしい。
- 新たな目標 $\neg Q$ を導き出す際には、一時的に P を仮定してよい。つまり、$\neg Q$ を導き出す際には、使える前提が一つ増えたことになる。P は、最初から使える推論の前提に含まれていないことに注意しよう。

仮定と目標は次のように整理することができる。ここで、P は一時的仮定なので括弧 [ ] に入れておく。

使用してよい仮定	導き出したい目標
$P \land Q \to R$	$\neg Q$
$\neg R$	
$[P]$	

$\boxed{\text{ステップ2}}$　さて、新たな目標 $\neg Q$ は否定命題である。したがって、引き続きボトムアップに導入規則の適用を試みる。上の方針に従って、$\neg I$（否定の導入規則）の適用を試みると、証明は次のような形になる。

$$\frac{\begin{array}{c}[P]\ [Q]\\ \vdots\\ \dfrac{\bot}{\neg Q}\ \neg I\end{array}}{P\to\neg Q}\ \to I$$

つまり、与えられた前提と先ほどの仮定 P に加えて、さらに Q と仮定して、矛盾 ($\bot$) が導き出されたなら、$\neg Q$ と結論することができる。ここで、次に導き出したい結論（目標）は、$\bot$ に移行し、さらに、$\bot$ を導き出す際には、使える前提が一つ増えたことになる。

使用してよい仮定	導き出したい目標
$P\wedge Q\to R$	$\bot$
$\neg R$	
$[P]$	
$[Q]$	

ステップ3 次に、新たに証明すべき目標 $\bot$ は、単純な論理式なので、これ以上、導入規則を適用することはできない。そこで、今度は前提および一時的仮定の形に注目して、除去規則を適用することを試みる。問題は、どうしたら $\bot$、すなわち、矛盾を導くことができるのか、である。推論規則の一覧を見直してみると、$\bot$ を導くためには、$\neg E$（否定除去規則）を適用すればよいことがわかる。$\neg E$ を適用するためには、ある命題 A とその否定 $\neg A$ が主張できればよい。ここで、与えられた前提の中に否定命題がないか調べてみると、$\neg R$ があることに気づく。よって、次のような証明の形が決まる。

$$\frac{\begin{array}{c}[P]\ [Q]\\ \vdots\\ \dfrac{\dfrac{R\qquad \neg R}{\bot}\ \neg E}{\neg Q}\ \neg I\end{array}}{P\to\neg Q}\ \to I$$

この段階で導きたい目標は R である。念のため、使用してよい仮定と合わせて書くと以下のようになる。（なお $\neg R$ という仮定はすでに使用したが、同じ仮定は何度でも使用することができるので、この表に残しておく。）

使用してよい仮定	導き出したい目標
$P \wedge Q \to R$	R
$\neg R$	
$[P]$	
$[Q]$	

$\boxed{\text{ステップ 4}}$　$\neg R$ は前提の一つであるから、これをさらに証明する必要は
ない。したがって、新たに証明すべき目標は、R である。R もまた、これ
以上分解できない単純な論理式なので、導入規則を適用することはできな
い。そこで再び、手持ちの前提に対して、除去規則を適用することを試み
る。前提の一つ、$P \wedge Q \to R$ の後件に R が含まれていることに注目し
よう。もし $P \wedge Q$ が主張できたなら、この前提を使って、$\to$ の除去規則
$(\to E)$ により、R を導くことができる。この方針で進めると、次のような
証明の形が決まる。

$$
\dfrac{\dfrac{\dfrac{\begin{array}{cc} \overset{\vdots}{P \wedge Q} & P \wedge Q \to R \end{array}}{R}\,{\to}E \quad \neg R}{\dfrac{\bot}{\neg Q}\,\neg I}\,\neg E}{P \to \neg Q}\,{\to}I
$$

[P] [Q]

$\boxed{\text{ステップ 5}}$　$P \wedge Q \to R$ は前提の一つであるから、これを証明する必要
はない。残る目標は $P \wedge Q$ である。この論理式は、$\wedge$ で結ばれているの
で、導入規則 $\wedge I$ を適用することができる。つまり、P と Q が主張できれ
ば、$P \wedge Q$ を導くことができる。ここで、一時的な仮定として P および Q
が残っているから、これを使えばよい。

　P と Q は一時的仮定であるから、最終的な証明図ではどのステップで
閉じたのかを明示しなければならない。仮定の Q は $\neg I$ によって $\neg Q$ を導
入するとき閉じ、仮定の P は最後のステップで $\to I$ によって $P \to \neg Q$ を
導入するとき閉じる。そのステップに閉じた仮定と同じ番号を付けると、
次のような証明図が完成する。

$$\cfrac{\cfrac{\cfrac{[P]^2 \quad [Q]^1}{P \wedge Q} \wedge I \quad P \wedge Q \to R}{R} \to E \quad \neg R}{\cfrac{\cfrac{\bot}{\neg Q} \neg I, 1}{P \to \neg Q} \to I, 2} \neg E$$

これで証明は完成であるが、最後に次の三点をチェックしておこう。

確認1 まず、それぞれのステップが推論規則と合致しているか、もう一度確認しよう。

- この例では、上から、$\wedge I$、$\to E$、$\neg E$、$\neg I$、$\to I$ という五つのステップをそれぞれの推論規則と照合してみよう。

確認2 次に、証明図のなかで、開いた仮定（括弧なしの仮定）として残っているものがすべて、最初に与えられた推論の前提に含まれているかどうかを確認しよう。もし、前提に含まれていないものがあれば、まだ証明は完成していないことになる。

- この例の場合、$P \wedge Q \to R$ と $\neg R$ の二つが開いた仮定であるが、いずれも最初に与えられた推論の前提である。

確認3 どの仮定がどのステップで閉じたのかを明示するために、閉じた仮定と、それに対応する $\neg I$ もしくは $\to I$ の適用に対して、同じ番号をつけておく。

- この例では、$\neg I$ を適用するさいに仮定 Q が閉じられ、$\to I$ を適用するさいに仮定 P が閉じられている。よって、それぞれの番号（P に対しては 2、Q に対しては 1）が、$\to I$ および $\neg I$ の番号と対応している。

自然演繹の証明に慣れないうちは、以上の**確認 1–3** を忘れずに行うことが重要である。

　次の問題は上の基本方針にそって考えれば比較的簡単に証明が見つかるはずである。こつをつかめば、証明を考えるのがだんだん楽しくなってくるはずである。

問題 4.11 次を証明しなさい。

1. $A \to B, A \wedge B \to C \vdash A \to C$
2. $A \to B \wedge C \vdash A \to D \vee B$
3. $A \to \neg B, B \to C, C \to A \vdash \neg B$
4. $\vdash \neg(A \wedge \neg A)$
5. $\neg(A \vee B) \vdash \neg A \wedge \neg B$

4.3 最小論理・直観主義論理・古典論理

これまで含意、否定、連言、選言という四つの論理記号に対する導入規則と除去規則を扱ってきたが、これらの推論規則からなる論理体系は、**最小論理** (minimal logic) と呼ばれる。最小論理の範囲でもかなりのことを証明することができるが、しかしこれだけでは扱うことのできない推論も存在する。例えば、$A \vee B$ と $\neg B$ という二つの前提から A という結論を導く推論は、伝統的に**選言三段論法** (disjunctive syllogism) と呼ばれる形式の推論であり、妥当な推論の一つである（直感的にも明らかであるが、気になる人は真理表で確かめてみよう）。しかし、証明を少し考えてみれば気づくことだが、これまでの最小論理の範囲では、$A \vee B$ と $\neg B$ という二つの前提から A を導くことはできない。そこで、最小論理に新たな推論規則を付け加えることによって、より強い証明力をもつ論理体系を定式化しよう。

まず、矛盾 ($\bot$) に関する推論規則として、次を考える。この規則は「爆発律」とも呼ばれる。

▶ ▲ ▼ ▲ ▼ ▲ ▼ ▲ ▼ ▲ ▼ ▲ ▼ ▲ ▼ ▲ ▼ ▲ ▼ ▲ ▼ ▲ ▼ ▲ ▼ ◀

◀   **$\bot$ の除去規則**（$\bot E$ と略記する）

▶   矛盾 $\bot$ からは、任意の論理式 $\mathcal{P}$ を導いてよい。

◀

▶ $$\frac{\bot}{\mathcal{P}} \ \bot E$$

◀

▶ ▲ ▼ ▲ ▼ ▲ ▼ ▲ ▼ ▲ ▼ ▲ ▼ ▲ ▼ ▲ ▼ ▲ ▼ ▲ ▼ ▲ ▼ ▲ ▼ ◀

$\bot E$ を使うと、例えば、次のような証明が構成できる。

例 **4.15** $A \wedge \neg A \vdash B$

$$\cfrac{\cfrac{A \wedge \neg A}{A} \wedge E \quad \cfrac{A \wedge \neg A}{\neg A} \wedge E}{\cfrac{\bot}{B} \bot E} \neg E$$

一見すると、この推論は非常に奇妙に見える。推論の前提は、$A \wedge \neg A$ である。この前提が真となることは不可能であるから、これはそもそも、前提が矛盾している推論である。そこから好きな結論 B を導くことができると考えるのはなぜだろうか。

まず、意味論（真理表）の基準に従って、$A \wedge \neg A$ から B への推論が妥当であるかどうかを考えよう。その基準によれば、この推論が妥当であるのは、前提 $A \wedge \neg A$ が真であって、結論 B が偽となるような状況が存在しないときである。しかし、前提 $A \wedge \neg A$ が真となる状況は存在しないから、当然、$A \wedge \neg A$ が真であって、B が偽となるような状況もまた存在しない。真理表を書いてみると、反例となる × が付く行は存在しないことがわかるだろう。つまり、$A \wedge \neg A$ から B への推論は意味論的に妥当であり、$A \wedge \neg A \models B$ が成り立つ。したがって、自然演繹によって意味論的に妥当な推論の全体を導こうとするなら、例 4.15 のような、いわば内容的には空虚な形式の推論を証明することも必要となる。これが、$\bot E$ を正当な推論規則として認める理由の一つである。

より実質的な推論で $\bot E$ を要するのは、主として選言を前提にもつ推論であり、先ほどの選言三段論法がその典型例である。

例 **4.16** $A \vee B, \neg B \vdash A$ （選言三段論法）

$$\cfrac{A \vee B \quad [A]^1 \quad \cfrac{\cfrac{[B]^1 \quad \neg B}{\cfrac{\bot}{A} \bot E} \neg E}{}}{A} \vee E, 1$$

問題 4.12 次の証明を示しなさい。3 はやや複雑な証明になる。

1. $\neg A \vee B \vdash A \rightarrow B$
2. $\neg(A \rightarrow B) \vdash \neg \neg A$

3. $A \vee C,\ B \vee C,\ \neg(A \wedge B) \vdash C$

　例 4.16 にある形の推論は、ひんぱんに用いるにもかかわらず、やや込み入っている。このような場合、いったん証明が済んだら、その後の証明を簡潔に済ませるための取り決めを導入することもできる。一般に、$A_1, \ldots, A_n \vdash B$ が成り立つとき、証明図において、

$$\frac{A_1 \cdots A_n}{B}$$

という形の規則を使うことができる。こうした規則を**派生規則**と呼ぶ。派生規則を用いた証明図は、つねに派生規則を含まない証明図に書き換えることができる。したがって、派生規則を推論規則として認めても論理式の証明可能性には何ら影響はない。つまり、これまで証明不可能であったものが証明可能になる、といった事態は生じない。

　例 4.17　$A \vee B \vdash \neg B \to A$

　派生規則を含まない証明図は、次の通りである。

$$\cfrac{A \vee B \quad [A]^1 \quad \cfrac{\cfrac{[B]^1 \quad [\neg B]^2}{\bot} \neg E}{A} \bot E}{\cfrac{A}{\neg B \to A} \to I,\ 2} \vee E,\ 1$$

例 4.16 の証明に基づいて、選言三段論法に対応する次の形の派生規則

$$\frac{A \vee B \quad \neg B}{A}$$

を用いるならば、証明はより簡潔に、次のように書くことができる。

$$\frac{A \vee B \quad [\neg B]^1}{\cfrac{A}{\neg B \to A} \to I,\ 1}$$

ただし、これはあくまで、上の複雑な形の証明を省略したものであることに注意してほしい。

いったん派生規則を認めるならば、証明の自明なステップを省略することができる。しかし、この段階で練習問題を解くときは、派生規則は用いずに、認められた推論規則だけを使って証明を書くようにするとよい。

最小論理に ⊥ の除去規則 (⊥E) を付け加えた体系は、**直観主義論理** (intuitionistic logic) と呼ばれる。⊥E を加えてもなお、真理表の結果と一致する体系にはとどかない。つまり、真理表に基づくと妥当であるが、直観主義論理で証明できないような推論が存在する。例えば、同値変形の二重否定則のところで見たように、$\neg\neg A$ の真理値と A の真理値は一致する。よって、意味論の側では、$\neg\neg A \models A$ ということが成り立つが、これまでに導入した推論規則だけでは、$\neg\neg A$ から A を導くことはできない。

▦ノート　　二重否定の導入と除去
　　面白いことに、例 4.10 (p.88) で見たように、これまでの推論規則を使って、A から $\neg\neg A$ を導くことは可能である。つまり、直観主義論理の範囲では、二重否定を導入することはできるが、二重否定を除去することができない。

そこで最後の推論規則として、直観主義論理に**背理法** (reductio ad absurdum, RAA) と呼ばれる次の推論規則を付け加えた体系を考える。この体系を**古典論理** (classical logic) という。これが真理表による分析と一致する体系に他ならない。

背理法（RAA と略記する）
　　$\neg\mathcal{P}$ という形の論理式を一時的に仮定し、矛盾 ⊥ が導かれたならば、$\neg\mathcal{P}$ という仮定を閉じて、$\mathcal{P}$ という形の論理式を導いてよい。

$$[\neg\mathcal{P}]^n$$
$$\vdots$$
$$\frac{\bot}{\mathcal{P}} \; RAA, n$$

否定の導入規則 $(\neg I)$ と背理法 (RAA) の違いに注意しよう。$\neg I$ では、$\mathcal{P}$ という形の論理式を仮定して、矛盾が導出されたときに、否定を付け加えた $\neg\mathcal{P}$ という形の論理式が導かれる。一方、RAA の場合、$\neg\mathcal{P}$ という形の論理式を仮定して、矛盾が導出されたときに、否定を取り除いた $\mathcal{P}$ という形の論理式が導出される。注意すべきは、$\neg\mathcal{P}$ という否定命題を仮定した場合、$\neg I$ によって導くことができるのは、$\neg\neg\mathcal{P}$ という二重否定命題でしかないという点である。この二重否定を除去するには、背理法 RAA が必要になる。

　例 4.18　　$\neg\neg A \vdash A$　（二重否定除去）

$$\cfrac{[\neg A]^1 \quad \neg\neg A}{\cfrac{\bot}{A}\ RAA,\ 1}\ \neg E$$

背理法 (RAA) を使う証明を見つけることは必ずしも容易ではない。これまでの証明の基本方針によれば、導きたい結論に含まれる論理記号に注目して導入規則を適用すればよかったが、RAA の場合、A という形の論理式を導くのに、$\neg A$ というより複雑な論理式を仮定しなければならない。そのため、結論から遡って証明を構成するとき、どのタイミングで RAA を適用したらよいか、明確な手がかりが存在しないこともよくある。

　それでも指針となる考え方は存在する。いま、結論から遡って、もはや導入規則を適用できない原子論理式 A に至ったとしよう。このとき、除去規則だけではその原子論理式 A を導出できない場合、最後の手段として RAA の適用を試みよう。つまり、「$\neg A$ を仮定して矛盾を導く」という仮定と目標を新たに設定するわけである。これによって、証明中で使える仮定として $\neg A$ が増えることになり、証明がうまく進行することがある。次の例をもとに考えよう。

　例 4.19　　$\neg B \to \neg A \vdash A \to B$

結論は $A \to B$ という条件命題である。よってこれまで通り、証明の最後のステップでは $\to I$ が適用される。

$$\frac{\vdots}{\dfrac{B}{A \rightarrow B}} \rightarrow I$$

この段階では、仮定と目標は次のようになる。

使用してよい仮定	導き出したい目標
$\neg B \rightarrow \neg A$	B
$[A]$	

ここで、$\neg B \rightarrow \neg A$ と A という二つの仮定だけでは、目標の B を導くことはできそうもない。そこで、RAA を適用してみると、$\neg B$ を一時的に仮定し、$\perp$ を新たな目標として設定することができる。

使用してよい仮定	導き出したい目標
$\neg B \rightarrow \neg A$	$\perp$
$[A]$	
$[\neg B]$	

この三つの仮定から矛盾を導くのは難しくない。こうして、次のように証明が完成する。

$$\frac{[A]^2 \quad \dfrac{[\neg B]^1 \quad \neg B \rightarrow \neg A}{\neg A} \rightarrow E}{\dfrac{\dfrac{\perp}{B} RAA, 1}{A \rightarrow B} \rightarrow I, 2} \neg E$$

この例を参考にして、以下の証明を考えてみよう。

問題 **4.13**　　次を証明しなさい。

1. $\neg A \rightarrow A \wedge B \vdash A$
2. $\neg(A \wedge \neg B) \vdash A \rightarrow B$
3. $\neg B \rightarrow A \wedge C \vdash \neg A \rightarrow B$

背理法 (RAA) を用いる古典論理の証明がより複雑になるのは、例えば、次のようなケースである。

例 **4.20**　　$\vdash A \vee \neg A$　　(排中律)

$$\dfrac{\dfrac{\dfrac{\dfrac{[A]^1}{A \vee \neg A} \; \vee I \quad [\neg(A \vee \neg A)]^2}{\dfrac{\bot}{\neg A} \; \neg I,\, 1}}{A \vee \neg A} \; \vee I \qquad\qquad [\neg(A \vee \neg A)]^2}{\dfrac{\bot}{A \vee \neg A} \; RAA,\, 2} \; \neg E$$

この証明は、かなりテクニカルであるので、自力で見つけることができなくてもあまり気にする必要はない。ただし、こうした証明を見つける指針も存在する。上の証明では、$A \vee \neg A$ を証明するために、$\neg(A \vee \neg A)$ を仮定し、矛盾 $\bot$ を導くという方針をとっている。結論から遡って考えると、$\neg(A \vee \neg A)$ と矛盾するのは（もっとも単純に考えれば）$A \vee \neg A$ であるから、ここで、もとの目標が再び現れ、証明は循環しているように見える。

$$\dfrac{\dfrac{\vdots}{A \vee \neg A} \quad [\neg(A \vee \neg A)]^1}{\dfrac{\bot}{A \vee \neg A} \; RAA,\, 1} \; \neg E$$

しかし、$\neg(A \vee \neg A)$ という仮定は何回使用してもかまわないから、この段階で使える仮定として、$\neg(A \vee \neg A)$ が新たに加わったことに注意してほしい。証明に使える仮定は一つでも多いに越したことはない。目標となる論理式の否定である $\neg(A \vee \neg A)$ が仮定として使えるようになったことで、上のような証明が可能になるのである。特に、結論の主結合子が $\vee$ であるとき、このような背理法を用いた複雑な証明が必要となることがある。

　実のところ、自然演繹による証明は、直観主義論理の範囲、つまり、背理法抜きの範囲では、人の実際の推論や証明に近い自然な形になるが、背理法を伴う古典論理の範囲では、しばしば自然な形とは乖離したものとなる。実際に証明を考える場合は、古典論理で成り立つ帰結関係を派生規則として使用し、証明を簡略化するのが無難である。

　上で述べたように、背理法 (RAA) を正当な推論規則として認めるかどうかによって、古典論理と直観主義論理という、論理に対する二つの立場が分かれる。背理法を妥当な推論規則として認めるのが古典論理であり、これを端的に拒否するのが直観主義論理の立場である。

問題 4.14 上の排中律の証明を参考にして、次を証明しなさい。（難しいので注意。上級者向け。）

1. $A \rightarrow B \vdash \neg A \lor B$
2. $\neg(A \land B) \vdash \neg A \lor \neg B$

📖 **ノート　非古典論理について**

　古典論理をさまざまな仕方で拡張したり、修正したりする立場を**非古典論理** (non-classical logic) と呼ぶ。直観主義論理は、背理法 (RAA) を拒否する点で、非古典論理の一つに数えられる。直観主義論理の発展は、歴史的に見て、興味深い変遷をたどっている。直観主義の考えは、20 世紀の初めにオランダの数学者ブラウワー（1881–1966）によってある種の哲学的主張とともに導入され、ハイティンク（1898–1980）、コルモゴロフ（1903–1987）らの手によって、現代的な定式化がなされた。特に近年、直観主義論理は、計算機科学におけるプログラムの理論と密接な関係があることがわかり、論理と計算の関係を考える上で重要な位置を占めるに至っている。ちなみに RAA は認めるが、$\bot E$ を拒否する立場も存在する。これは**関連性論理** (relevance logic) と呼ばれ、近年でもさかんに研究されている。

　背理法を含めた自然演繹は、「古典論理の自然演繹 (NK)」と呼ばれ、古典論理の自然演繹から背理法を除いた体系は、「直観主義論理の自然演繹 (NJ)」と呼ばれる。命題論理の範囲では、最小論理、直観主義論理、古典論理それぞれの自然演繹体系の関係は、次のようにまとめられる。

- 最小論理は、$\land$ の導入規則と除去規則 ($\land I, \land E_l, \land E_r$)、$\lor$ の導入規則と除去規則 ($\lor I_l, \lor I_r, \lor E$)、$\neg$ の導入規則と除去規則 ($\neg I, \neg E$)、$\rightarrow$ の導入規則と除去規則 ($\rightarrow I, \rightarrow E$) からなる。
- 直観主義論理 NJ ＝ 最小論理 ＋ $\bot E$
- 古典論理 NK ＝ 直観主義論理 NJ ＋ RAA

最小論理で証明可能な帰結関係は、NJ で証明可能であり、NJ で証明可能な帰結関係は、NK で証明可能である。この意味で、三つの体系は、この

順でより強い体系となっている。

　第3章で扱った真理表に基づく命題論理の意味論（真理条件意味論）で妥当な推論とされるものは、古典論理の自然演繹 (NK) で証明可能なものと一致する。以下では、自然演繹における証明可能性を問題にするとき、とくに限定がなければ、NK における証明可能性のことを意味するものと理解してほしい。

　ここで、NK で成り立つ代表的な帰結関係をまとめておく。以下では、$A \vdash B$ と $B \vdash A$ がどちらも成り立つとき、$A \dashv\vdash B$ と書くことにする。第3章で導入した $A \approx B$ と、ここでの $A \dashv\vdash B$ は別の関係であることに注意しよう。前者が真理条件的な同値性であるのに対し、後者は自然演繹での同値性を表す。ただし、後で述べる命題論理の完全性定理を通して、両者が一致することがわかる。

　以下の多くはすでに例や問題で証明したものである。

古典命題論理の自然演繹 (NK) において成り立つ帰結関係

1. $\vdash A \lor \neg A$　（排中律）
2. $A \dashv\vdash \neg\neg A$　（二重否定の導入／除去）
3. $\vdash \neg(A \land \neg A)$　（矛盾律）
4. $A \land B \dashv\vdash B \land A$　（交換則）
5. $A \lor B \dashv\vdash B \lor A$　（交換則）
6. $A \land (B \land C) \dashv\vdash (A \land B) \land C$　（結合則）
7. $A \lor (B \lor C) \dashv\vdash (A \lor B) \lor C$　（結合則）
8. $A \land (B \lor C) \dashv\vdash (A \land B) \lor (A \land C)$　（分配則）
9. $A \lor (B \land C) \dashv\vdash (A \lor B) \land (A \lor C)$　（分配則）
10. $A \land (A \lor B) \dashv\vdash A$　（吸収則）
11. $A \lor (A \land B) \dashv\vdash A$　（吸収則）
12. $\neg(A \land B) \dashv\vdash \neg A \lor \neg B$　（ド・モルガンの法則）
13. $\neg(A \lor B) \dashv\vdash \neg A \land \neg B$　（ド・モルガンの法則）
14. $A \to B \dashv\vdash \neg B \to \neg A$　（対偶則）
15. $A \to B, B \to C \vdash A \to C$　（推移律）

16. $A \vee B, \neg B \vdash A$ （選言的三段論法）
17. $A, A \to B \vdash B$ （前件肯定式）
18. $\neg B, A \to B \vdash \neg A$ （後件否定式）
19. $A \to (B \to C) \dashv\vdash (A \wedge B) \to C$
20. $A \to B \dashv\vdash \neg A \vee B$
21. $A \to B \dashv\vdash \neg(A \wedge \neg B)$

問題 4.15 このなかで、直観主義論理 (NJ) では成り立たず、古典論理 (NK) で成り立つもの、つまり、その証明に背理法 RAA を要するものを すべて挙げなさい。

✦ 背理法・二重否定除去・排中律の関係について

例 4.18 (p.105) の証明は、背理法 (RAA) を使って、以下のような二重 否定除去 $(\neg\neg E)$ を派生規則として認めることができることを示している。

$$\frac{\neg\neg\mathcal{P}}{\mathcal{P}} \ \neg\neg E$$

逆に、背理法 (RAA) ではなく、この二重否定除去 $(\neg\neg E)$ を基本的な推論 規則として認めたとしよう。すると、以下のように背理法 (RAA) を派生 規則として導くことができる。

$$\frac{\dfrac{\overset{[\neg\mathcal{P}]^1}{\vdots}}{\dfrac{\bot}{\neg\neg\mathcal{P}}} \ \neg I, 1}{\mathcal{P}} \ \neg\neg E$$

このことは、NJ $+$ RAA という体系と NJ $+$ $\neg\neg E$ という体系で証明で きることが一致することを意味している。直観主義論理の自然演繹 NJ に RAA を付け足した体系で証明できることは、NJ に $\neg\neg E$ を付け足した体 系でも証明することができ、またその逆も成り立つのである。

さらに、例 4.20 では、背理法 (RAA) から排中律を NK における定理と して導いた。もしこの排中律をそれ以上の証明の必要のない基本的な命題

として認めたらどうなるだろうか。こうしたそれ以上の正当化を必要としない命題のことを、推論規則とは区別して、**公理** (axiom) と呼ぶ。排中律 (The Excluded Middle, EM) が公理であることを以下のように書く。

$$\frac{}{\mathcal{P} \vee \neg\mathcal{P}} \; EM$$

ここで、公理と単なる開いた仮定を区別するため、公理の上には線を引いておく。これは、公理を閉じた仮定とみなし、この形の論理式がそれ以上の証明の必要がないことを明示するためである。

さて、排中律が公理であるならば、次のように背理法と二重否定除去を派生規則として導くことができる。

$$\frac{\dfrac{}{\mathcal{P} \vee \neg\mathcal{P}} \; EM \qquad [\mathcal{P}]^1 \qquad \dfrac{\begin{array}{c}[\neg\mathcal{P}]^1 \\ \vdots \\ \bot \\ \hline \mathcal{P}\end{array}}{} \bot E}{\mathcal{P}} \vee E, 1 \qquad\qquad \frac{\dfrac{}{\mathcal{P} \vee \neg\mathcal{P}} \; EM \qquad [\mathcal{P}]^1 \qquad \dfrac{\dfrac{[\neg\mathcal{P}]^1 \quad \neg\neg\mathcal{P}}{\bot} \neg E}{\mathcal{P}} \bot E}{\mathcal{P}} \vee E, 1$$

　左の証明図は、$\neg\mathcal{P}$ から $\bot$ に至る証明があるとき、排中律 (EM) と他の推論規則を組み合わせて $\mathcal{P}$ が導けること、すなわち、背理法 (RAA) を派生規則として導けることを示している。右の証明図は、排中律と他の推論規則を組み合わせて $\neg\neg\mathcal{P}$ から $\mathcal{P}$ を導けること、すなわち、二重否定除去が派生規則となることを示している。本書では、古典論理の自然演繹 NK を NJ + RAA として定式化したが、結局、次の三つの体系はそこで証明できることが一致するという意味で等しいことがわかる。

$$\text{NJ} + RAA = \text{NJ} + \neg\neg E = \text{NJ} + EM$$

✦ 構成的証明について

　直観主義論理における証明のことをしばしば**構成的証明**といい、背理法や排中律など古典論理の原理を用いた証明のことを**非構成的証明**という。非構成的証明の特徴は、特に $\vee$ を伴う証明において現れる。非構成的証明の具体例として、次のよく知られた数学的証明の例を挙げておこう。

例4.21　x と y が無理数で、x^y が有理数となるような数 x, y は存在する
だろうか。この問いに肯定的に答える次のような証明を考えよう。

$\sqrt{2}^{\sqrt{2}}$ という数を考える。もし $\sqrt{2}^{\sqrt{2}}$ が有理数であるなら、$\sqrt{2}$ は無
理数であるから、$x = \sqrt{2}, y = \sqrt{2}$ がもとめる x, y となる。一方、も
し $\sqrt{2}^{\sqrt{2}}$ が無理数であるなら、

$$(\sqrt{2}^{\sqrt{2}})^{\sqrt{2}} = \sqrt{2}^{\sqrt{2} \times \sqrt{2}} = \sqrt{2}^2 = 2$$

であるから、$x = \sqrt{2}^{\sqrt{2}}, y = \sqrt{2}$ がもとめる x, y となる。$\sqrt{2}^{\sqrt{2}}$ は
有理数であるか、もしくは有理数でない（すなわち、無理数である）
のいずれかであるから、以上により、x と y が無理数で、x^y が有理数
となるような数 x, y が存在することが示された。

この証明は、「$\sqrt{2}^{\sqrt{2}}$ は有理数であるか、もしくは有理数でない」とい
うステップで排中律を使用している。いま「$\sqrt{2}^{\sqrt{2}}$ は有理数である」とい
う命題を A、結論である「x と y が無理数で、x^y が有理数となるような数
x, y は存在する」を C と表すなら、証明全体は次のような形をとることが
わかる。

$$\cfrac{\overline{A \vee \neg A}\ {}^{EM} \qquad \cfrac{[A]^1}{\vdots}\ C \qquad \cfrac{[\neg A]^1}{\vdots}\ C}{C}\ {}_{\vee E,\,1}$$

しかし、この証明は、肝心の $\sqrt{2}^{\sqrt{2}}$ が有理数であるのか無理数であるのか
について何も教えてくれない！　この例のように、選言（$\vee$）の命題を使用
したり証明したりするさいに、どの選言肢が成り立つのか明示的な答えを
必ずしも示す必要がないという点に、古典論理の非構成的証明の特徴があ
る。一般に、構成的証明は、非構成的証明よりも豊かな情報をもつ。直観
主義論理とは、そのような十分な情報を欠いた非構成的証明を正当な証明
とは認めないという立場である。直観主義論理を擁護する側からは、選言
の使用は、必ずどちらの選言肢が成り立つのかについて明示的な答えを伴

うべきだという、証明に対して強い要求を課すわけである。

4.4 自然演繹による矛盾の導出

これまでこの章では自然演繹を使って、与えられた推論が妥当であることを示す方法を見てきた。同じように自然演繹を使って、論理式の集合が矛盾していることを示すことも可能である。例えば、3.5 節 (p.64) では、論理式の集合 $\{A \to \neg B,\ A \wedge B\}$ が矛盾していることを、真理表に基づいて示した。このことを自然演繹を用いて示すには、

$$A \to \neg B,\ A \wedge B \vdash \bot$$

が証明可能であることを示せばよい。実際、次のように、これは容易に証明できる。

$$\cfrac{\cfrac{A \wedge B}{B} \wedge E \quad \cfrac{\cfrac{A \wedge B}{A} \wedge E \quad A \to \neg B}{\neg B} \to E}{\bot} \neg E$$

問題 4.16　　次の論理式の集合が矛盾していることを、自然演繹を用いて示しなさい。

1. $\{B \to \neg A,\ B \vee C,\ A \wedge \neg C\}$
2. $\{\neg A \vee \neg B,\ C \to A,\ C \to B,\ C\}$

では、論理式の集合が矛盾していないこと、すなわち、整合的であることを、自然演繹を用いて示すことができるだろうか。具体例を挙げれば、3.5 節で見たように、

$$\{A \to B,\ \neg(A \wedge C),\ B \wedge C\}$$

という三つの論理式の集合は整合的である。このことを示すには、この三つの論理式から矛盾 $\bot$ が帰結しないことを示せばよい。前提 $\mathcal{P}_1, \ldots, \mathcal{P}_n$ から結論 $\mathcal{Q}$ が帰結しないことを

$$\mathcal{P}_1, \ldots, \mathcal{P}_n \nvdash \mathcal{Q}$$

と書くことにしよう。すると、ここで示す必要のあるのは、

$$A \to B, \; \neg(A \wedge C), \; B \wedge C \not\vdash \bot$$

である。実際、これは成り立ちそうである。試しに、NK を用いて、三つの前提から結論 $\bot$ へ至る証明を見つけようとしても、うまくいかないことがわかるだろう。しかし、たまたま思いついた、いくつかの証明の可能性を排除しただけでは、「前提から結論が帰結しない」と結論するには不十分である。それだけは証明を見つけだす特定の試みが失敗したということを示すだけであって、可能な証明は他にも存在するかもしれないからである。ある論理式 A を導くための推論ステップ（すなわち、A を導出するのに用いられる推論規則）には、じつに多様な可能性がある。ここで必要なのは、与えられた推論が正しいことを示す方法、つまり、**証明**の方法ではなく、推論が正しくないことを示す方法、つまり、**反証**の方法である。じつのところ、自然演繹において、前提から結論が帰結することを示すのは比較的容易な作業であるのに対して、前提から結論が帰結しないことを示すのは不可能ではないが、やっかいな課題である。

> 📖**ノート　正規化定理**
>
> 　前提から結論が帰結しないことを証明するには、「与えられた前提から結論が帰結することを示すには、これだけの証明の可能性を調べれば十分である」という、証明の探し方をある限られた範囲に限定する方法を考案しておく必要がある。そのためには、自然演繹に関して成り立つ基本的な定理の一つである正規化定理に基づいて、「正規的証明」という概念を定義する必要がある。「正規的証明」とはいわば回り道を含まない証明であり、実はこの章で紹介した証明の構成の仕方は正規的証明を作る方法になっている。正規化定理については巻末の文献案内を参照してほしい。

　より簡単な方法としては、前提から結論が帰結しないこと（すなわち、推論が妥当でないこと）、またその特殊なケースとして、論理式の集合の整合性を示すことは、意味論の方法によって遂行することができる。つまり、真理表によって、具体的な反例モデルを構成することで、整合性や推

論の非妥当性を示すという、第3章で学んだ方法である。ただし、「意味論的に妥当でない」ということから、「前提から結論は証明不可能である」ということを導くためには、意味論（真理表）と証明論（自然演繹）を橋渡しする原理が必要となる。同様に、「論理式の集合が充足可能である」ということに基づいて、「その論理式の集合から矛盾 ⊥ が導かれない」ということを結論するためには、やはり意味論と証明論を結びつける必要がある。最後の節ではそのために必要な完全性定理について解説する。

4.5　命題論理の完全性

　これまでに達成したことをふりかえってみよう。第3章では、真理表の方法に基づいて、前提 $\mathcal{P}_1, \ldots, \mathcal{P}_n$ から結論 $\mathcal{Q}$ への推論が真理表に基づいて妥当であるということ、すなわち、

$$\mathcal{P}_1, \ldots, \mathcal{P}_n \models \mathcal{Q}$$

という関係を規定した。ここで定義された妥当性の概念は、**意味論的な妥当性**と呼ぶことができるだろう。一方、第4章では、自然演繹体系 NK を導入し、NK において $\mathcal{P}_1, \ldots, \mathcal{P}_n$ から $\mathcal{Q}$ が証明可能であるということ、すなわち、

$$\mathcal{P}_1, \ldots, \mathcal{P}_n \vdash \mathcal{Q}$$

という関係によって、推論の妥当性を特徴づけた。こちらは、**証明論的な妥当性**と呼ぶことができる。またこれと平行して、整合性と矛盾という概念を、意味論と証明論の双方から特徴づけることも試みた。

　こうして、当初から問題にしていた「妥当な推論」というものを、意味論と証明論という二つの観点から規定したわけである。じつは、この二つの概念（意味論的な妥当性と証明論的な妥当性）が、一致することが知られている。それを保証するのが、命題論理の完全性定理である。

とくに、証明論的な妥当性から意味論的な妥当性が帰結すること、つまり、

　(S)　$\mathcal{P}_1, \ldots, \mathcal{P}_n \vdash \mathcal{Q}$ ならば $\mathcal{P}_1, \ldots, \mathcal{P}_n \models \mathcal{Q}$

が成り立つことは、**健全性**と呼ばれ、逆の方向、つまり、意味論的な妥当性から証明論的な妥当性が帰結すること、すなわち、

　(C)　$\mathcal{P}_1, \ldots, \mathcal{P}_n \models \mathcal{Q}$ ならば $\mathcal{P}_1, \ldots, \mathcal{P}_n \vdash \mathcal{Q}$

が成り立つことは、**狭義の完全性**と呼ばれる。

　　健全性が主張していることは、ようするに、前提 $\mathcal{P}_1, \ldots, \mathcal{P}_n$ から結論 $\mathcal{Q}$ に至る自然演繹 (NK) の証明図が存在するならば、$\mathcal{P}_1, \ldots, \mathcal{P}_n$ が真であって $\mathcal{Q}$ が偽となるような可能性は存在しないということである。言い換えると、(S) は次の言明に等しい。

　(S′)　$(\mathcal{P}_1, \ldots, \mathcal{P}_n \vdash \mathcal{Q}$ かつ $\mathcal{P}_1, \ldots, \mathcal{P}_n \not\models \mathcal{Q})$ ということはない

より簡単に言えば、健全性は、$\mathcal{P}_1, \ldots, \mathcal{P}_n$ から $\mathcal{Q}$ への証明と反証（つまり、反例モデル）が同時に存在することはない、ということを保証している。

　　(C) の狭義の完全性の方は、次のように言い換えるとその意味がより鮮明になる。

$$(\mathrm{C'}) \quad \mathcal{P}_1, \ldots, \mathcal{P}_n \not\models \mathcal{Q} \text{ または } \mathcal{P}_1, \ldots, \mathcal{P}_n \vdash \mathcal{Q}$$

つまり、（狭義の）完全性は、$\mathcal{P}_1, \ldots, \mathcal{P}_n$ から $\mathcal{Q}$ への反証かもしくは証明のどちらか一方が必ず存在するということを保証する。

> ### 🗐 ノート　　メタ言語での言い換え
>
> 　(S) から (S′) への言い換えは、$\mathcal{P} \to \mathcal{Q}$ という形の言明から $\neg(\mathcal{P} \wedge \neg\mathcal{Q})$ という同値な形への言い換えである。ただしこれは、対象言語のレベルの言い換えではなく、メタ言語のレベルの言い換えであることに注意しよう。また、(C) から (C′) への言い換えは、$\mathcal{P} \to \mathcal{Q}$ から $\neg\mathcal{P} \vee \mathcal{Q}$ への言い換えである。このように同値変形によりさまざまな主張を言い換えることは、主張の意味をよりよく理解したり、その主張を証明しやすくするために有効である。

　完全性定理は、自然演繹のような論理体系の内部で証明されることではなく、論理体系について、それがどのような性質をもっているのか、体系の外側から証明されるべきことである。こうした主題は、**メタ論理**と呼ばれ、そこで成り立つ定理は論理体系についての**メタ定理**と呼ばれる。与えられた論理体系に対して健全性と完全性を証明することは、メタ論理に属するもっとも基本的な問題である。完全性定理の証明の詳細を追うことは、論理学の入門の範囲を超えており、本書では詳しく解説することができない。巻末の文献案内を参照してほしい。

　とはいえ、一つ一つの推論の具体例について、意味論（真理表）と証明論（自然演繹）の下す判定が一致することを確かめることはできる。第3章で扱った推論の妥当性を、自然演繹によって確かめてみたり、逆に、第4章に登場した推論の妥当性を、真理表によって確かめてみたりすることは、完全性の意味を理解する上で、重要な作業であり、また、命題論理の全体のよい復習になるだろう。特に、第3章で列挙した真理条件的な同値性 ($\mathcal{P} \approx \mathcal{Q}$) と、第4章で列挙した証明論的な同値性 ($\mathcal{P} \dashv\vdash \mathcal{Q}$) が一致すること（つまり、$\mathcal{P} \approx \mathcal{Q}$ が成り立つならば、$\mathcal{P} \dashv\vdash \mathcal{Q}$ が成り立ち、逆に、$\mathcal{P} \dashv\vdash \mathcal{Q}$ が成り立つならば、$\mathcal{P} \approx \mathcal{Q}$ が成り立つこと）をいくつかの例で確

かめてみてほしい。

　メタ定理がどのように証明されるのか、その概略を紹介するために、以下では、比較的に簡単な健全性の証明の仕方についてふれておこう。

　まず、上の健全性定理 (S) の「ならば」の左辺、つまり、$\mathcal{P}_1, \ldots, \mathcal{P}_n \vdash \mathcal{Q}$ が成立すると仮定しよう。つまり、前提 $\mathcal{P}_1, \ldots, \mathcal{P}_n$ から結論 $\mathcal{Q}$ に至る証明図が存在するとまず仮定するわけである。このとき、真理表に基づいて、$\mathcal{P}_1, \ldots, \mathcal{P}_n$ が真であって $\mathcal{Q}$ が偽となるような可能性は存在しないということを示せば、(S) を証明したことになる。では、「$\mathcal{P}_1, \ldots, \mathcal{P}_n$ から結論 $\mathcal{Q}$ に至る証明図」とはどんなものであろうか。証明図とは、推論規則を次々と適用して形成される対象であり、その全体は木の形をしている。しかし、いくらでも複雑な証明図を作ることができるので、すべての証明図を枚挙し、その一つ一つをしらみつぶしに調べるというわけにはいかない。そこで考えられるのは、各推論規則について、〈その推論規則の前提がすべて真であれば結論も必ず真である〉という性質をもつかどうかを調べるという方法である。このような性質をもつ推論規則は、**真理保存的**とか、単に**健全**であると言われる。もし自然演繹 NK のすべての推論規則が真理保存的であることを確かめられたなら、その推論規則に基づいて作られたどんなに複雑な証明図であっても、「前提がすべて真であるならば結論も必ず真である」という健全性が主張する性質をもつことが保証されるはずである。

　実際、各推論規則が真理保存的であることを証明するのはそれほど難しくない。例えば、連言 ($\wedge$) にかんする推論規則であれば、次のような形をしている。

$$\frac{\overset{\vdots}{\mathcal{P}} \quad \overset{\vdots}{\mathcal{Q}}}{\mathcal{P} \wedge \mathcal{Q}} \wedge I \qquad \frac{\overset{\vdots}{\mathcal{P} \wedge \mathcal{Q}}}{\mathcal{P}} \wedge E \qquad \frac{\overset{\vdots}{\mathcal{P} \wedge \mathcal{Q}}}{\mathcal{Q}} \wedge E$$

$\wedge I$ の場合、$\mathcal{P}$ と $\mathcal{Q}$ というこの推論規則の前提が真 (T) であれば、$\wedge$ の真理表に基づき、$\mathcal{P} \wedge \mathcal{Q}$ もやはり真である。つまり、$\wedge I$ は真理保存的である。同様に、$\mathcal{P} \wedge \mathcal{Q}$ が真であれば、真理表に基づいて、$\mathcal{P}$ と $\mathcal{Q}$ も真であるので、$\wedge E$ もまた真理保存的である。

ここで、真理保存的でない推論規則を考えてみると、問題となっている性質がどのようなものであるか、よりよく理解できるはずである。例えば、次のような形の $\wedge$ の導入規則の変種 $\wedge I'$ があるとしよう。

$$
\frac{\overset{\vdots}{\mathcal{P}}}{\mathcal{P} \wedge \mathcal{Q}} \ \wedge I'
$$

この規則は真理保存的ではない。というのも、この前提の $\mathcal{P}$ が真 (T) であるからといって、$\mathcal{P} \wedge \mathcal{Q}$ もまた真であるとはかぎらないからである。実際、真理表によると、$\mathcal{Q}$ が偽 (F) であれば、$\mathcal{P} \wedge \mathcal{Q}$ 全体は偽となってしまう。さほど驚くべきことではないかもしれないが、NK の推論規則はすべて真理保存的であり、$\wedge I'$ のように前提が真でありながら結論が偽となるという事態はいっさい生じないように設計されている。

　ここまで私たちは、推論の妥当性を評価するための方法として、主に次のことを学んだ。すなわち、

- **記号化**　日本語で書かれた推論を命題論理の形式言語に記号化する（翻訳する）こと
- **意味論的方法**　真理表に基づいて、記号化された推論の妥当性・非妥当性を判定すること
- **証明論的方法**　自然演繹を用いて記号化された推論が妥当であることを示すこと（つまり、前提から結論が帰結することを示すこと）

である。意味論的方法（真理表）と証明論的方法（自然演繹）には、それぞれ長所もあれば短所もある。例えば、真理表は、推論の妥当性や論理式の集合の整合性を機械的に判定できるが、実際の推論の構造を捉えるには不向きであり、また推論に現れる原子論理式の数が増えれば真理表は爆発的に巨大なものになってしまう。これに対して、自然演繹は、実際の推論の構造に近い形で証明を作ることができ、またすべての可能性（状況）を列挙することなく、必要な情報だけを処理することで、結論を導くことができるという利点がある。ただし、自然演繹は、推論の非妥当性や論理式の集合の整合性を示すのは不向きである。しかし、これらのシステムを組

み合わせ、問題に応じて使い分けることは可能である。

　私たちが日常的に気づかないままに行っている推論を反省的にとらえ、「だから」とか「したがって」といった言葉を使う場面に注意深くなる視点を身につけることが、論理学を学ぶ一つの意義である。記号化という考え方、そして意味論と証明論の考え方は、与えられた推論や論証や証明といったものの妥当性を評価し、さらにみずからそうした推論や論証や証明を組み立てる際の不可欠な指針になるだろう。

第5章　述語論理の形式言語

　この章では、述語論理の言語を導入したい。1.3節で述べたように、命題論理が文（命題）を単位として推論を分析するのに対して、述語論理では、文の内部構造にまで踏み込んだ分析を行う。つまり、述語論理では、一つの文がどのような語から組み立てられるのかという点に着目することで、より高い解像度の分析が可能になるわけである。

　以下では、命題論理のときと同じ流れで、述語論理の形式言語を導入し、日本語で表現された推論をどのように述語論理の言語に翻訳するのかという問題を考える。ここではまず、文の内部構造からどのような曖昧性が生じるのかを見ることにしよう。

5.1　曖昧性の問題

　次の推論の妥当性を判定するという問題を考えよう。これは一つの前提と一つの結論からなる推論である。

前提	A君が好きなのは、Bさんだ。
結論	A君のことが好きな人がいる。

よく観察してみると、この推論の前提は**曖昧**であり、次の二通りの解釈があることに気づく。

(24)　　a.　BさんはA君のことが好きだ。

　　　　b.　A君はBさんのことが好きだ。

もし前提を (24a) のように解釈すれば、この前提が真であるとき、結論の「A君のことが好きな人がいる」は必ず真となるから、推論は妥当である。

しかし、前提を (24b) のように解釈すれば、この前提が真であっても、必ずしも A 君のことが好きな人がいるとは限らないので、推論は妥当でない。このように、複数の解釈の余地を残す文がある場合、推論の妥当性を評価するためには、あらかじめ曖昧性を解消して、どのような解釈をとっているのかをはっきりさせなければならない。このような文の内部構造から生じる曖昧性を解消するのに述語論理の形式言語が役立つ。

　述語論理の形式言語の定義は後回しにして、以下ではまず、日本語の表現と述語論理の表現との対応関係を見ることにしよう。これはいわば、日本語の理解に基づいて、述語論理の言語を新たに習得しようという試みである。これは同時に、述語論理の言語を用いて、私たちがふだん——多くの場合、意識せずに——使っている日本語を分析するという試みでもある。

5.2　個体定項と述語記号

　まず、次の文がどのように分析されるのかを考えよう。

(25)　　a.　夏目漱石は小説家である。

　　　　b.　ブルータスがカエサルを刺した。

こうした単純な形の文は、主語や目的語の位置に現れる名前と、これらの名前をもとの文から抜き取って得られる述語とに分解することができる。例えば、(25a) の文は、「夏目漱石」という名前と、空所を一つ含む述語

(26)　…は小説家である

とに分解できる。同様に、(25b) は、二つの名前「ブルータス」「カエサル」と、空所を二つ含む述語

(27)　…が…を刺した

とに分解できる。(26) のように空所を一つ含む述語を **1 項述語**、(27) のように空所を二つ含む述語を **2 項述語** と呼ぶ。一般に、n 個の空所を含む述語を **n 項述語** と呼ぶ。述語の空所を埋める表現は、その述語の **項** ないし

アーギュメントと呼ばれる。

　自然言語において、「夏目漱石」「カエサル」のように、もっぱら特定の人物や個物を指すのに用いられる名詞を**固有名詞**と呼び、「小説家」「馬」「本」のような複数の対象に当てはまる名詞を**普通名詞**と呼ぶ。述語論理の観点から見ると、普通名詞はいずれも、「…は小説家である」「…は馬である」「…は本である」のように、述語として捉えられる。これらはいずれも1項述語であるが、普通名詞のなかには、2項述語として分析されるものもある。例えば、「母」という名詞は、「…は…の母である」のように二人の人物の間の関係を表す2項述語とみなすことができる。こうした複数の項をとる述語として分析される名詞を、**関係名詞**と呼ぶ。

　問題 5.1　　以下の普通名詞の組のうち、一方は関係名詞である。どちらが関係名詞であるのか述べなさい。

1. 主役、俳優
2. 作曲家、作曲者
3. 社員、会社員
4. 作家、作者

　形容詞も、動詞や普通名詞と同様に、述語として分析することができる。例えば、「ソクラテスは賢い」という文において、「賢い」という形容詞は、「…は賢い」という1項述語とみなせる。「ソクラテスはプラトンより賢い」という文では、「賢い」は、「…は…より賢い」という関係を表す2項述語とみなせる。

　さて、以上の自然言語のさまざまな表現に対応する述語論理の言語の記号表現を導入しよう。まず、「夏目漱石」や「カエサル」のような固有名詞に対応する表現として、**個体定項**を用いる。個体定項には、主として、$a, b, c, \dots$ といったアルファベットの小文字を使うことにする。ただし、これだけでは足りなくなるおそれがあるので、$a_1, a_2, a_3, \dots$ 等々、数字の添え字を付けたものも個体定項として認めることにしよう。

　次に、「…は小説家である」「…は賢い」「…が…を刺した」のような自然言語の述語に対応する表現としては、**述語記号**を用いる。述語記号には、主として、$F, G, H, P, Q, R, \dots$ といったアルファベットの大文字を使うこ

とにする。

　では、個体定項と述語記号を使って文全体がどのように記号化されるのか、具体例を通して説明しよう。例えば、「夏目漱石」に個体定項 a を、「…は小説家である」に述語記号 F を割り当てるとしよう。このとき、(25a) の「夏目漱石は小説家である」という文全体は、

$$Fa$$

と記号化する。同様に、「ブルータス」に個体記号 b、「カエサル」に個体記号 c、「…が…を刺した」に述語記号 R を割り当てると、(25b) の「ブルータスがカエサルを刺した」という文全体は、

$$Rbc$$

のように記号化することができる。また、同じ記号の割り当てのもとで、主語と目的語を入れ換えた「カエサルがブルータスを刺した」という文は、

$$Rcb$$

と記号化される。この例が示しているように、述語に記号を割り当てるさいには、項が現れる順序が重要となる。そこで、これまで「…」と表してきた述語の空所をあらわす記号表現として、**個体変項**を用いる。個体変項には、アルファベットの後ろの方の x, y, z などを使う（個体定項と同様に、$x_1, x_2, \ldots$ 等々も使うことも認める）。例えば、2 項述語「…が…を刺した」は、個体変項 x と y を用いると、「x が y を刺した」と表すことができ、これを

$$Rxy$$

のように記号化する。自然言語の述語に述語記号を割り当てるさいは、その述語がいくつの項をどういう順番でとるのかを確認することが重要であるが、こうした情報は、Rxy のような変項を含む表記によって明示することができるわけである。個体変項の役割については、後に量化子を導入するさいにもう少し詳しく見ることになる。

　問題 5.2　それぞれの表現に次のような記号を割り当てる。

$$\text{アン} : a \quad \text{ボブ} : b \quad \text{キャロル} : c$$

$$x \text{が} y \text{を尊敬している} : Fxy \quad x \text{が} y \text{を} z \text{に紹介した} : Gxyz$$

このとき、1–4 を自然な日本語の文に翻訳しなさい。また、5–10 の文をそれぞれ記号化しなさい。

1. Fac
2. Fca
3. Fcc
4. $Gcba$
5. アンがボブを尊敬している。
6. アンをボブが尊敬している。
7. アンがボブに尊敬されている。
8. アンをキャロルがボブに紹介した。
9. アンはキャロルに自分を紹介した。
10. アンがキャロルにボブを紹介された。

🗒 ノート　ポーランド記法

Rxy のような2項述語記号を含む表現の別表記として、わかりやすさのため、しばしば xRy といった表記を使う。例えば、「x は y より小さい」という2項述語は、述語記号として $<$ を割り当てると、これまでのやり方に従えば、$<xy$ と記号化されるが、これでは読みにくい。そこで、より直観的に理解しやすい、$x < y$ という表記も使うことにする。これらは、表記上異なるだけであり、同じ関係を表すものと理解してほしい。Rxy という表記法は、前置記法、xRy という表記法は、中置記法と呼ばれる。前置記法は、ポーランドの論理学者ウカシェヴィッチ（1878–1956）によって考案されたという経緯から、ポーランド記法とも呼ばれる。なお、xyR のように述語記号を項の後に置くやり方は、後置記法、もしくは、逆ポーランド記法と呼ばれる。動詞が文末に現れる日本語の語順は、後置記法に近いものであると言えるかもしれない。

5.3 論理結合子

　述語論理の言語において、自然言語における文に対応する単位を**論理式**と呼ぶ。特に、述語記号と個体記号（個体定項、個体変項）のみから形成される論理式を、**原子論理式**と呼ぶ。例えば、Fa、Gx、Pbc、$Raxy$ などは、原子論理式である。

　原子論理式から出発して、否定・連言・選言・含意という四種類の論理結合子、および、全称量化子・存在量化子という二種類の量化子を用いて、複合的な論理式を作ることができる。まず、論理結合子と量化子の記号とその読み方を一覧にしておこう。∀は All の A、∃は Exist の E をそれぞれ反転させたものである。

	記号	読み方
否定	$\neg \mathcal{P}$	$\mathcal{P}$ でない
連言	$\mathcal{P} \wedge \mathcal{Q}$	$\mathcal{P}$ かつ $\mathcal{Q}$
選言	$\mathcal{P} \vee \mathcal{Q}$	$\mathcal{P}$ または $\mathcal{Q}$
含意	$\mathcal{P} \to \mathcal{Q}$	$\mathcal{P}$ ならば $\mathcal{Q}$
全称量化子	$\forall x \mathcal{P}$	すべての x について、$\mathcal{P}$ である
存在量化子	$\exists x \mathcal{P}$	ある x について、$\mathcal{P}$ である

ここで、$\mathcal{P}$ と $\mathcal{Q}$ は任意の論理式を表す。つまり、$\mathcal{P}$ や $\mathcal{Q}$ の位置には、原子論理式だけでなく、どんなに複雑な論理式が現れてもよい。

　論理式の正確な定義は5.6節で見ることにして、ここではまず、具体例に基づいて、日本語の文を論理式に移しかえる方法を説明しよう。それぞれの論理結合子と量化子について順番に検討する。

目目 ノート　メタ変項

　論理結合子と量化子を組み合わていくらでも複雑な論理式を作ることができることから、論理式の形について何か一般的なことを述べるには、$\mathcal{P}$ や $\mathcal{Q}$ のような論理式が現れる位置を示す記号を使用することが不可欠である。このような記号は、命題論理の形式言語を定義した 2.3 節 (p.30) でも

少しふれたが、**メタ変項**と呼ばれる。本書では、論理式を表すメタ変項に $\mathcal{P}$ や $\mathcal{Q}$ のような筆記体のアルファベット大文字を用いている。紛らわしいが、述語記号としては通常の書体の P や Q を使うこともあるので注意してほしい。教科書によっては、論理式のメタ変項を表すのに、ϕ（ファイ）や ψ（プサイ）のようなギリシア文字を使うこともある。厳密さを追求する論理学は常に「記号不足」に陥りがちである。

✦ 連言

まず、連言と選言を使って、述語論理で文をどのように形式化するのかを見よう。連言「$\wedge$」を用いて記号化することができる日本語文は、表面上「かつ」という接続詞を含むものに限られない。例えば、「東京」を t、「神奈川」を k、「埼玉」を s、「x は晴れである」を Fx、「x は雨である」を Gx とおくと、以下の日本語文はいずれも連言を用いて記号化できる。

(28)　a.　東京は晴れであり、神奈川は雨である。$Ft \wedge Gk$

　　　b.　東京は晴れであるが、神奈川は雨である。$Ft \wedge Gk$

　　　c.　東京と埼玉は晴れである。$Ft \wedge Fs$

　　　d.　東京も埼玉も晴れである。$Ft \wedge Fs$

ここで、連言「$\wedge$」は、二つの文（論理式）を結びつける結合子であって、二つの名前を結びつけることはできないことに注意してほしい。例えば、(28c) や (28d) のような文を、$F(t \wedge s)$ と記号化することはできない。$F(t \wedge s)$ は述語論理の論理式として適正なものではない。同様に、二つの述語を結びつけた $(F \wedge G)s$ のような表現も認められない。つまり、こうした文は、「東京は晴れであり、かつ、埼玉は晴れである」という形にパラフレーズできることから、$Ft \wedge Fs$ のように文の連言にばらして記号化すればよいわけである。

✦ 修飾句の分析

連言の使い道はこれだけにとどまらない。次の文を考えよう。

(29) 花子は二十歳の学生だ。

いま「花子」を a、「xは学生である」を Fx、「xは二十歳である」を Gx とおくと、(29) はどのように記号化できるだろうか。まず (29) は、あえて「かつ」を使えば、次のように言い換えることができる。

(30) 花子は学生であり、かつ、花子は二十歳である。

これを記号にすれば、$Fa \wedge Ga$ となる。つまり、(29) の「二十歳の学生だ」という部分は、Fx と Gx という二つの述語の連言に分解することができる。次の例も同様である。

(31) a. 12は、7よりも大きい自然数である。
b. アンは、キャロルがボブに紹介した女の子だ。

それぞれ、「かつ」を用いて次のように言い換えることができる。

(32) a. 12は自然数であり、かつ、12は7よりも大きい。
b. アンは女の子であり、かつ、アンはキャロルがボブに紹介した。

このように、「二十歳の」「7よりも大きい」「キャロルがボブに紹介した」という修飾句とそれが修飾する名詞「学生」「自然数」「女の子」は、それぞれ別の述語として扱うことができる。このとき、修飾関係は連言によって表される。こうすることで、しばしば、よりきめの細かい推論の分析が可能となる。

問題 5.3 「太郎が好きな女の子は花子だ」という文には二つの解釈がある。「太郎」を t、「花子」を h、「xは女の子である」を Gx、「xはyのことが好きである」を Lxy として、二つの解釈を記号化しなさい。

◆ 選言

次に選言を使って述語論理で記号化される文を紹介しよう。選言「$\vee$」を用いて記号化することができる日本語文は、表面上「または」を含むものに限られない。先ほどと同じように、「東京」を t、「神奈川」を k、「埼

玉」を s、「x は晴れである」を Fx、「x は雨である」を Gx とおくと、以下の日本語文はいずれも選言を用いて記号化できる。

(33)　a. 東京が晴れであるか、神奈川が晴れである。　$Ft \lor Fk$

　　　b. 東京が晴れか、あるいは、神奈川が晴れである。　$Ft \lor Fk$

　　　c. 東京は、晴れであるか雨である。$Ft \lor Gt$

　　　d. 東京か埼玉は晴れである。　$Ft \lor Fs$

連言の場合と同様に、選言もまた、文と文を結びつける結合子である。よって、(33c) を $(F \lor G)t$ のように記号化することは認められない。同様に、(33d) を、$F(t \lor s)$ のように記号化することはできない。

問題 **5.4**　それぞれの表現に次のような記号を割り当てる。

アン：a　ボブ：b　キャロル：c
x は作家である：Fx　　x が y を尊敬している：Gxy

このとき、1–6 の文をそれぞれ記号化しなさい。

1. アンがキャロルを尊敬しているか、キャロルがアンを尊敬している。
2. アンとキャロルは、ボブを尊敬している。
3. ボブは作家であり、アンを尊敬している。
4. アンとキャロルがボブを尊敬しているか、ボブがキャロルを尊敬している。
5. キャロルは、ボブが尊敬している作家である。
6. アンかキャロルは、ボブを尊敬している作家である。

✦ 否定と含意

　否定と含意の例もいくつか見ておこう。いま、「x が来た」という 1 項述語を Fx とおくと、「太郎が来なかった」は $\neg Ft$、「花子が来なかった」は $\neg Fh$ と記号化できる。これを連言と選言でそれぞれ結びつけると、次のような日本語文に対応する論理式が形成される。

(34) a. 太郎も来なかったし、花子も来なかった。$\neg Ft \wedge \neg Fh$

　　b. 太郎が来なかったか、または、花子が来なかった。$\neg Ft \vee \neg Fh$

命題論理のところで見たように、これらは次の文とは区別される。

(35) a. 太郎も花子も来たというわけではない。　$\neg(Ft \wedge Fh)$

　　b. 太郎か花子が来たというわけではない。　$\neg(Ft \vee Fh)$

この例の場合、否定されているのは、「太郎も花子も来た $Ft \wedge Fh$」「太郎か花子が来た $Ft \vee Fh$」という連言文・選言文全体である。

　最後に条件文の例である。いま「太郎」を t、「花子」を h、「x が来る」を Fx とおくと、次はいずれも $Ft \rightarrow Fh$ と記号化できる。

(36) a. もし太郎が来るならば、花子も来る。$Ft \rightarrow Fh$

　　b. 太郎が来れば、花子も来る。$Ft \rightarrow Fh$

　　c. 太郎が来るとき、花子も来る。$Ft \rightarrow Fh$

　　d. 太郎が来る場合、花子も来る。$Ft \rightarrow Fh$

問題 5.5　　「太郎」を t、「花子」を h、「x が笑った」を Fx とおく。このとき、以下の文を記号化しなさい。

1. 太郎と花子は笑わなかった。
2. 太郎か花子が笑わなかった。
3. 太郎と花子が二人とも笑ったわけではない。
4. 太郎も花子も笑わなかった、というわけではない。

5.4　量化子

　述語論理では、「すべて」や「存在する」のような量化子と呼ばれるクラスの表現が中心的な役割を演じる。しかし、なぜこのような表現を特別に扱う必要があるのだろうか。この問いに答える手がかりとして、まず存在を表す表現に着目しよう。例えば次の文を考えよう。

(37) 太郎のことを好きな人がいる。

一見すると、この文は、「夏目漱石は小説家である」のような単純な文と同じように分析できるように見えるかもしれない。「夏目漱石は小説家である」の場合、主語の「夏目漱石」はある人物（個体）を指示し、「…は小説家である」という 1 項述語は、その人物がもつ性質を表している。同様に、(37) では、下線部の「太郎のことを好きな人」という表現がある人物を指示し、その人物が「…がいる（存在する）」という性質をもつことを述べていると考えてなぜいけないのだろうか。

　この種の分析の問題点は、(37) の否定形を考えてみると明らかになる。

(38)　太郎のことを好きな人はいない。

「夏目漱石は小説家ではない」という否定文の場合、「夏目漱石」はある人物を指示し、その人物が「…は小説家である」が表す性質をもたないということを述べている。これに対して、(38) の場合、下線部の「太郎のことを好きな人」が何らかの人物（個体）を指示すると考えるのは奇妙である。というのも、(38) はそのような人物がまさに存在しないことを述べる文だからである。

　この問題は、次のような例を考えてみるとよりはっきりするかもしれない。

(39)　a. 100 メートルを 3 秒で走ることのできる人はいない。

　　　b. 最大の自然数は存在しない。

この二つの文が述べていることは真であろうが、だからといって、下線部の位置に現れる表現が何らかの個体（人物や数）を指示すると考えるのは奇妙である。これらの文が真であるのは、まさにそのような個体が存在しないからであり、下線部が指示する個体の存在を認めることは、端的な不整合を引き起こすだろう。

　量化子という考え方は、この問題にあざやかな解決を与えてくれる。基本となるのは、例えば、(37) では、「太郎のことを好きな人」は、「夏目漱石」とは異なり、個体を指示する表現ではなく、むしろ、「x は太郎のことが好きな人である」という 1 項述語として機能しているという考え方である。文全体は、おおよそ、

1項述語「x は太郎のことを好きな人である」を満たす x の値が存在する

のように分析される。ここで「存在する」は、個体に当てはまる述語ではなく、いわば「述語に当てはまる述語」として機能している。言い換えれば、「x は太郎のことを好きな人である」という述語について、それを満たす個体の有無を述べているのである。「…を満たす x の値が存在する」の部分を $\exists x$ と表し、これを文頭に置くことで、(37) は、

$$\exists x(x\text{ は太郎のことが好きな人である})$$

と分析される。さらに、「x は太郎のことが好きな人である」を Fx と表すならば、最終的に $\exists x Fx$ と記号化することができる。(38) のような否定文の場合、1項述語「x は太郎のことを好きな人である」を満たす x の値は存在しない、という意味であるから、文全体に否定 ($\neg$) をつけて、

$$\neg\exists x(x\text{ は太郎のことを好きな人である})$$

とすればよい。つまり、$\neg\exists x Fx$ という形式になる。(39a) と (39b) も同様である。
　「$\exists$」という記号は**存在量化子**と呼ばれる。「$\exists x$」における x の役割は、後でもう少し詳しく見ることになる。
　量化子にはもう一つ、「すべて」や「あらゆる」のように一般化を表す表現がある。例えば、「すべての人が笑った」は、「x が笑った」という述語について、すべての個体がこの述語を満たすことを述べる文と理解することができる。つまり、おおよそ、

　　1項述語「x が笑った」はすべての個体 x に対して当てはまる

という意味である。「すべての個体 x に対して」を「$\forall x$」と記号化して文頭におけば、

$$\forall x(x\text{ が笑った})$$

となり、「x が笑った」を Fx と表すならば、最終的に $\forall x Fx$ と記号化することができる。「$\forall$」という記号は**全称量化子**と呼ばれる。

一般に、$\forall x \mathcal{P}$ および $\exists x \mathcal{P}$ という表記は、次のように読むことができる。

$$\forall x \mathcal{P} \quad すべての\ x\ について、\mathcal{P}\ である$$
$$\exists x \mathcal{P} \quad ある\ x\ について、\mathcal{P}\ である$$
$$\mathcal{P}\ であるような\ x\ が存在する$$

ここで $\mathcal{P}$ の位置には、通常は変項 x を含む表現が現れる。ただし、Fx のような原子論理式だけでなく、様々な複雑な論理式が出現しうる。例えば、$\forall x(Fx \to Gx)$ や $\exists x(Fx \wedge Gx)$ もまた、有意味な論理式である。

全称量化子と存在量化子を使って、「すべてのものがしかじかである」とか「しかじかであるものが存在する」と言うとき、文字通り「あらゆるもの」について主張を行っているのではなく、ある範囲に限定して主張を行っているとみなせる。よって、量化子を適切に使うには、どのような範囲の「もの」について問題にしているのかを定めておく必要がある。これは、**個体領域** (domain) の指定によって行われる。個体領域は、$\forall x Fx$ や $\exists x Fx$ のような論理式において明示されていない。個体領域の本格的な扱いは、次節の述語論理の意味論のパートにおいて論じられる。この段階では、個体領域はある範囲の個体（人物やもの、数など）に限定されていると考えてほしい。なお、量化子 $\forall x$ や $\exists x$ の変項 x は、個体領域の上を「走る」という言い回しがしばしば用いられる。

✦ 連言・選言との対応関係

全称量化子と存在量化子は、それぞれ、連言（かつ）と選言（または）を一般化した記号とみなすことができる。例えば、すでに見たように、「太郎」を t、「花子」を h、「x が来た」を Fx と表すと、「太郎も花子も来た」という文は、連言 $\wedge$ を使って $Ft \wedge Fh$ と記号化することができる。これを一般化して、「誰もが来た」という文を記号化するにはどうしたらよいだろうか。かりに、問題となっている個体を $a_1, a_2, \ldots, a_n$ と列挙することができれば、

$$Fa_1 \wedge Fa_2 \wedge \cdots \wedge Fa_n$$

のように書くことができるが、全称量化子の $\forall$ を使えば特定の個体に言及しなくても、同じ内容をより簡単に、

$$\forall x F x$$

と記号化することができる。$\forall x$ における x は、1項述語 Fx の x の位置を一般化したことを示している。

　同様に、「太郎か花子が来た」は、選言 $\lor$ を使って、

$$Ft \lor Fh$$

と記号化されるが、これを一般化した「誰かが来た」という文は、存在量化子を使って、

$$\exists x F x$$

と記号化することができる。これは、意味としては、選言を一般化した、

$$Fa_1 \lor Fa_2 \lor \cdots \lor Fa_n$$

という内容に相当する。全称量化子 ($\forall$) と存在量化子 ($\exists$) の意味は、連言 ($\land$) と選言 ($\exists$) との対応を考えることでよりはっきりすることが度々あるだろう。

　否定 ($\lnot$) と量化子を組み合わせて作られる論理式については、意味の違いに注意する必要がある。次の問題を考えてみてほしい。

問題 5.6　「すべてのものは F である」というパターンの文は、$\forall x F x$ と記号化され、「F であるものが存在する」というパターンの文は、$\exists x F x$ と記号化される。これを参考にして、この形の文と否定を組み合わせてできる以下のパターンの文を記号化しなさい。

1. すべてのものは、F でない。
2. すべてのものが F である、というわけではない。
3. F でないものが存在する。
4. F であるものは存在しない。

これらの論理式の間には、ある種の言い換えの関係が存在する。例えば、「すべてのものは F ではない」は、「F であるものは存在しない」と言い換えられる。この種の言い換えの関係については、次節で詳しく検討する。

✦ 自由変項と束縛変項

量化子を含む論理式においても、括弧の使い方に注意が必要である。例えば、次の二つをくらべよう。

(40) a. $\exists x(Fx \wedge Gx)$

b. $\exists x Fx \wedge Gx$

(40a) の論理式では、存在量化子 $\exists x$ は、$Fx \wedge Gx$ の全体にかかっている。これに対して、括弧のない (40b) の論理式では、$\exists x$ は Fx だけにかかっている。一般に、$\forall x \mathcal{P}$ または $\exists x \mathcal{P}$ という形の論理式において、$\mathcal{P}$ の部分を、量化子 $\forall x$ または $\exists x$ の**スコープ**と呼ぶ。(40a) の論理式において、存在量化子 $\exists x$ のスコープは、$Fx \wedge Gx$ 全体であり、(40b) の論理式においては、存在量化子 $\exists x$ のスコープは、Fx の部分である。

個体変項 x が量化子 $\forall x$（もしくは $\exists x$）のスコープに現れているとき、この x の現れは、量化子 $\forall x$（もしくは $\exists x$）によって**束縛されている**と言う。量化子によって束縛されている個体変項の現れは、**束縛変項** (bound variable) と呼ばれる。また、いかなる量化子によっても束縛されていない個体変項の現れは、**自由変項** (free variable) と呼ばれる。(40a) の論理式では、$Fx \wedge Gx$ における二つの x の現れは、どちらも束縛変項である。(40b) の論理式では、Fx における x の現れは束縛変項であるのに対して、Gx における x の現れは自由変項である。

自由変項を含まない論理式を**閉じた論理式**と言い、自由変項を含む論理式を**開いた論理式**と言う。(40b) は開いた論理式であり、(40a) は閉じた論理式である。大切なことは、量化子を含む論理式を見たら必ず、どの量化子がどの変項を束縛しているのか、つまり、その束縛関係を意識することである。

🗒 ノート　個体変項の現れ

ここで、「個体変項」と「個体変項の現れ (occurrence)」の区別について注意しておきたい。(40b) の論理式では、一つの論理式のなかに同じ個体変項 x が二回現れている。このとき、個体変項 x そのものが自由変項であるとか束縛変項であると言うことは意味をなさない。むしろ、自由であった

　もう少し複雑な例を挙げておこう。いま、量化子と個体変項の現れの束
縛関係を矢印を使って示すことにすると、論理式 $\forall x(\exists y Pyx \to Qxz)$ に
おいて成り立つ束縛関係は次のように示すことができる。

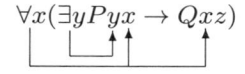

この論理式において、全称量化子 $\forall x$ は、$\exists y Pyx \to Qxz$ の全体をスコー
プとし、スコープ内の個体変項 x の二つの現れを同時に束縛している。一
方、存在量化子 $\exists y$ は、Pyx をスコープとし、スコープ内の個体変項 y の
現れを束縛している。Qxz における個体変項 z はいかなる量化子によっ
ても束縛されていない。よって、この z は自由変項である。

　また、$\exists x Fy$ という論理式を考えてみると、$\exists x$ という量化子は、変項 y
を束縛することができず、いわば空振りに終わっている。このような表現
も論理式として認める必要があるが、ここで、y は自由変項であることに
注意してほしい。

　束縛変項にとって本質的なことは、その束縛関係、つまり、どの量化子
によって束縛されているかということである。よって、例えば、$\forall x Px$ と
$\forall y Py$ という二つの論理式は同じことを主張しているため、実質的には同
じ論理式とみなしてかまわない。そこで、束縛変項について次の取り決め
をしておく。

束縛変項の付け替え　束縛変項として現れる個体変項は、束縛関係
を変えない限り、別のものに付け替えてもかまわない。

　先ほどの $\forall x(\exists y Pyx \to Qxz)$ の場合、例えば、x と y を置き換えた
$\forall y(\exists x Pxy \to Qyz)$ は、以下のように同じ束縛関係を保っているため、同

一の論理式とみなしてよい。

$$\forall x(\exists y Pyx \rightarrow Qxz) \qquad \forall y(\exists x Pxy \rightarrow Qyz)$$

　一方、この論理式で x を z と付け替えると $\forall z(\exists y Pyz \rightarrow Qzz)$ という論理式が得られる。束縛関係は次のようになる。

$$\forall z(\exists y Pyz \rightarrow Qzz)$$

この場合、最後の z の現れが束縛されることになり、もとの論理式と異なる束縛関係をもつことになってしまう。よって別の論理式として扱わねばならない。

　問題 5.7　　次の論理式において、どの量化子がどの変項を束縛しているのか、上の例のように矢印を用いて示しなさい。

　　1.　$\forall x Px \rightarrow \forall x(Qx \rightarrow Rx)$　　　　　　2.　$\exists x(Px \wedge \forall y(Qy \rightarrow Rxy))$

✦ 全称量化文を記号化する手続き

　「すべて」のような全称量化を含む複雑な日本語文を記号化するには、多少の工夫が必要になる。具体例に即して考えよう。例えば、

　(41)　すべての学生が笑っている

という文をとりあげよう。この文は、これまでに登場した言いまわしを使えば、（必ずしも自然な日本語文ではないが）次のように言い換えることができる。

　(42)　すべての x について、x が学生である**ならば**、x は笑っている

ここで、「x は学生である」を Fx、「x は笑っている」を Gx とおいて、全体を記号化すると、

(43)　$\forall x(Fx \to Gx)$

という論理式が得られる。一般に、「すべての F は G である」という形の文は、(43) のように記号化される。ここで、全称量化子 $\forall$ の後に続く論理式に、「→（ならば）」が登場していることに注意してほしい。

　全称量化を表す日本語の表現には、さまざまな文体上の変種がある。

(44)　a. **すべての**学生が笑っている。

　　　b. 学生は**みな**笑っている。

　　　c. 学生の**誰も**が笑っている。

　　　d. **どの**学生も笑っている。

これらはみな同じ主張内容をもつ文とみなすことができ、いずれも $\forall x(Fx \to Gx)$ と記号化される。オイラー図を使えば、(44) の各文が主張していることは次のように表すことができる。

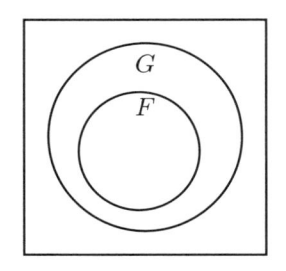

この図において、F は学生の集合、G は笑っている人の集合を表す。$\forall x(Fx \to Gx)$ という論理式が意味していることは、学生の集合 (F) は笑っている人の集合 (G) に包含されるということに他ならない。

　(44) の記号化としては、(43) のほかに次の二つの候補が考えられる。

(45)　すべての x について、x は学生であり、**かつ**、x は笑っている。$\forall x(Fx \land Gx)$

(46)　すべての x について、x は学生であるか、**または**、x は笑っている。　$\forall x(Fx \lor Gx)$

しかし、この二つが主張していることは、もとの「すべての学生が笑って

いる」が主張していることとは明らかに異なる。(45) と (46) はいずれも、(41) の記号化としては適切ではない。

✦ 存在量化文を記号化する手続き

　今度は、「存在する（いる、ある）」のような存在量化を含む複雑な日本語文の記号化を考えたい。次の文をとりあげよう。

　(47)　笑っている学生がいる

この文は、「笑っている学生」という修飾句を伴う表現を含んでいる。すでに見た通り、こうした修飾句は連言を使って分析される。(47) の場合、次のように言い換えることができる。

　(48)　ある x について、x は学生であり、**かつ**、x は笑っている。

先ほどと同じ記号の割り当てのもとで全体を記号化すると、最終的に

　(49)　$\exists x(Fx \wedge Gx)$

という論理式が得られる。ここで、存在量化子 $\exists$ の後に続く論理式に、$\wedge$ が登場することに注意してほしい。

　存在量化についても、いくつかの文体上の変種がある。

　(50)　　a. 笑っている学生が**いる**（**存在する**）。

　　　　　b. **ある**学生が笑っている。

　　　　　c. 学生の**誰か**が笑っている。

　　　　　d. **誰か**学生が笑っている。

これらはいずれも、$\exists x(Fx \wedge Gx)$ という論理構造をもつ。(50) の各文が主張している内容を図で表すならば、以下のようになる。

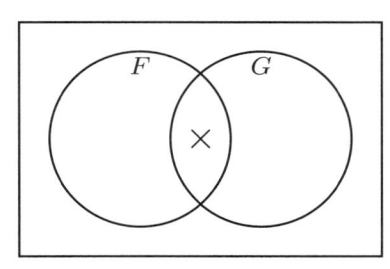

ここで×は、その領域が指定する条件を満たす要素が存在すること、この場合、F と G に共通の要素が存在することを示している。F は学生の集合、G は笑っている人の集合であったから、上の図は、学生であり、かつ、笑っているような人が（少なくとも一人）存在することを表している。これを論理式で表現したものが、$\exists x (Fx \wedge Gx)$ に他ならない。

量化文を記号化するさいの要点を次のようにまとめておこう。

1. 「すべての F は G である」「F はみな G である」「どの F も G である」というパターンの全称量化文は、$\forall x (Fx \rightarrow Gx)$ と記号化する。
2. 「ある F は G である」「G であるような F が存在する」というパターンの存在量化文は、$\exists x (Fx \wedge Gx)$ と記号化する。

記号化のさいは、文全体がどちらのパターンなのかをよく見極め，Fx と Gx に入る述語をうまく見つける必要がある。ときに、こうした述語の位置には $\wedge$ のような論理結合子を含む複合的な述語が現れる。この種の記号化は、文全体をパラフレーズする必要があるため、これまでの量化を含まない単純な文の記号化よりも難しいはずである。まずは比較的簡単な次の問題を考えてみよう。

問題 **5.8** 　「x は学生である」を Fx、「x は眠っている」を Gx と表す。「x は目覚めている」は $\neg Gx$ と表すことができる。このとき、次の 1–4 の日本語文をそれぞれ記号化しなさい。

1. すべての学生が目覚めている。
2. 学生がみな眠っている、というわけではない。
3. 眠っている学生はいない。
4. 眠っていない学生がいる。

練習問題では、文を自然な形で記号化すると、変項がすべて束縛された

論理式（すなわち、閉じた論理式）になるはずである。よって、もし記号化した式に自由変項が現れる場合、その翻訳にはどこかおかしいところがあると考えてほしい。

これまでに導入した記号化の方法を組み合わせると、かなりの範囲の日本語文を記号化することが可能となる。次はこれまでの手法の組み合わせを要する練習問題である。理解を確認するため、まずは自力でどこまで記号化できるか取り組んでみてほしい。

問題 5.9 それぞれの表現に次のような記号を割り当てる。

アン：a　　　x は作家である：Fx
ボブ：b　　　x は y を尊敬している：Gxy
キャロル：c　x は y を軽蔑している：Hxy

このとき、次の 1–7 の文をそれぞれ記号化しなさい。
1. ボブを尊敬している作家がいる。
2. アンが尊敬しているのは、みな作家である。
3. どの作家もボブを尊敬していない。
4. アンはすべての作家を尊敬しており、キャロルはすべての作家を軽蔑している。
5. ボブを尊敬し、アンを軽蔑している作家はいない。
6. ボブかキャロルを尊敬している作家がいる。
7. キャロルが尊敬している作家はみな、アンを尊敬しているか、ボブを軽蔑している。

5.5　多重量化

これまで一つの量化子を含む文を扱ってきた。次に複数の量化子を含む文の記号化を検討する。まず次の例を見てほしい。

(51)　どの病気にもよく効く薬がある。

一見すると気づきにくいかもしれないが、この文は曖昧であり、二通りの

解釈が可能である。つまり、「どんな病気にも、それぞれよく効く薬がある」という解釈と、「すべての病気によく効く薬（つまり、万能薬）がある」という解釈である。この意味の違いは、述語に量化子を適用する順序によって区別することができる。どういうことなのか、詳しく説明しよう。

　例えば、Rxy という 2 項述語を考えよう。この述語に $\forall x$ と $\exists y$ という量化子を付け加えるやり方には、次の二通りがある。まず、Rxy に $\exists y$ を付け加えると、$\exists y Rxy$ という表現が形成される。これは、x を自由変項として含む述語（1 項述語）としてふるまう表現である。これに $\forall x$ を付け加えると、$\forall x \exists y Rxy$ という形の論理式が得られる。他方、まず $\forall x$ を Rxy に付け加え、そのうえで、$\exists y$ を先頭におけば、$\exists y \forall x Rxy$ という形の論理式が得られる。一つの論理式のなかで、このようにいくつかの量化子のスコープが重なり合う場合を、**多重量化**と呼ぶ。

142

　いま、Rxy を「x が y を捜している」と読むとすると、二つの論理式は、次のように日本語に直すことができる。

$\forall x \exists y Rxy$　すべての人 x に対して、ある人 y が存在し、x が y を捜している。（みんなが誰かしらを捜している。）

$\exists y \forall x Rxy$　ある人 y が存在し、すべての人 x に対して、x が y を捜している。（みんなが捜している人がいる。）

二つの論理式の意味の違いを区別するためには、具体的な状況を想定して、その状況で論理式が真であるのか偽であるのかを考えることが有効である。例えば、刑事 A が犯人 X を、刑事 B は犯人 Y を、刑事 C は犯人 Z をそれぞれ捜しているという状況を考えよう。この状況は、「捜している」という関係を矢印を使って示せば、次のように表すことができる。

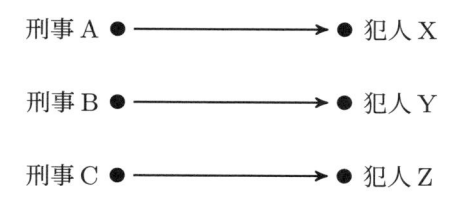

この状況では、$\forall x \exists y Rxy$ は真であるのに対し、$\exists y \forall x Rxy$ の方は偽である。

他方で、例えば、刑事 A が犯人 X を、刑事 B も犯人 X を、さらに刑事 C も犯人 X を捜しているという状況を考えよう。つまり、次のような状況である。

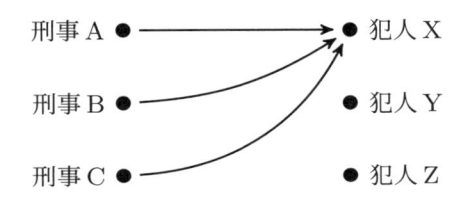

この状況において、$\exists y \forall x Rxy$ は真である。全員の刑事が捜している人、つまり犯人 X が存在するからである。なお、この同じ状況で、$\forall x \exists y Rxy$ の方も真である。第 7 章で詳しく見ることになるが、$\exists y \forall x Rxy$ が真であれば、$\forall x \exists y Rxy$ も常に真である。

問題 5.10　「x が y を捜している」を Rxy と表すとき、次の日本語文を記号化しなさい。

1. 誰かが誰かを捜している。(＝誰かを捜している人がいる)
2. みんながみんなを捜している。
3. 誰かがみんなを捜している。(＝みんなを捜している人がいる)
4. みんなが誰かを捜している。

✦ 多重量化を伴う複雑な文の記号化

5.4 節で見たように、「すべての F は G である」「どの F も G である」「F はすべて G である」といった全称命題は、「$\to$」を用いて $\forall x(Fx \to Gx)$ と記号化され、「ある F は G である」や「G であるような F が存在する」といった存在命題は「$\land$」を用いて $\exists x(Fx \land Gx)$ と記号化される。これを念頭において、次の文がどのように記号化されるのかを考えよう。

(52)　a. どの学生も何か本を読んでいる。
　　　b. どの学生も読んでいるような本がある。(＝ある本を、どの学生も読んでいる)

「x は学生である」を Sx、「y は本である」を By、「x が y を読んでいる」を Rxy と表すことにしよう。まず、(52a) の方は、全体としては、「どの学生も…である」という形の全称命題を表している。よって、(52a) は上の方針に沿って次のように部分的に記号化することができる。

　　　すべての x について、x が学生である**ならば**、<u>x は何か本を読んでいる</u>。

つまり、(52a) 全体は、

　　　$\forall x(Sx \to$ <u>x は何か本を読んでいる</u>$)$

という形で記号化できる。ここで残りの下線部の部分「x は何か本を読んでいる」に注目すると、これは存在命題であり、言い換えれば、「x が読んでいる本が存在する（＝ x はある本を読んでいる）」ということである。よって、存在命題の記号化の方針に従って、

　　　ある y が存在し、y は本であり、**かつ**、x は y を読んでいる

つまり、

　　　$\exists y(By \land Rxy)$

と記号化される。もちろん、By と Rxy の順序を入れ替えて、$\exists y(Rxy \land By)$ でもかまわない。ここで、存在量化子 $\exists$ が束縛する変項として、y という新たな変項を用いている点に注意しよう。これは、変項 x が「すべての x について」が束縛する変項として、すでに使われているためである。以上をまとめると、(52a) の全体の記号化は、次のようになる。

　　　$\forall x(Sx \to \exists y(By \land Rxy))$

　次に、(52b) の方は、全体としては「しかじかの本がある」という形の存在命題であるから、まず、最初の変項として y を使えば、

　　　$\exists y(y$ は本であり、**かつ**、<u>y をどの学生も読んでいる</u>$)$

と部分的に記号化することができる。ここで下線部は、全称命題の形をし

ている。よって、「→」を使って、

$$\forall x(x\,が学生であるならば、x\,は\,y\,を読んでいる)$$

と記号化できる。すると、全体は、

$$\exists y(y\,は本であり、かつ、\forall x\,(x\,が学生であるならば、x\,は\,y\,を読んでいる))$$

すなわち、

$$\exists y(By \land \forall x(Sx \to Rxy))$$

という論理式によって記号化される。ここで x と y を入れ替えて、$\exists x(Bx \land \forall y(Sy \to Ryx))$ としてもかまわない。この二つの論理式で、どの量化子がどの変項を束縛しているかは変わらないからである。

　多重量化を伴う文の記号化は、これまでの例よりずっと難しいはずである。ただ、自然言語を分析するという視点から見ると、このあたりから断然面白くなってくる。これまでの例を見ながら、次の問題にじっくり取り組んでみてほしい。

> **問題 5.11**　「x は議員である」を Fx、「y は法案である」を Gy、「x は y に賛成している」を Rxy と表す。「x は y に反対している」は $\neg Rxy$ と表すことができる。このとき、次の日本語文を記号化しなさい。

1. ある議員はすべての法案に反対している。
2. すべての法案に賛成している議員はいない。
3. すべての議員が反対している法案がある。
4. どの法案もすべての議員が賛成している、とは限らない。

5.6　述語論理の形式言語の定義

　この節では、述語論理の形式言語に属する表現について定義を与える。2.3 節で見た命題論理の場合と同様に、やや細かい約束事についての話を

含むので、ぴんと来ない人は、最初は気にせず読みとばしてかまわない。細かい部分が気になってきた段階で読み直してもらいたい。

まず述語論理の語彙は、次の通りである。

定義 5.1（述語論理の語彙）

論理結合子	$\neg, \to, \wedge, \vee$
量化子	$\forall, \exists$
個体変項	$x, y, z, \ldots, x_1, x_2, \ldots$
個体定項	$a, b, c, \ldots, a_1, a_2, \ldots$
述語記号	$F, G, H, \ldots, F_1, F_2, \ldots$
命題定項	$\bot$
括弧	$(\ )$

命題論理との違いは、量化子、個体変項、個体定項、述語記号をもつ点である。各述語記号はそれがいくつの項をとるのかが決められているものとする。n 個の項をとる述語を n 項述語という。

次に論理式を定める文法規則を定義する。これまでに説明したように、論理結合子や量化子を繰り返し用いることで、いくらでも複雑な論理式を作ることができる。そのため、論理式は、以下のように定義される。

定義 5.2（述語論理の論理式）

1. F が n 項述語で、$t_1, \ldots, t_n$ が個体変項ないし個体定項であるならば、$Ft_1 \ldots t_n$ は論理式である。この形の論理式を原子論理式という。

2. $\mathcal{P}$ が論理式であるならば、$(\neg \mathcal{P})$ も論理式である。

3. $\mathcal{P}$ と $\mathcal{Q}$ が論理式であるならば、$(\mathcal{P} \wedge \mathcal{Q})$、$(\mathcal{P} \vee \mathcal{Q})$、$(\mathcal{P} \to \mathcal{Q})$ はそれぞれ論理式である。

4. $\mathcal{P}$ が論理式で、x が個体変項であるならば、$(\forall x \mathcal{P})$、$(\exists x \mathcal{P})$ はそれぞれ論理式である。

5. 以上で論理式とされるものだけが論理式である。

具体例をいくつか挙げよう。次の記号列は、上の定義に従って、いずれも述語論理の論理式である。

(53)　　a.　$(\neg(\forall x(\exists y Rxy)))$

　　　　b.　$(\forall x((Px \lor Qx) \to (\exists y(Qy \land Rxy))))$

例えば、(53a) が論理式であることは、次のように示すことができる。

(1)　Rxy は論理式である。[定義 5.2 の 1 より]
(2)　$(\exists y Rxy)$ は論理式である。[(1) と定義 5.2 の 4 より]
(3)　$(\forall x(\exists y Rxy))$ は論理式である。[(2) と定義 5.2 の 4 より]
(4)　$(\neg(\forall x(\exists y Rxy)))$ は論理式である。[(3) と定義 5.2 の 2 より]

　問題 5.12　同様に、上の (53b) の記号列が論理式であることを、定義 5.2 に基づいて示しなさい。

　以上のように括弧をすべて付けるのは面倒なので、命題論理のときと同様に、次の規則に従って括弧の省略を許すことにする。

括弧の省略規則

1.　一番外側の括弧は省略してよい。

2.　$\forall$、$\exists$、$\neg$ が連続して現れる場合、その順番にかかわらず、括弧を省略してよい。

3.　$\land$ ないし $\lor$ が連続して現れる場合は、括弧を省略してよい。ただし、$(A_1 \land A_2 \land A_3)$ は、$(A_1 \land (A_2 \land A_3))$ の省略とみなす。$\lor$ についても同様である。

4.　$\neg$、$\forall$、$\exists$ は $\land$ と $\lor$ より結びつきが強く、$\land$ と $\lor$ は $\to$ と $\leftrightarrow$ よりも結びつきが強いと約束する。この結びつきの強さの関係から、結びつきが明らかな括弧は省略する。

例えば、(53a)(53b) の論理式の括弧はそれぞれ、次のように省略される。

(54)　　a.　$\neg\forall x\exists y Rxy$　　[省略規則 1 および 2 より]

b. $\forall x(Px \lor Qx \to \exists y(Qy \land Rxy))$　[省略規則1および4より]

なお、(53b) に関しては、これ以上の括弧の省略は認められない。とりわけ、$\forall x$ および $\exists x$ の内側の括弧を次のように省略すると束縛関係が変わってしまう。

(55)　a. $\forall x Px \lor Qx \to \exists y(Qy \land Rxy)$

　　　b. $\forall x(Px \lor Qx \to \exists y Qy \land Rxy)$

(55a) では、$\forall x$ は直後の Px のみをスコープとし、(55b) では、$\exists y$ は、直後の Qy のみをスコープとしている。よって、(55a) では、Qx の x は自由変項であり、(55b) では、Rxy の y は自由変項である。

問題 **5.13**　　次の1と2の論理式の括弧をできるだけ省略しなさい。

1. $(\neg(\forall x((\neg Px) \land (\neg Qx))))$
2. $(\forall y(\neg((\exists x Pxy) \to Qy)))$

✦ 述語論理の論理式の構文木

　命題論理のときと同様に、論理式の構造は、構文木によって図形的に表現することができる。以下は (53a) と (53b) の論理式の構文木である。

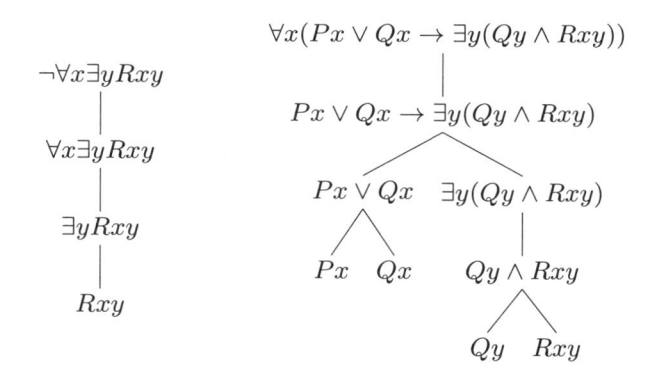

構文木を上から下に見れば、ターゲットとなる論理式を出発点として、ときに枝分かれしながら、より単純な論理式へと分解されていき、木の終端

には原子論理式が現れる。

この構文木の構造と、それぞれの記号列が論理式であることを定義 5.2 に従って示すプロセスが対応していることに注意してほしい。構文木を下から上に見れば、原子論理式から出発して、定義 5.2 に従って、より複雑な記号列が論理式であることを示すプロセスとなっているのである。

問題 5.14　次の論理式の構文木を書きなさい。また、それぞれ閉じた論理式であるのか、それとも開いた論理式であるのか、判定しなさい。

1.　$\forall x(Px \wedge (Qx \vee Rx))$
2.　$\exists x \forall y Pxy \rightarrow \neg Qx$
3.　$\neg \exists x Px \wedge \forall x \forall y(Qy \wedge Rxy \rightarrow Rxy)$

第6章 述語論理の意味論

　この章では述語論理の意味論について説明する。その上で、次の第7章において述語論理の証明論に移ることにしよう。

　第1章で述べたように、妥当な推論とは、

　　(◇) 前提がすべて真となるようなあらゆる状況において、結論も
　　　　 また真となる

という特徴を備えた推論であることを思い出そう。この基準を、述語論理の論理式によって表現された推論に適用するには、「真」「偽」「状況」といった概念をより正確に規定しておく必要がある。述語論理では、そのために**モデル**と呼ばれる概念を導入する。まず、6.1節で述語論理において同値である論理式を判定する方法を紹介し、その上で6.2節でモデルの概念について説明しよう。

6.1　真理条件的に同値な論理式

　第5章で多重量化文の意味を説明するさい、「問題となっている文がどのような状況で真となるのかを考える」というやり方が有効であったことを思い出そう。つまり、具体的な状況を描いて、その状況で文の真偽を判定するという作業である。一般に言語表現の意味とは、その表現を含む文がどのような状況で真であり、どのような状況で偽であるのかを規定することによって記述することができる。この「文がどのような状況で真であり、どのような状況で偽であるのか」ということを、文の**真理条件**と呼ぶのであった。述語論理の意味論もこの真理条件という考え方に基づく。

　これまでは、論理結合子と量化子の意味を日本語文との対応に基づいて

説明してきた。本章では、それぞれの論理結合子と量化子を含む論理式の真理条件を定め、それに基づいて論理式の真偽を判定する。

　論理結合子の真理条件は 3.1 節で説明した通りである。それに加えて、$\forall xA$、$\exists xA$ のような量化子を含む論理式の真理条件を定めなくてはならない。これまでの説明をふまえて、ひとまず暫定的な規定を与えるならば、次のようになる。

記号	真理条件
$\forall x\mathcal{P}$	$\forall x\mathcal{P}$ が真であるのは、すべてのものが $\mathcal{P}$ を満たすとき
	$\forall x\mathcal{P}$ が偽であるのは、$\mathcal{P}$ を満たさないものが少なくとも一つ存在するとき
$\exists x\mathcal{P}$	$\exists x\mathcal{P}$ が真であるのは、$\mathcal{P}$ を満たすものが少なくとも一つ存在するとき
	$\exists x\mathcal{P}$ が偽であるのは、$\mathcal{P}$ を満たすものが一つも存在しないとき

　さて、二つの論理式 $\mathcal{P}$ と $\mathcal{Q}$ があらゆる状況で同じ真理値をもつとき、$\mathcal{P}$ と $\mathcal{Q}$ は**真理条件的に同値である**と言う。3.2 節と同様に、二つの論理式 $\mathcal{P}$ と $\mathcal{Q}$ が真理条件的に同値であることを、$\mathcal{P} \approx \mathcal{Q}$ と書く。この記号 $\approx$ は、$\wedge$ や $\rightarrow$ のような、述語論理の言語に属する記号ではなく、「真理条件的に同値である」という日本語の表現を省略したものであることに注意してほしい。

✦ 同値変形の手続き

　ここで、量化子について成り立つ有用な真理条件的な同値性を二つだけ挙げておこう。論理結合子について成り立つ法則については、3.2 節を参照してほしい。以下で、$\mathcal{P}$ と $\mathcal{Q}$ にはどんなに複雑な論理式が現れてもよいという点に注意しよう。

量化子に対するド・モルガンの法則

$$\neg\forall x\mathcal{P} \quad \approx \quad \exists x\neg\mathcal{P}$$
$$\neg\exists x\mathcal{P} \quad \approx \quad \forall x\neg\mathcal{P}$$

量化子と連言・選言について成り立つ法則

$$\forall x(\mathcal{P} \wedge \mathcal{Q}) \quad \approx \quad \forall x\mathcal{P} \wedge \forall x\mathcal{Q}$$
$$\exists x(\mathcal{P} \vee \mathcal{Q}) \quad \approx \quad \exists x\mathcal{P} \vee \exists x\mathcal{Q}$$

与えられた論理式をそれと真理条件的に同値な別の論理式に変形することを**同値変形**と言う。いくつか具体例を見てみよう。

例 6.1　「どの授業も面白い」と「面白くない授業はない」という二つの文を考えよう。この二つの文は、「x は授業である」を Fx、「x は面白い」を Gx とおくと、次のように記号化できる。

(56)　　a.　どの授業も面白い。　　$\forall x(Fx \to Gx)$

　　　　b.　面白くない授業はない。　　$\neg\exists x(Fx \land \neg Gx)$

$\forall x(Fx \to Gx) \approx \neg\exists x(Fx \land \neg Gx)$ が成り立つこと、つまりこの二つの論理式が真理条件的に同値であることは、次のように示すことができる。

$$\neg\exists x(Fx \land \neg Gx)$$
$$\approx \forall x\neg(Fx \land \neg Gx) \quad \text{(量化子のド・モルガンの法則)}$$
$$\approx \forall x(\neg Fx \lor \neg\neg Gx) \quad \text{(論理結合子のド・モルガンの法則)}$$
$$\approx \forall x(\neg Fx \lor Gx) \quad \text{(二重否定則)}$$
$$\approx \forall x(Fx \to Gx) \quad \text{(含意の法則 1)}$$

ここでは、最初に量化子に対するド・モルガンの法則を適用するために、$\neg\exists x(Fx \land \neg Gx)$ から変形を開始している。

問題 6.1　「x は学生である」を Px、「x は論理学が好きである」を Qx と表すとき、次の 1 から 4 の日本語文を記号化しなさい。その上で、1 と 2 の論理式、3 と 4 の論理式がそれぞれ真理条件的に同値であることを、同値変形によって示しなさい。

1. 論理学が好きな学生はいない。
2. すべての学生は論理学が嫌いである。
3. すべての学生が論理学が嫌いである、というわけではない。
4. 論理学が好きな学生がいる。

例 6.2　「どの学生にも不得意な科目がある」という文を考えよう。「x は学生である」を Px、「y は科目である」を Qy、「x は y が得意である」を Rxy と表すと、この文は次のように記号化できる。

(57)　どの学生にも不得意な科目がある。$\forall x(Px \rightarrow \exists y(Qy \wedge \neg Rxy))$

この文全体を否定すると、次のようになる。

(58)　どの学生にも不得意な科目がある、というわけではない。$\neg\forall x(Px \rightarrow \exists y(Qy \wedge \neg Rxy))$

さて、同値変形によって、これを肯定形に直してみよう。

$\neg\forall x(Px \rightarrow \exists y(Qy \wedge \neg Rxy))$
$\sim \exists x\neg(Px \rightarrow \exists y(Qy \wedge \neg Rxy))$　（量化子のド・モルガンの法則）
$\sim \exists x(Px \wedge \neg\exists y(Qy \wedge \neg Rxy))$　（含意の法則 2）
$\sim \exists x(Px \wedge \forall y\neg(Qy \wedge \neg Rxy))$　（量化子のド・モルガンの法則）
$\sim \exists x(Px \wedge \forall y(\neg Qy \vee \neg\neg Rxy))$（論理結合子のド・モルガンの法則）
$\sim \exists x(Px \wedge \forall y(\neg Qy \vee Rxy))$　　（二重否定則）
$\sim \exists x(Px \wedge \forall y(Qy \rightarrow Rxy))$　　（含意の法則 1）

最終的にたどりついた論理式は「すべての科目が得意であるような学生がいる」、もっと自然な形で言い換えれば、「どの科目も得意な学生がいる」と読むことができる。これは (57) 全体の否定として適切なものだろう。

問題 6.2　　同値変形によって、以下の同値性が成り立つことを示しなさい。

1.　$\neg\forall x\neg Px \approx \exists xPx$
2.　$\neg\exists x\neg Px \approx \forall xPx$
3.　$\neg\forall x(Px \wedge Qx) \approx \exists x(\neg Px \vee \neg Qx)$
4.　$\neg\forall x(Px \wedge Qx \rightarrow Rx) \approx \exists x(Px \wedge Qx \wedge \neg Rx)$
5.　$\neg\exists x\forall yRxy \approx \forall x\exists y\neg Rxy$
6.　$\forall xPx \rightarrow \exists xQx \approx \exists x(Px \rightarrow Qx)$

6.2 モデル

量化子を含まない命題論理の範囲では、論理式の真理値を計算するために必要な情報は、その論理式を構成する原子論理式の真理値だけである。一例を挙げると、$A \wedge B \to \neg C$ の真理値は、A、B、C の真理値から決定することができる。例えば、A、B、C がいずれも真であるならば、$A \wedge B \to \neg C$ 全体は（$\to$ の前件が真で後件が偽であるから）偽となる。

これに対して、$Fa \wedge Ga$ や、$\forall x(Fx \to Gx)$ のような述語論理の論理式の場合、a のような個体記号、及び、F、G のような述語記号の解釈も考慮する必要が生じる。こうした述語論理の論理式の真理値を決定するために必要な情報を与えるのが、モデルという概念である。順を追って、これを説明しよう。

述語論理の論理式の真理値を決定するためには、まず、世界のなかにどのような個体が存在するのかを指定しなくてはならない。この情報は、**個体領域**と呼ばれる集合 D によって与えられる。たとえば、ソクラテス、プラトン、アリストテレスという三人の個体（人物）が問題となっているとき、個体領域 D がこの三人から構成されることを、

$$D = \{\,\text{ソクラテス}, \text{プラトン}, \text{アリストテレス}\,\}$$

のように書く。同様に、数を問題にしているとき、例えば次のような個体領域 D を考えることができる。

$$D = \{1, 2, 3, 4\}$$

このように、個体領域は何の集合であってもかまわない。

✦ 集合について

ここで簡単に集合に関する表記法について説明しておこう。集合 (set) とは、直観的に言えば、もの（個体）の集まりのことである。集合を構成する一つ一つの個体のことをその集合の要素 (element) と呼ぶ。集合を表すもっとも簡単なやり方は、上の D のように、その要素を列挙することである。集合では、要素を列挙する順序は問題にしない。例えば、集合 $\{1, 2, 3, 4\}$ は、$\{1, 3, 4, 2\}$ や $\{4, 3, 2, 1\}$ のようにも表される。これらはい

ずれも同一の集合を表す。また、$\{1, 1, 2, 2, 3, 3, 3, 4\}$ のように同じ要素が重複して現れる場合も、重複は無視して、$\{1, 2, 3, 4\}$ と同じ集合とみなす。

ただ一つの要素からなる集合は、**シングルトン**と呼ばれる。例えば、プラトンというただ一つの要素をもつ集合 S は、$S = \{\text{プラトン}\}$ のように書くことができる。ここで、プラトン（という個体）とプラトンただ一人からなる集合（つまり、プラトンのシングルトン）は、別の対象である点に注意しよう。言い換えれば、プラトン $\neq \{\text{プラトン}\}$ である。

さて、要素をまったくもたない集合というのを考えると便利である。これを**空集合**と呼ぶ。空集合は $\emptyset$ という記号によって表す。集合 S が空集合であることを、

$$S = \emptyset$$

と書く。また、個体 m が集合 S の要素であることを、

$$m \in S$$

と書く。逆に、個体 m が集合 S の要素でないとき、

$$m \notin S$$

と書く。例えば、以下のことが成り立つ。

$$2 \in \{1, 2, 4\}, \quad 3 \notin \{1, 2, 4\}, \quad 3 \notin \emptyset$$

✦ 解釈関数について

さて、個体領域 D を定めたのち、個体記号と述語記号の解釈を指定する必要がある。これは**解釈関数**によって行われる。解釈関数は、まず個体記号に対して、その**指示対象**を指定する。例えば、個体記号 a の指示対象がソクラテス、b の指示対象がプラトンであることを、

$$I(a) = \text{ソクラテス}, \quad I(b) = \text{プラトン}$$

のように表記する。なお、個体領域のすべての要素が何らかの名前（個体記号）をもつとは限らない。例えば、ソクラテス、プラトン、アリストテ

レスからなる個体領域を考えたとき、個体記号 a はソクラテスを指示し、個体記号 b はプラトンを指示するが、アリストテレスを指示する個体記号は存在しない、ということがありうる。一方、名前（個体記号）が指示対象をもたない、ということは標準的な意味論では認められない。つまり、解釈関数はすべての個体記号に対して何らかの個体を割り当てる。

◆ 対象言語とメタ言語

　対象言語とメタ言語の区別についてはすでに第3章で説明したが、述語論理の意味論を理解する上で、この区別がより重要となる。私たちが説明のために使用している日本語はメタ言語であり、その日本語を用いて説明しようとしている述語論理の言語は対象言語である。

　上の説明では、a や b という記号は、対象言語に属する個体記号である。つまり、分析の対象となっている言語の記号である。一方、「ソクラテス」や「プラトン」は、メタ言語に属する記号である。メタ言語で使われる記号が何を意味するのかはすでにわかっているものと前提した上で、対象言語の記号の意味を説明する、というのがここでの意味論の考え方である。

　一般的な観点から考えてみよう。論理学の研究は、一つの言語（ここでは述語論理の言語）をセットアップして、その言語の性質（例えば、その言語のなかで表現できる推論のうちどのようなものが妥当な推論であるのか）を調べるという形をとる。しかし、言語の性質を調べるには、やはり言語——典型的には私たちが普段使っている英語や日本語のような言語——に頼らざるを得ない。こうして論理学は、「言語について言語を使って調べる」という性格をもつことになる。ここで調べる対象となる言語のことを対象言語、調べるさいに実際に私たちが使っている言語のことをメタ言語と呼ぶわけである。対象言語とメタ言語の区別を理解することは、特に述語論理の意味論で行われることを正確に理解するために不可欠である。そこでは、言語表現（言葉）について問題にしているのか、それともその言語表現が表すもの（事物）について問題にしているのかを、きちんと区別することが重要になる。

✦ 述語の外延とモデル

次に、述語記号に対して、その**外延**を指定する。外延とは、その述語を満たす個体の集合のことである。例えば、述語記号 F の外延がソクラテスとプラトンからなり、G の外延がアリストテレスからなることを、

$$I(F) = \{\text{ソクラテス}, \text{プラトン}\}, \quad I(G) = \{\text{アリストテレス}\}$$

のように書く。

モデルとは一般に、以上のような個体領域 D と解釈関数 I からなる。D と I のペアを、$\langle D, I \rangle$ のように書く。モデル $\mathcal{M}$ が、個体領域 D と解釈関数 I からなるとき、$\mathcal{M} = \langle D, I \rangle$ のように書く。

ある特定のモデル $\mathcal{M} = \langle D, I \rangle$ が与えられたとき、そのモデルのもとでの論理式の真理値を計算する方法を指定する必要がある。命題論理の結合子 $\neg$、$\wedge$、$\vee$、$\rightarrow$ については、これまで通りのやり方で真理値を計算する。これに加えて、新たに Fa のような原子論理式、$\forall x Fx$、$\exists x Fx$ のような量化子を含む論理式の真理値を決める方法を定めなくてはならない。基本的な真理条件は、次のように与えられる。

記号	真理条件
Fa	Fa が真であるのは、a の指示対象 $I(a)$ が F の外延 $I(F)$ の要素であるとき
	Fa が偽であるのは、a の指示対象 $I(a)$ が F の外延 $I(F)$ の要素でないとき
$\forall x \mathcal{P}$	$\forall x \mathcal{P}$ が真であるのは、個体領域のすべての要素が $\mathcal{P}$ を満たすとき
	$\forall x \mathcal{P}$ が偽であるのは、個体領域に $\mathcal{P}$ を満たさない要素が少なくとも一つ存在するとき
$\exists x \mathcal{P}$	$\exists x \mathcal{P}$ が真であるのは、個体領域の少なくとも一つの要素が $\mathcal{P}$ を満たすとき
	$\exists x \mathcal{P}$ が偽であるのは、個体領域に $\mathcal{P}$ を満たす要素が一つも存在しないとき

これは前節で導入した量化子の説明を、解釈関数や個体領域といった概念を用いて述べ直したものである。

✦ モデルにおける真理値の判定

では具体的に即して、述語論理の論理式の真理値をもとめるやり方を説明しよう。

例 6.3 まず簡単な例として、量化子を含まない $Fa \land (Ga \lor Gb)$ という論理式を考えよう。この論理式には、a と b という個体記号、F と G という述語記号が現れている。よって、この論理式の真理値を決定するためには、これらの値を解釈関数によって指定する必要がある。ここで、次のような個体領域 D および解釈関数 I からなるモデルを考えよう。このモデルを $\mathcal{M}_1$ と呼ぼう。

> モデル $\mathcal{M}_1$
> $D = \{$ ソクラテス, プラトン, アリストテレス $\}$
> $I(a) =$ ソクラテス $\qquad I(F) = \{$ ソクラテス, アリストテレス $\}$
> $I(b) =$ プラトン $\qquad I(G) = \{$ プラトン, アリストテレス $\}$

こうしたモデルは、**ヴェン図**によって見通しよく表すことができる。ヴェン図では、個体を**点**によって表し、個体の集合を**円**によって表す。オイラー図とは異なり、ヴェン図では、円はつねに交差する形で配置される。個体 m が集合 S の要素であるとき（つまり、$m \in S$ のとき）、その個体 m を表す点は集合 S を表す円の内側に置かれる。また、個体 m が集合 S の要素でないとき（つまり、$m \notin S$ のとき）、個体 m を表す点は集合 S を表す円の外側に置かれる。

モデル $\mathcal{M}_1$ の場合、個体領域は、ソクラテス、プラトン、アリストテレスという三つの個体からなる。これらの個体と、述語記号 F と G の外延、つまり、$I(F)$ と $I(G)$ が表す集合の関係を見ていくと、以下のようなヴェン図を描くことができる。個体記号 a の指示対象がソクラテスであり、個体記号 b の指示対象がプラトンであることを明示するために、ソクラテスとプラトンを表す点には、それぞれ、$I(a)$ と $I(b)$ と記しておく。

さて、この $\mathcal{M}_1$ において、$Fa \land (Ga \lor Gb)$ の真理値を決定することが問題である。真理値を決定する手続きをやや細かく見ていこう。

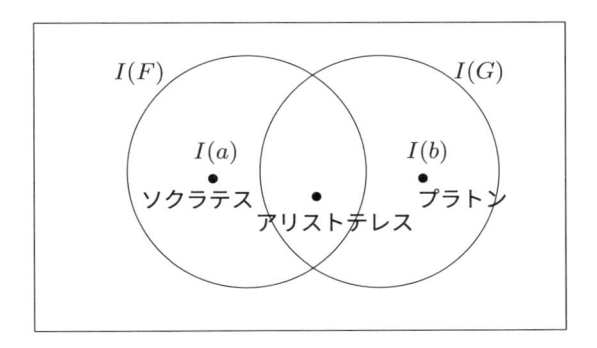

- まず $\land$ の真理条件から、$Fa \land (Ga \lor Gb)$ が真であるのは、Fa と $Ga \lor Gb$ がいずれも真であるときである。よって、次に Fa と $Ga \lor Gb$ の真理値をそれぞれ調べる。

- Fa が真であるのは、a の指示対象が F の外延の要素であるとき、つまり、$I(a)$ が $I(F)$ の要素であるときである。$I(a) = $ ソクラテス、$I(F) = \{$ ソクラテス, アリストテレス $\}$ であるから、$I(a)$ は $I(F)$ の要素である（このことは、ヴェン図から簡単に読み取ることができる）。よって、Fa はこのモデルで真であることがわかる。

- 次に、$Ga \lor Gb$ が真であるのは、$\lor$ の真理条件から、Ga が真であるか、Gb が真であるか、少なくとも一方が成り立つときである。次が示すように、Gb は真であるから、$Ga \lor Gb$ 全体は真である。

  1. $I(a) = $ ソクラテス であり、$I(G) = \{$ プラトン, アリストテレス $\}$ であるから、$I(a)$ は $I(G)$ の要素ではない（ヴェン図を参照）。よって、Ga は真ではない。

  2. $I(b) = $ プラトン であるから、$I(b)$ は $I(G)$ の要素である（これもヴェン図から一目でわかる）。よって、Gb は真である。

- Fa と $Ga \lor Gb$ がいずれも真であることから、上のモデル $\mathcal{M}_1$ において、もとの論理式 $Fa \land (Ga \lor Gb)$ は真であることがわかった。

これは $Fa \wedge (Ga \vee Gb)$ という論理式の真理値をその部分の式から $\wedge$ と $\vee$ の真理条件に従って合成的に求めるプロセスである。真理表を作るときと本質的には同じやり方であるが、次のように真 (T) と偽 (F) をそれぞれの論理式の下に書くとわかりやすいかもしれない。

$$\underbrace{\underbrace{F(a)}_{\text{T}} \wedge \underbrace{(\underbrace{G(a)}_{\text{F}} \vee \underbrace{G(b)}_{\text{T}})}_{\text{T}}}_{\text{T}}$$

ここで新しい表記法を導入しておく。モデル $\mathcal{M}$ で論理式 A が真であるとき、$\mathcal{M} \models A$ と書く。例 6.3 の場合、モデル $\mathcal{M}_1$ において、論理式 $Fa \wedge (Ga \vee Gb)$ は真であるから、

160

$$\mathcal{M}_1 \models Fa \wedge (Ga \vee Gb)$$

のように書くことができる。

例 6.4 次に全称量化子を伴う、$\forall x(Fx \to Gx)$ という論理式を取り上げよう。モデルとしては例 6.3 と同じモデル $\mathcal{M}_1$ を考える。$\mathcal{M}_1$ において、この論理式の真理値は次のように決定することができる。先ほどと同様に、ヴェン図を見ながら考えるとわかりやすい。

- まず、$\forall xA$ の真理条件に基づいて、$\forall x(Fx \to Gx)$ が真であるのは、個体領域 D のすべての要素が、$Fx \to Gx$ を満たすときであることがわかる。
- D のすべての要素が、$Fx \to Gx$ を満たすということは、ようするに、$I(F)$ の要素であるならば、つねに $I(G)$ の要素でもあるということ、言い換えれば、$I(F)$ の要素であって、しかも $I(G)$ の要素でないようなものが存在しないということである。さらに言い換えれば、D のすべての要素は、$I(F)$ の要素でないか、$I(G)$ の要素であるかのいずれかであるということである。
- いま個体領域 $D = \{$ソクラテス, プラトン, アリストテレス$\}$ であるから、この三人がいずれも $Fx \to Gx$ を満たすかどうかを確かめれば

よい。

- $I(F)$ の要素であるのは、ソクラテスとアリストテレスの二人であるから、それぞれが $I(G)$ の要素であるかどうかを調べる。すると、アリストテレスはたしかに $I(G)$ の要素であるが、ソクラテスは $I(G)$ の要素ではないことがわかる。つまり、ソクラテスは、$I(F)$ の要素であるが、$I(G)$ の要素ではなく、よって、$Fx \to Gx$ という条件を満たさない。
- 以上から、$\forall x(Fx \to Gx)$ は偽であると結論できる。

モデル $\mathcal{M}$ で論理式 A が偽である場合は、$\mathcal{M} \not\models A$ と書く。例 6.4 の場合、モデル $\mathcal{M}_1$ において論理式 $\forall x(Fx \to Gx)$ は偽であるから、$\mathcal{M}_1 \not\models \forall x(Fx \to Gx)$ のように書くことができる。

例 6.5 今度は、存在量化子を伴う、$\neg \exists x(Fx \wedge Gx)$ という論理式を考えよう。モデルは上と同じ $\mathcal{M}_1$ とする。$\mathcal{M}_1$ において、この論理式は真だろうか偽だろうか。

- まず、否定 ($\neg$) の真理条件に従って、$\neg \exists x(Fx \wedge Gx)$ が真であるのは、$\exists x(Fx \wedge Gx)$ が偽であるときである。
- 次に $\exists x(Fx \wedge Gx)$ が偽であるのは、$\exists x A$ の真理条件に従って、個体領域 D において、$Fx \wedge Gx$ を満たす要素が一つも存在しないときである。
- $Fx \wedge Gx$ を満たすということは、$I(F)$ の要素であり、かつ、$I(G)$ の要素でもあるということである。
- そのような要素は D のなかに存在する。すなわち、アリストテレスは、$I(F)$ と $I(G)$ のいずれにも属している。
- $Fx \wedge Gx$ を満たす個体が存在することから、$\exists x(Fx \wedge Gx)$ は真である。したがって、もとの $\neg \exists x(Fx \wedge Gx)$ は偽であると結論される。つまり、$\mathcal{M}_1 \not\models \neg \exists x(Fx \wedge Gx)$ である。

問題 6.3 上の例と同じモデル $\mathcal{M}_1$ において、次の論理式がそれぞれ真であるか偽であるか決定しなさい。

1. $Fa \wedge \neg Fb$
2. $Fb \to Fa$
3. $\forall x(Fx \vee Gx)$
4. $\exists x(\neg Fx \wedge Gx)$

例 **6.6**　今度は、次のようなモデル $\mathcal{M}_2$ を考えよう。

モデル $\mathcal{M}_2$
$D = \{1, 2, 3, 4\}$
$I(F) = \{1\}$　　$I(G) = \{2, 4\}$　　$I(H) = \{1, 2, 3\}$

$\mathcal{M}_2$ の個体領域は 1, 2, 3, 4 という数からなる。まず、モデル $\mathcal{M}_2$ に対応するヴェン図を描いてみよう。この場合、$I(F)$、$I(G)$、$I(H)$ という三つの集合に対応して、円を三つ用意する必要がある。三つの円を次のように交差させて配置する。

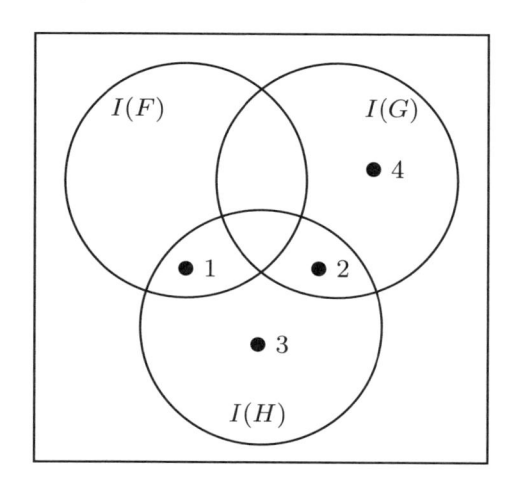

このヴェン図を見ながら、次の問題を考えてみよう。

問題 **6.4**　　モデル $\mathcal{M}_2$ において、次の論理式の真偽を決定しなさい。

1. $\exists x(Gx \wedge Hx)$
2. $\neg\exists x(Fx \wedge \neg Hx)$
3. $\forall x(Fx \wedge Hx \to Gx)$

4. $\forall x(Gx \land Hx \to \neg Fx)$

✦ 空虚に真であること

さて、少し注意を要するケースとして、モデル $\mathcal{M}_2$ において、$\forall x(Fx \land Gx \to Hx)$ が真であるか偽であるか考えてみたい。

- まず全称量化子 $\forall$ の真理条件に従って、$\forall x(Fx \land Gx \to Hx)$ が真であるのは、個体領域のすべての要素が $Fx \land Gx \to Hx$ を満たすときである。

- $Fx \land Gx \to Hx$ を満たすかどうかを見るためには、含意 $\to$ の真理条件に従って、前件 $Fx \land Gx$ を満たす要素が必ず後件 Hx も満たすかどうかをみればよい。

- しかし、モデル $\mathcal{M}_2$ において、個体領域のどの要素も $Fx \land Gx$ を満たさない（つまり、$I(F)$ と $I(G)$ に共通する要素は存在しない）。言い換えれば、個体領域のすべての要素に対して、$Fx \land Gx$ は偽である。

- $A \to B$ の真理条件によれば、前件 A が偽のとき、$A \to B$ 全体は真となるのであった。よって、ここが重要であるが、モデル $\mathcal{M}_2$ において、個体領域のすべての要素について、$Fx \land Gx \to Hx$ は真である。このように前件が偽であることによって条件文が真となる場合、その条件文は空虚に真であると言う。この場合、$Fx \land Gx \to Hx$ は空虚に真である。

- 以上から、$\forall x(Fx \land Gx \to Hx)$ は上のモデルにおいて真である。すなわち、$\mathcal{M}_2 \models \forall x(Fx \land Gx \to Hx)$ が成り立つ。

ここで用いられた論法、つまり、$Fx \land Gx$ を満たす個体が存在しないがゆえに $\forall x(Fx \land Gx \to Hx)$ は真となるという論法は、少し理解しにくいかもしれない。ここで、同値変形の考え方が役に立つ。同値変形を使うと、

(59) $\forall x(Fx \land Gx \to Hx)$

は、

(60)　$\neg\exists x(Fx \wedge Gx \wedge \neg Hx)$

と同値であることがわかる（確認してみよう）。(60) の真理値を判定するには、次のような条件に該当する個体がモデル $\mathcal{M}_2$ において存在するかどうかを見ればよい。

(61)　Fx を満たし、Gx を満たすが、Hx を満たさない。

　　　$Fx \wedge Gx \wedge \neg Hx$

もしこのような個体が存在するなら、(60) は偽であり、存在しないなら、(60) は真である。さて、ヴェン図からすぐにわかるように、Fx を満たし、かつ Gx も満たすような個体がそもそも存在しないので、(61) の条件に当てはまる個体は存在しない。よって、$\neg\exists x(Fx \wedge Gx \wedge \neg Hx)$ は真である。(59) と (60) は真理条件的に同値であるから、その真理値はつねに一致する。したがって、もとの (59) もまた真であると結論できる。

　同じ論法から、(59) の後件を否定した、

(62)　$\forall x(Fx \wedge Gx \to \neg Hx)$

もやはりモデル $\mathcal{M}_2$ において真であることがわかる。

　このように、与えられた論理式の真理条件がわかりにくい場合は、同値変形によって、真偽を判定しやすい形に変えてみるとよい。

　問題 6.5　　モデル $\mathcal{M}_2$ において、次の論理式の真理値を判定しなさい。

1.　$\forall x(\neg Fx \to \neg(Gx \wedge Hx))$
2.　$\forall x(Fx \wedge \neg Hx \to Gx)$
3.　$\forall x(Gx \to (Fx \to \neg Hx))$

6.3　充足可能性

　前節では、一つのモデルを特定した上で、論理式の真偽を判定するという問題を考えてきた。今度は、「論理式が与えられたとき、それを真とするようなモデルをさがす」という問題を考えよう。一つの単純な論理式に対

して、それを真とするようなモデルを見つけることは、さほど難しい問題ではない。少しやっかいなのは、複数の論理式に対して、それを同時に真とするようなモデルを見つけることである。具体例を見ながら考えよう。

例 **6.7** 次の (i)–(iv) の論理式をすべて真とするようなモデルを与えなさい。できるだけ単純なモデルを考えること。

(i)　Fa
(ii)　$\neg Gb$
(iii)　$\forall x(Fx \rightarrow Hx)$
(iv)　$\forall x(Fx \vee Gx)$

まず、a と b という二つの個体記号が登場するので、1 と 2 という二つの個体を用意して、$D = \{1, 2\}$、$I(a) = 1$、$I(b) = 2$ とする（1 と 2 の代わりに適当な人名を使ってもいい）。問題は、$I(F)$ と $I(G)$ と $I(H)$ をうまく定めることである。

- (i) が真であるためには、$I(a)$、つまり、1 は $I(F)$ の要素にしておく必要がある。
- (ii) が真であるためには、$I(b)$、つまり、2 は $I(G)$ の要素であってはならない。
- (iii) を真とするためには、$I(F)$ の要素はみな $I(H)$ の要素でなければならない。よって、$I(F)$ の要素である 1 は、$I(H)$ にも入れておく必要がある。
- (iv) を真とするためには、個体領域 D の要素はすべて $I(F)$ か $I(G)$ のどちらかの要素である必要がある。1 はすでに $I(F)$ の要素であるから問題ない。一方、2 は $I(G)$ の要素ではありえないので、$I(F)$ の要素としておく必要がある。すると、(iii) から、2 は $I(H)$ にも入れておく必要がある。
- 1 と 2 はいずれも $I(G)$ の要素ではないので、$I(G)$ は空集合 $\emptyset$ となる。

以上から、次のようなモデルが決まる。このモデルにおいて、(i)–(iv) の

論理式はすべて真である。

$$D = \{1, 2\}$$
$$I(a) = 1 \quad I(b) = 2$$
$$I(F) = \{1, 2\} \quad I(G) = \emptyset \quad I(H) = \{1, 2\}$$

このようなモデルの抽象的な記述に慣れないうちは、このモデルに対応するヴェン図を描き、(i)–(iv) の論理式が真となることを確認してみるとよい。この例の場合、$I(F)$、$I(G)$、$I(H)$ に対応する 3 つの円が必要になる。

ここで重要な用語を導入しておく。論理式の集合 $A_1, \ldots, A_n$ をすべて真とするようなモデルが存在するとき、$A_1, \ldots, A_n$ は**充足可能**であるという。

実は、$A_1, \ldots, A_n$ が充足可能であることは、この論理式の集合から矛盾 ($\perp$) が導かれないことに等しい。このことは、第 7 章で述べる述語論理の完全性定理によって保証される。よって、ある論理式の集合が整合的であることを示すには、それが充足可能であること、つまり、そこに含まれる論理式をすべて真とするモデルを見つければよいわけである。

問題 6.6　　次の (i)–(iv) の論理式をすべて真とするようなモデルを与えなさい。できるだけ単純なものを考えること。

💡**ヒント**　個体領域には、少なくとも二つの個体が必要である。例えば、$D = \{1, 2\}$ として、個体記号 a、および、1 項述語 F と G の解釈を考えてみるとよい。なお、ヴェン図を書く場合は、$I(F)$ と $I(G)$ に対応する二つの円があれば十分である。

(i)　$\neg Fa$

(ii)　Ga

(iii)　$\forall x(Fx \to Gx)$

(iv)　$\exists x(Fx \wedge Gx)$

✦ 充足不可能な論理式の集合

これまで登場した例はみな充足可能であるような論理式の集合であった

が、当然、論理式の集合によっては、充足可能でないものも存在する。例えば、次がその例である。

例 **6.8** 次の (1)–(3) をすべて真とするようなモデルは存在しない。つまり、(1)–(3) は充足可能ではない。

(1)　$\neg Ga$
(2)　$\forall x(Fx \to Gx)$
(3)　$\forall x(Fx \lor Gx)$

このことは、(1)–(3) を充足するモデルが存在すると仮定して、矛盾を導くことで示される。いまそのようなモデルが存在すると仮定すると、そのモデルにおいて (1) が真であることから、$I(a)$ は $I(G)$ の要素ではない。しかし、(3) から、$I(a)$ は $I(F)$ の要素でなければならない。このとき、(2) から、$I(a)$ は $I(G)$ の要素であることになり、これは矛盾である。よって、(1)–(3) を充足するモデルは存在しない。

6.4　推論の非妥当性

この節では、モデルを構成する方法の応用として、推論が妥当でないことを示す方法について学ぶ。まず妥当な推論とは、

(◇) 前提がすべて真であるならば、結論も必ず真である

という特徴を備えた推論であることを思い出そう。すると、妥当でない推論とは、(◇) の否定、つまり、

(♠) 前提がすべて真であって、結論が偽となることがありうる

という特徴をもつ推論のことである。したがって、この考え方によれば、推論が妥当でないことを示すには、前提が真であって、結論が偽となるような状況を一つでも挙げればよいことになる。そのような状況に相当するモデルのことを**反例モデル**と呼ぶ。与えられた推論が妥当でないことを示

すこと（つまり、反証すること）とは、こうした反例モデルを提示することに他ならない。

　いま例えば、三つの前提 A_1, A_2, A_3 から結論 B への推論が問題になっているとしよう。この推論が妥当でないことを示すには、上の基準 (♠) に従って、A_1, A_2, A_3 がいずれも真であって、結論 B が偽であるようなモデルを示せばよい。結論 B が偽であるということは、$\neg B$ が真であるということに等しいから、これはようするに、$A_1, A_2, A_3, \neg B$ という論理式の集合が充足可能であることを示せばよいということである。つまり、推論の反証を行うためには、前節で導入した充足可能性を示すモデル構成の方法——与えられた論理式の集合がすべて真となるモデルを見つけること——と同様の作業をすればよいわけである。

　いくつか具体例を見てみよう。

例 6.9　次の推論は妥当でない。

> ロシア語を話せる人がいる。
> ———————————————————————
> したがって、太郎は、ロシア語を話すことができる。

この推論は一つの前提と一つの結論から成る。「ロシア語を話せる人がいる」が前提で、「太郎はロシア語を話すことができる」が結論である。

　まず、この推論を記号化しよう。「x はロシア語を話せる」を Fx、「太郎」を a とすると、前提と結論は、

　　$\exists x Fx$　したがって、Fa

となる。この推論は先ほどの基準に従って妥当ではない。このことを反例モデルを使って示すには、前提 $\exists x Fx$ が真で、結論 Fa が偽となるモデルを構成すればよい。これは簡単に見つけることができる。たとえば、次のような個体領域 D、解釈関数 I からなるモデルである。

$$D = \{\text{太郎}, \text{花子}\} \quad I(a) = \text{太郎} \quad I(F) = \{\text{花子}\}$$

$I(F)$ の外延に要素が存在する（つまり、$I(F)$ は空集合でない）から、前提 $\exists x Fx$ は真である。しかし、$I(a) \notin I(F)$ であるから、結論 Fa は偽で

ある。ようするに、太郎とは別の人物（この場合、花子）が $I(F)$ の外延の要素であるような状況を考えればよい。

例 **6.10** 次の推論は妥当ではない。

$\forall x(Fx \lor Gx)$ したがって、$\forall xFx \lor \forall xGx$

次のような反例モデルが考えられる。（これは一例であり、他にも無数の反例モデルが考えられる。）

$$D = \{1, 2, 3\} \quad I(F) = \{1, 2\} \quad I(G) = \{3\}$$

個体領域 D のすべての要素が、Fx か Gx を満たす（つまり、$I(F)$ か $I(G)$ の要素となっている）ので、前提 $\forall x(Fx \lor Gx)$ は真である。しかし、D の要素がすべて $I(F)$ に入っているわけでもなければ、すべて $I(G)$ に入っているわけでもない。よって、$\forall xFx$ と $\forall xGx$ はどちらも偽である。したがって、結論 $\forall xFx \lor \forall xGx$ は偽である。具体的解釈として、「すべての動物は雄か雌のいずれかである。したがって、すべての動物は雄であるか、すべての動物は雌であるかのいずれかである」という推論を考えるとわかりやすい。

問題 **6.7** 次の推論が妥当でないことを反例モデルを構成して示しなさい。

1. Fa したがって、$\forall xFx$
2. $\exists xFx \land \exists xGx$ したがって、$\exists x(Fx \land Gx)$
3. $\forall x(Fx \to Gx)$ したがって、$\forall x(Gx \to Fx)$

6.5　関係と多重量化

　これまで Fx のような1項述語の外延だけを扱ってきたが、次に、Rxy のような2項述語の外延も考える必要がある。さらに、これを一般化して、n 項述語の外延を割り当てる方法を用意しておく必要がある。そのために、**順序対**という概念を導入する。順序対とは、その名の通り、順序付きの個体のペアのことである。個体 u と v のペアは、$\langle u, v \rangle$ のように書く。「順序付き」であるということは、ようするに、u と v が異なる個体であるならば、$\langle u, v \rangle$ と $\langle v, u \rangle$ を異なる順序対とみなす、ということである。順序対を一般化したものは、**順序 n 組**と呼ばれる。これは n 個の個体からなる順序付きのもの $\langle u_1, u_2, \dots, u_n \rangle$ のことである。たとえば、$\langle 1, 2, 4, 5, 6 \rangle$ や、$\langle$ ソクラテス, プラトン, アリストテレス $\rangle$ のように書く。

　さて、2項述語の外延とは、以上のような順序対の集合のことである。集合論では、一般に順序対の集合のことを**関係** (relation) と呼ぶ。例えば、ソクラテス、プラトン、アリストテレスの三人からなる個体領域 D を考え、「x は y の弟子である」に対応する2項述語を Rxy と表すことにしよう。2項述語 R の外延、つまり、解釈関数 I が2項述語 R に割り当てる値 $I(R)$ には、どんな順序対が含まれるだろうか。まず、プラトンはソクラテスの弟子であるから、$\langle$ プラトン, ソクラテス $\rangle$ という順序対は、$I(R)$ に含まれる。また、アリストテレスはプラトンの弟子であるから、$\langle$ アリストテレス, プラトン $\rangle$ もまた、$I(R)$ に含まれる。逆にプラトンはアリストテレスの弟子ではないから、$\langle$ プラトン, アリストテレス $\rangle$ のような順序対は、$I(R)$ に含まれない。三人の間に成り立つ師弟関係は以上に限られるとすると、2項述語 R の外延 $I(R)$ を次のように表すことができる。

$$I(R) = \big\{ \langle \text{プラトン, ソクラテス} \rangle , \langle \text{アリストテレス, プラトン} \rangle \big\}$$

同様に、n 項述語の外延は、順序 n 組の集合として与えられる。2項述語のケースが理解できれば、こうした n 項述語への拡張は容易なので、以下では、2項述語に限って話を進める。

　以上をふまえて、2項述語を含む論理式の真理値を決定するという問題を考えよう。

例 **6.11** Aチーム、Bチーム、Cチームという三つのサッカーチームが
ある。対戦成績を見ると、Aチームは Bチームに勝っているが、Cチーム
には負けている。一方、Cチームは Bチームに負けているが、Aチームに
は勝っている。それぞれのチームを a, b, c という個体記号によって表す。
また、「x は y に勝っている」という関係を 2 項述語 Fxy によって表すこ
とにしよう。三つのチームの力関係は、次のようなモデル $\mathcal{M}_3$ によって表
現することができる。

モデル $\mathcal{M}_3$
$D = \{\mathbf{A}, \mathbf{B}, \mathbf{C}\}$
$I(a) = \mathbf{A} \quad I(b) = \mathbf{B} \quad I(c) = \mathbf{C}$
$I(F) = \{\langle \mathbf{A}, \mathbf{B} \rangle, \langle \mathbf{B}, \mathbf{C} \rangle, \langle \mathbf{C}, \mathbf{A} \rangle\}$

関係を含むモデルは、次のような**有向グラフ**によって図的に表すことがで
きる。

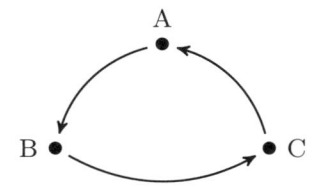

ここで例えば、**A** から **B** へと至る矢印 ⟶ によって、$\langle \mathbf{A}, \mathbf{B} \rangle$ という
順序対が関係 $I(F)$ の要素であることを示している。

　まず、$Fab \wedge \exists x Fcx$ という論理式を考えよう。これは「A チームは B
チームに勝っていて、かつ、C チームが勝っているチームがある」という
意味である。上のモデル $\mathcal{M}_3$ でこれが真となることは明らかであるが、一
歩ずつ確かめてみよう。

- $Fab \wedge \exists x Fcx$ が真であるのは、Fab と $\exists x Fcx$ がともに真であるとき
  である。

- Fab が真であるのは、$I(a)$ と $I(b)$ の順序対、つまり、この場合、
  $\langle \mathbf{A}, \mathbf{B} \rangle$ が、$I(F)$ の要素であるときである。実際、上のモデルにおい

て、$\langle \mathbf{A}, \mathbf{B} \rangle \in I(F)$ が成り立っている。よって、Fab は真である。

- $\exists x Fcx$ が真であるのは、個体領域 D の要素で、Fcx を満たすものが存在するときである。上のモデルで、$I(c)$ の指示対象は $\mathbf{C}$ である。よって、何らかの X が存在して、$I(F)$ に $\langle \mathbf{C}, X \rangle$ という順序対が含まれていればよい。実際、$\langle \mathbf{C}, \mathbf{A} \rangle$ は $I(F)$ の要素である。よって、$\exists x Fcx$ も真である。

- 以上から、$Fab \wedge \exists x Fcx$ は上のモデルで真であると結論できる。

次に、$\exists x(Fax \wedge Fxb)$ という論理式は真だろうか偽だろうか。これは「A チームに負けていて、かつ、B チームに勝っているようなチームがある」という意味である。

- $\exists x(Fax \wedge Fxb)$ がこのモデルで真であるのは、個体領域 D に、$Fax \wedge Fxb$ を満たす要素が存在するときである。

- $I(a)$ は $\mathbf{A}$、$I(b)$ は $\mathbf{B}$ であるから、先ほどと同様に考えると、何らかの X が存在して、$I(F)$ に、$\langle \mathbf{A}, X \rangle$ という順序対と、$\langle X, \mathbf{B} \rangle$ という順序対がともに含まれていればよい。

- しかし、$I(F)$ を見ると、このような順序対は存在しない。よって、$\exists x(Fax \wedge Fxb)$ はこのモデルで偽である。

問題 6.8　　モデル $\mathcal{M}_3$ において、次の論理式の真偽を判定しなさい。

1. Fac
2. $\neg Faa$
3. $\forall x \neg Fxa$

4. $\exists x \neg Fbx$
5. $\neg \exists x Fxx$
6. $\forall x(Fxa \vee \neg Fxa)$

✦ 多重量化文の真偽判定

これまでに見た例はいずれも量化子を一つだけ含む例であった。ここで量化子を複数含む場合、つまり、5.5 節 (p.141) で多重量化と呼んだケースについて考えたい。そこで、$\forall y \exists x Fxy$ と $\exists x \forall y Fxy$ の真理値を先ほどの例 6.11 のモデル $\mathcal{M}_3$ において判定してみよう。

Fxy を「x は y に勝利する」と読むと、$\forall y \exists x Fxy$ は「どのチームに対

しても、そのチームに勝っているチームが存在する」と読むことができる。念のため、量化子の真理条件に戻って確認しておこう。$\forall y \exists x Fxy$ が真であるのは、個体領域 D のすべての個体（すなわち、**A** と **B** と **C**）が $\exists x Fxy$ を満たすときである。$\exists x Fxy$ は、「D の中にある個体 x が存在し、順序対 $\langle x, y \rangle$ は $I(F)$ の要素であるということ、つまり、「y に対して F 関係をもつような個体が存在する」という意味である。よって、全体としては、「D のすべての個体には、それに対して F 関係をもつような個体が存在する」という解釈になる。これはモデル $\mathcal{M}_3$ において真である（A チームには C チーム、B チームには A チーム、C チームには B チームがそれぞれ勝っている）。

　一方、量化子の順序を入れ替えて、$\exists x \forall y Fxy$ とすると、$\exists x \forall y Fxy$ が真であるのは、$\forall y Fxy$ を満たす個体が存在するときである。$\forall y Fxy$ は、ようするに、「x はすべてのチームに勝つ」という意味だから、全体としては、「すべてのチームに勝っているチームが存在する」という意味になる。この論理式はモデル $\mathcal{M}_3$ において偽である。

　問題 6.9　以下のモデルにおいて、1 から 6 までの論理式の真理値を判定しなさい。（図で表すなら、ヴェン図と有向グラフを組み合わせて、$I(P)$ は円によって、$I(R)$ は矢印によって表すことができる。）

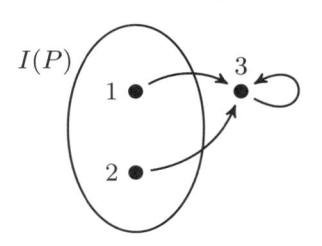

$$D = \{1, 2, 3\}$$
$$I(a) = 1 \quad I(b) = 2 \quad I(c) = 3$$
$$I(P) = \{1, 2\}$$
$$I(R) = \{\langle 1, 3 \rangle, \langle 2, 3 \rangle, \langle 3, 3 \rangle\}$$

1. $Rac \wedge Rbc$
2. $\exists x (Px \wedge Rcx)$
3. $\neg \exists x Rxx$

4. $\forall x (Rxc \rightarrow Px)$
5. $\forall x \exists y Rxy$
6. $\exists y \forall x Rxy$

✦ 無限の個体領域

関係を表す表現（2 項述語）を含む論理式の集合に対しても、これまで

と同じように、その充足可能性を問うことができる。興味深いことに、これまでモデルとして個体領域に**有限個**の個体が含まれるケースだけを考えてきたが、ある種の関係を扱うには、**無限個**の個体を含むようなモデルが必要になる。

例 **6.12** 個体領域 D に $\{1, 2, 3\}$ や $\{ソクラテス, プラトン\}$ のように、有限個の個体しか含まれないモデルを**有限モデル**と呼ぶ。充足可能性を示すのに有限モデルでは十分でないことがある。例えば、次の論理式をすべて真とするような有限モデルは存在しない。

1. $\forall x \exists y Rxy$
2. $\forall x \forall y (Rxy \rightarrow \neg Ryx)$
3. $\forall x \forall y \forall z (Rxy \land Ryz \rightarrow Rxz)$

これらをすべて真とするモデルを構成するためには、自然数全体の集合 $\{0, 1, 2, 3, \ldots\}$ のような無限個の個体からなる個体領域を考える必要がある。例えば、個体領域 D は自然数全体の集合、R の外延は、$x < y$ という大小関係を満たすような順序対の集合とすれば、上の三つの論理式はすべて真となることがわかる。ちなみに、この集合を、$I(R) = \{\langle x, y \rangle \mid x < y\}$ のように書くことができる。これを集合の内包的な表記と言う。これまでの要素をすべて列挙する方法は、外延的な表記と言われる。

✦ 関係を伴う推論の非妥当性

関係を伴う推論の非妥当性もまた、反例モデルを構成することによって示すことができる。多重量化の理解の確認のため、次の例を見ておこう。

例 **6.13** 次の推論は妥当ではない。

$\forall x \exists y Rxy$ したがって、$\exists y \forall x Rxy$

例えば、次のような反例モデルが考えられる。

$$D = \{1, 2, 3\} \qquad I(R) = \{\langle 1, 1 \rangle, \langle 2, 2 \rangle, \langle 3, 3 \rangle\}$$

このモデルにおいて、個体領域 D のすべての個体は、それぞれ（自分自身を含む）なんらかの個体と関係 R をもっている。よって、前提 $\forall x \exists y Rxy$ は真である。しかし、すべての個体と関係 R をもつような共通の要素は存在しない。したがって、結論の $\exists y \forall x Rxy$ は偽である。

問題 6.10　次の推論を記号化した上で、それが妥当でないことを反例モデルを構成することによって示しなさい。ただし、「x は先生である」を Fx、「y は本である」を Gy、「x が y を薦めた」を Rxy と表す。

1.　どの先生も何か本を薦めた。
　　したがって、すべての先生が薦めた本がある。
2.　ある先生はどの本も薦めなかった。
　　したがって、すべての本を薦めた先生はいない。

問題 6.11　次の推論が妥当でないことを反例モデルを構成することによって示しなさい。

1.　$\forall x Rxx$. したがって、$\forall x \forall y (Rxy \to Ryx)$.
2.　$\forall x \forall y (Rxy \to Ryx)$. したがって、$\forall x \forall y \forall z (Rxy \wedge Ryz \to Rxz)$.

6.6　関係の分類

関係について、いくつかのよく知られた性質がある。2 項述語 R が次の条件を満たすとき、R が表す関係は**推移的**であるという。

推移性　$\forall x \forall y \forall z (Rxy \wedge Ryz \to Rxz)$

例を挙げると、関係「x は y より若い」「x は y より背が高い」は推移的だが、「x は y の友人である」「x は y の敵である」「x は y のことが好きである」は推移的ではない。友人の友人はつねに友人とは限らないし、敵の敵はつねに敵であるわけではない。

同様に R が次の条件を満たすとき R の表す関係を**反射的**であるという。

反射性　$\forall x Rxx$

例えば、「x と y は同じ背の高さである」という関係は反射的である。また、R が次の条件を満たすとき R の表す関係を**対称的**であるという。

対称性　$\forall x \forall y (Rxy \rightarrow Ryx)$

例えば、「x は y の友人である」「x が y と会った」「x は y の敵である」などは対称的な関係であるが、「x は y のことが好きである」や「x は y の上司である」は対称的な関係ではない。

　推移性、反射性、対称性という三つの条件を満たす関係を**同値関係**という。例えば、「x と y は同じ大学に通っている」や「x と y は誕生日が同じである」は同値関係である。

　例 6.14　2 項述語 R の解釈を次のようなモデルによって与える。

$$D = \{1, 2, 3\}, \quad I(R) = \{\langle 1, 2 \rangle, \langle 2, 3 \rangle, \langle 1, 3 \rangle\}$$

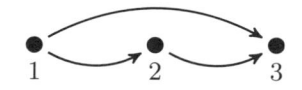

ここで、R の解釈が反射性、対称性、推移性を満たしているかどうかを考えたい。まずこのモデルでは、$\langle 1, 1 \rangle \notin I(R)$ であるから、$\forall x Rxx$ は偽である。つまり、R は反射性を満たさない。また、$\langle 1, 2 \rangle \in I(R)$ であるが、$\langle 2, 1 \rangle \notin I(R)$ なので、対称性 $\forall x \forall y (Rxy \rightarrow Ryx)$ も成り立たない。一方、推移性 $\forall x \forall y \forall z (Rxy \wedge Ryz \rightarrow Rxz)$ は成り立っている。

　例 6.15　今度は次のようなモデルを考えよう。

$$D = \{1, 2\}, \quad I(R) = \{\langle 1, 1 \rangle, \langle 2, 2 \rangle\}$$

この解釈のもとでは、$\forall x Rxx$ は真であるから、R の表す関係は反射的であ

る。では、対称性は成り立つだろうか。対称性を示す論理式 $\forall x \forall y (Rxy \to Ryx)$ は、$\neg \exists x \exists y (Rxy \land \neg Ryx)$ と同値であることに注意しよう。つまり、Rxy を満たすが Ryx を満たさないような順序対が一つでも存在すれば、対称性は成り立たず、そのような順序対が存在しないなら、対称性は成り立つ。さて、$I(R) = \{\langle 1,1 \rangle, \langle 2,2 \rangle\}$ という解釈のもとでは、そのような順序対は存在しない。よって、$\forall x \forall y (Rxy \to Ryx)$ は（空虚に）真であり、対称性は成り立つ。同様に、推移性は、$\neg \exists x \exists y \exists z (Rxy \land Ryz \land \neg Rxz)$ と言い換えられることに注意すると、このモデルでは、推移性も成り立つことがわかる。つまり、この R の解釈は同値関係である。

例 **6.16** では、反射性は満たすが、対称性と推移性は満たさないような R の解釈は可能だろうか。まず次のモデルを考えよう。

$$D = \{1,2\}, \quad I(R) = \{\langle 1,1 \rangle, \langle 1,2 \rangle, \langle 2,2 \rangle\}$$

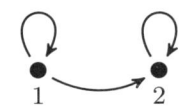

このモデルで R の解釈は反射的である。また、$\langle 1,2 \rangle \in I(R)$ であるが、$\langle 2,1 \rangle \notin I(R)$ となっているので、対称性は成り立たない。しかし、推移性に反するような順序対も存在しないことに注意しよう。つまり、この解釈は推移性を満たしている。

反射性を満たすが、対称性と推移性を満たさないモデルにするには、次のように $I(R)$ を定めればよい。

$$D = \{1,2,3\}, \quad I(R) = \{\langle 1,1 \rangle, \langle 1,2 \rangle, \langle 2,2 \rangle, \langle 2,3 \rangle, \langle 3,3 \rangle\}$$

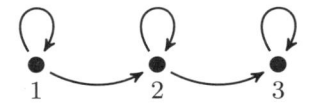

ここで、$\langle 1,2 \rangle \in I(R)$ だが $\langle 2,1 \rangle \notin I(R)$ なので対称性は成り立たない。また、$\langle 1,2 \rangle \in I(R)$ かつ $\langle 2,3 \rangle \in I(R)$ だが、$\langle 1,3 \rangle \notin I(R)$ なので推移性

も成り立たない。

問題 6.12　上の例を参考にして、R の解釈が以下の条件を満たすモデルを具体的に示しなさい。

1.　対称性は満たすが、反射性と推移性は満たさない。
2.　反射性と対称性は満たすが、推移性は満たさない。
3.　対称性と推移性は満たすが、反射性は満たさない。

6.7　同一性

次のような文を記号化するにはどうしたらよいだろうか。

178

(63)　花子以外はみな笑っている。

この文は「みな」という量化子を含む全称命題であるから、これまでのやり方で言い換えるならば、

(64)　すべての x について、x が花子でないならば、x は笑っている。

となる。ここで、「x が花子ではない」という命題をどのように記号化するかが問題である。もし「x は学生ではない」のように普通名詞「学生」を伴う場合であれば、これまで通り $\neg Fx$ のように記号化すればよい。しかしここで、「花子」は固有名詞であるから、a のような個体記号に対応付けなければならない。そこで残る部分を「x は y ではない」をさらに記号化する必要が生じる。そこで、「x は y である」に対応する述語を、**同一性**を表す記号である「$=$」を用いて、$x = y$ のように記号化する。すると、(64) は、

(65)　$\forall x\,(\neg x = a \rightarrow Fx)$

と記号化することができる。読みやすさのために、$\neg x = a$ を、$x \neq a$ と書くことにしよう。すると、(63) は最終的に、$\forall x\,(x \neq a \rightarrow Fx)$ と記号化できる。

同一性の意味についてはほとんど明らかであろうが、その真理条件を次のように述べることができる。すなわち、$t = u$ という形の論理式が真であるのは、$I(t)$ と $I(u)$ が同じ個体であるときであり、$t = u$ という形の論理式が偽であるのは、$I(t)$ と $I(u)$ が別の個体であるときである。

　問題 6.13　同一性を使って次の日本語文がどのように記号化できるか考えなさい。ただし、「x が笑った」を Fx、「x が y を愛している」を Gxy、「アン」を a、「ボブ」を b とおく。

1.　アンだけが笑った。
2.　アンだけが笑わなかった。
3.　アンはボブだけを愛している。
4.　アンだけがボブを愛している。
5.　アンは自分しか愛していない。
6.　アンだけはボブしか愛していない。

　問題 6.14　「学生だけが笑った」のように、「だけ」が普通名詞に付加されている場合、どのように記号化できるか考えなさい。

✦ 個数を表現する

　同一性によって、次のような文を記号化することも可能になる。

　(66)　笑っている学生が二人いる。

「笑っている学生」は、これまでのように「笑っている」と「学生」に分けて分析すれば連言を用いて記号化できるが、ここでは問題をわかりやすくするため、「x は笑っている学生である」をひとまとまりの述語としてみて、これを Px とおく。すると、一見したところ、(66) は、

　(67)　$\exists x \exists y\,(Px \wedge Py)$

のように記号化できるようにも見える。しかしこれでは正しい解釈は得られない。存在命題の真理条件によると、(67) が真であるのは、個体領域に $\exists y(Px \wedge Py)$ の x を満たす個体が存在するときであり、さらに、これ

が成り立つのは、個体領域に $Px \wedge Py$ の y を満たす個体が存在するときである。つまり、(67) が真であるのは、個体領域に $Px \wedge Py$ の x と y を満たす個体が存在するときである。しかし、この x と y を満たす個体は必ずしも別の個体である必要はない。それが同じ個体である場合、例えば、

(68) $\boxed{D = \{1\} \quad I(P) = \{1\}}$

というモデルにおいても (67) の論理式は真になってしまう。このモデルでは、Px、つまり、「x は笑っている学生である」という条件を満たす個体は一つしか存在しない。これでは、(66) の意味を捉えていない。

　そこで、上の真理条件で x と y を満たす個体が別の個体であるということを保証するには、

(69) $\exists x \exists y (Px \wedge Py \wedge x \neq y)$

のように、同一性を使って記号化してやればよい。この論理式は、(68) のモデルにおいて偽となる。

　問題 6.15　上と同じ記号化のもとで、「笑っている学生は多くて一人である（＝笑った学生はせいぜい一人である）」がどのように記号化されるか、考えなさい。

　問題 6.16　考えてみると、(69) は、P の外延が二つ以上の個体を含むモデルでは、真となる。つまり、笑っている学生が三人でも四人でもよいということである。よって、(69) は厳密には「笑っている学生が二人以上いる」に対応する論理式である。では、「笑っている学生がちょうど二人いる」という文を記号化するにはどうしたらよいだろうか。

◆ 確定記述について

　英語の定冠詞を伴う *the F* という形の名詞句は、特に言語哲学や理論言語学の文脈では、**確定記述** (definite description) と呼ばれる。また不定冠詞を伴う *an F* という形の名詞句は**不確定記述** (indefinite description) と呼ばれる。

　確定記述については、現代論理学の創始者であるフレーゲとラッセルの

研究以来、さまざまな分析が提案されてきた。不確定記述の場合、例えば、

(70) A student is sleeping.

という文であれば、

(71) $\exists x(Fx \wedge Gx)$

と存在量化を使って記号化すればよい。ここで、$x\ is\ a\ student$ を Fx、$x\ is\ sleeping$ を Gx と記号化している。一方、確定記述 $the\ student$ を含む

(72) The student is sleeping.

という文の場合、単なる存在量化ではなく、眠っている学生がただ一人存在するという含意がある。この含意を捉えるため、ラッセルによる標準的な分析によれば、$The\ F\ is\ G$ という形の文は、やや手が込んでいるが次の3つの条件に分解される。

1. F であるものが存在する。$\exists x Fx.$
2. F であるものは二つ以上存在しない。$\neg\exists x\exists y(Fx \wedge Fy \wedge x \neq y).$
   すなわち、$\forall x\forall y(Fx \wedge Fy \rightarrow x = y).$
3. F であるものはすべて G である。$\forall x(Fx \rightarrow Gx).$

これらを連言で結びつけたものが (72) の記号化となる。

◆ 裸名詞の解釈

日本語の場合、英語の冠詞に対応する表現は存在しないため、名詞句がどのような量化の解釈を受けるかは文脈に依存して決まる。例えば、パーティーに出席した人が次のような報告を行ったとしよう。

(73) りんごがきれいに並べてあった。

この文はどのように解釈できるだろうか。ここに現れる「りんご」という名詞は、「すべて」や「ある」のような量化の種類を表す表現を伴っていない。こうした名詞のことを**裸名詞** (bare noun) と呼ぶ。英語のように a や the のような冠詞をもたない日本語では、裸名詞が頻出するという特徴が

ある。Fx を「x はりんごである」、Gx を、「x がきれいに並べてあった」とすれば、(73) の一つの自然な解釈は、存在量化を用いて、$\exists x(Fx \wedge Gx)$ と書くことができる。つまり、「（パーティーでは）きれいに並べてあるりんごがあった」という解釈である。しかし、これとは別の解釈も考えられる。次のように言ったとしよう。

(74) りんごがきれいに並べてあった。だから、誰もりんごを食べなかった。

この場合、「だから」以下に続く部分と自然に接続するには、最初の文を「**すべての**りんごがきれいに並べてあった」と解釈するのが自然だろう。つまり、$\forall x(Fx \rightarrow Gx)$ という解釈である。このように日本語の裸名詞は文脈に応じて存在量化として解釈されたり全称量化として解釈されたりする。また、「すべて」や「ある」のような言い回しの他にも、量化の種類を特定する手がかりがある。例えば、(73) とわずかに異なる次の文をみよう。

(75) りんごはきれいに並べてあった。

違いは、「は」と「が」にある。こうした「は」を伴う裸名詞「りんご」の場合、「すべてのりんご」という全称量化の解釈するのが自然であろう。

📋 **ノート　総称文について**

裸名詞を伴う文には、全称量化や存在量化とは異なる解釈をもつものがある。例えば、「ペンギンは卵を産む」「蚊はデング熱を媒介する」といった文である。これらの文は、ペンギンや蚊について何か一般的なことを述べる文であり、**総称文**と呼ばれる。総称文の特徴は、全称量化とは異なる解釈をもつ点にある。すべてのペンギンが卵を産むわけではないし、デング熱を媒介する蚊はごくわずかであろう。にもかかわらず、総称文を使ってある種の一般化を行うことができる。総称文の使用は自然言語に広く見られ、これをどのように分析するのかは、大きな挑戦の一つとして残されている。

第7章　述語論理の証明論

　ではいよいよ、述語論理の証明論に進むことにしよう。第6章で学んだ反例モデルの方法は、推論が妥当でないことを示すために有効にはたらく。その基本的な考え方は、前提をすべて真とし、結論を偽とするモデルを具体的に構成するというものであった。

　この章では、述語論理で形式化される推論が妥当であることを示す具体的な方法について学ぶ。その基本的な考え方は、前提から結論を証明することができるとき、推論を妥当なものとみなすというものである。ここでは、述語論理における「正しい証明」を規定する一つの方法として、命題論理に引き続き、**自然演繹**を使う。自然演繹は、人が実際に行う推論とできるだけ近い形で推論規則を定式化した体系であり、特に述語論理の自然演繹は、量化を含む複雑な証明を再現できるような豊かな表現力をもつ体系となっている。

　ここで当然生じる疑問は、前章で導入したモデルに基づく推論の妥当性の規定（意味論的な規定）と、この章で学ぶ自然演繹に基づく規定（証明論的な規定）との関係はどうなっているのか、というものであろう。実は、命題論理のときと同様に、この二つの規定が一致する、すなわち、二つの規定は同じ範囲の推論を妥当なものとすることが知られている。つまり、モデルに基づく方法と自然演繹に基づく方法は、それぞれ別の視点から妥当な推論とはどのようなものかという問いに答えを与えるものであるが、そこで捉えようとしている妥当な推論の範囲は一致するのである。その視点の違いとは、簡潔に言って、意味論的方法が、前提が真であり結論が偽となる状況（反例モデル）をさがすという**反証**の考え方を軸としているのに対して、証明論的方法は、前提から結論を規則に従って導出するという**証明**の考え方を軸としている、という点にもとめられる。

この二つの考え方の違いは、推論の妥当性を確かめる場面を考えるとより明瞭になる。前章で説明した意味論の考え方によれば、前提をすべて真とし結論を偽とする反例モデルが存在しないならば、推論は妥当である。しかし、そのような反例となりそうな状況の候補は個体領域 D をどのように設定するか、解釈関数 I をどのように定めるかに応じて、文字通り無数に存在する。例えば、

$$\forall x(Px \rightarrow Qx). \quad Pa. \text{ したがって、} Qa.$$

という推論は妥当である。この推論の二つの前提が真で結論が偽となるような反例モデルをいくらさがしても、決して見つからないだろう。つまり、この推論に対する反例モデルの探索は、終わりのない作業となる。しかし、そのようなモデルをさがす作業を途中で打ち切って「反例モデルが存在しない」と断定しても、推論の妥当性を確証したことにはならない。ここで必要なのは、「反例モデルを見つけることに失敗した」という否定的事実ではなく、なにか肯定的な仕方で推論の妥当性を確認する方法である。自然演繹に従って前提から結論に至る証明を構成するというのが、まさにそのような肯定的な方法に他ならない。

　同じことは、論理式の集合が充足不可能であることを示す場合にも当てはまる。前章の例 6.8 (p. 167) では、次の三つの論理式の集合が充足不可能であることを見た。

(1)　$\neg Ga$
(2)　$\forall x(Fx \rightarrow Gx)$
(3)　$\forall x(Fx \vee Gx)$

この三つの論理式を同時に真にするモデルはいくらさがしても見つからないだろう。では、「いくらさがしても見つからない」ということを確実に保証するには何をすればよいのだろうか。ここでも、「この三つの論理式が同時に真であることは不可能である」という証明を構成することがもとめられる。自然演繹はそのような証明の方法を具体化する体系である。

7.1 量化子の推論規則

　述語論理の自然演繹は、第4章で見た命題論理の自然演繹を拡張した体系であり、論理結合子と量化子に対して導入規則と除去規則という二種類の推論規則を定式化する。論理結合子の推論規則は、第4章で見たものと同じである。よって、量化子の推論規則の使い方を理解することがこの節の中心課題となる。

　比較的に理解しやすい全称量化子の除去規則から見ることにしよう。

▶▲▼▲▼▲▼▲▼▲▼▲▼▲▼▲▼▲▼▲▼▲▼▲▼

∀の除去規則（∀E と略記する）

　$\forall x \mathcal{P}(x)$ という形の論理式から、$\mathcal{P}(t)$ という形の論理式を導いてよい。

$$\frac{\forall x \mathcal{P}(x)}{\mathcal{P}(t)} \ \forall E$$

ここで、t は、任意の個体定項もしくは個体変項である。また、$\mathcal{P}(x)$ は個体変項 x を含む論理式を表し、$\mathcal{P}(t)$ はその x を t で置き換えて得られる論理式を表す。

▶▲▼▲▼▲▼▲▼▲▼▲▼▲▼▲▼▲▼▲▼▲▼▲▼

　この推論規則は、「すべてのものについて、$\mathcal{P}$ が成り立つ」という前提から、「特定の t について $\mathcal{P}$ が成り立つ」という結論を導く規則である。言い換えれば、一般的な事柄を述べる命題から、個別的な事柄を述べる命題を導き出すことを許可する規則である。この推論規則は**全称例化** (universal instantiation) とも呼ばれる。上の規定にある「任意の個体定項もしくは個体変項」ということの意味は、ようするに、t のところに現れるのは、どんな個体定項でもよく（a でも b でも c でもよい）また、どんな個体変項でもよい（x でも y でも z でもよい）ということである。

　$\forall E$ を使えば、$\forall x F x$ という形の前提から、Fa、Fb、Fc など、Fx の x の位置に好きな定項を代入した論理式を導くことができる。$\forall x F x$ から Fa を導く場合、x を a で**例化する**という。x という変項自体で例化して、$\forall x F x$ から Fx を導いてもかまわない。

　また、$\forall x \mathcal{P}(x)$ と書いたとき、$\mathcal{P}(x)$ の位置に現れる論理式は、Fx のよう

な単純な論理式とは限らないことに注意しよう。例えば、$\forall x(Fx \to Gx)$ という前提があれば、そこから、$Fa \to Ga$ のように、複数の x の位置に a を同時に代入した論理式を導いてかまわない。これも $\forall E$ の正しい適用例である。この場合、$\forall x \mathcal{P}(x)$ における $\mathcal{P}(x)$ の位置に現れるのは、$Px \to Qx$ という複合的な論理式である。

この規則を必要とする証明の具体例として、次の例を考えよう。

例 7.1 $\forall x Fx, \forall x(Fx \to Gx) \vdash Ga$

前提から結論へ至る自然演繹の証明図は、次のようになる。

$$\cfrac{\cfrac{\forall x Fx}{Fa} \ \forall E \quad \cfrac{\forall x(Fx \to Gx)}{Fa \to Ga} \ \forall E}{Ga} \to E$$

証明のプロセスを少し詳しく見てみよう。

1. まず、$\forall E$ によって、前提 $\forall x Fx$ から Fa を導く。
2. 同様に、$\forall E$ によって、前提 $\forall x(Fx \to Gx)$ から $Fa \to Ga$ を導く。
3. 最後に、導出された二つの論理式 Fa と $Fa \to Ga$ から、$\to E$ によって、最終的な結論 Ga を導出する。

$\forall x \mathcal{P}(x)$ という形の全称命題の x をどのような個体定項ないし個体変項で例化するかは、導き出したい結論の形に依存して決まる。つまり、前提を見ているだけでは、x に何を代入すればよいかは決まらない。例 7.1 の場合、結論に個体定項 a が現れるので、前提として与えられた二つの全称命題から a に関する命題を導けばよいことがわかる。$\forall E$ を使うさいは、導きたい目標の形に合わせて適切な定項（ないし変項）を選択する必要がある。

次の例は全称量化子が二重にかかっている例である。この場合、$\forall E$ によって、$\forall x$ と $\forall y$ を一つずつ除去すればよい。

例 7.2 $\forall x \forall y Rxy \vdash Rab$

$$\dfrac{\dfrac{\dfrac{\forall x \forall y Rxy}{\forall y Ray} \ \forall E}{Rab} \ \forall E}$$

目標の命題が Rab であることに注意すると、x を a で例化し、y を b で例化すればよいことがわかるだろう。

練習問題を解いてみよう。論理結合子の推論規則の使い方がわからなくなったときは、第 4 章の 4.2 節で確認してほしい。以下の問題では、全称量化子の除去規則 ($\forall E$) の他に、連言の除去規則 ($\land E$) と導入規則 ($\land I$)、それから、含意の除去規則 ($\rightarrow E$) が必要になる。

問題 7.1　次の証明を示しなさい。

1. $\forall x(Fx \land Gx) \vdash Fa$
2. $\forall x \forall y Fxy \vdash Faa$
3. $\forall x(Fx \rightarrow Gx),\ \forall x(Fx \rightarrow Hx),\ Fa \vdash Ga \land Ha$
4. $\forall x \forall y(Rxy \rightarrow Fy),\ \forall x Rax \vdash Fb$

✦ 除去規則から導入規則へ

除去規則とは、「前提の命題から何を導くことができるのか」を定める規則、いわば、「前提の命題の使い方」を定める規則であった。これを除去規則と呼ぶのは、例えば、$\rightarrow E$ であれば、前提の $\mathcal{P} \rightarrow \mathcal{Q}$ という形の命題の論理結合子 $\rightarrow$ がこの規則の適用によって除去されるためである。$\land E$ と $\forall E$ の場合も同様に、$\mathcal{P} \land \mathcal{Q}$ や $\forall x \mathcal{P}(x)$ という形の命題から、その論理結合子 $\land$ や量化子 $\forall x$ を除去して何を導くことができるのかを規定している。

次に見る導入規則は、「目標の命題を導くために何を証明すればよいのか」を定める規則、いわば、「結論の証明の仕方」を定める規則である。除去規則が前提からの帰結を定めるのに対して、導入規則は結論を導くのに必要な根拠を定める。自然演繹の証明体系の背景には、場当たり的にさまざまな推論規則を用意するのではなく、論理結合子と量化子に対して自然な導入規則と除去規則を設定し、帰結と根拠という対概念に基づいて、論

理結合子と量化子の意味を明らかにしようという考え方がある。

全称量化子の導入規則は、「すべてのものが $\mathcal{P}$ である」という形の結論を導くのに使われる規則である。

∀の導入規則（∀I と略記する）

$\mathcal{P}(x)$ という形の論理式から、$\forall x \mathcal{P}(x)$ という形の論理式を導いてよい。

$$\frac{\mathcal{P}(x)}{\forall x \mathcal{P}(x)} \ \forall I$$

ここで、$\mathcal{P}(x)$ は個体変項 x を含む論理式を表す。ただし、この規則が適用可能であるのは、$\mathcal{P}(x)$ に至る証明の開いた仮定において、x が自由変項として現れていないときのみである。このような x を**固有変項** (eigenvariable) という。

この推論規則では、「ただし」以下の条件に注意してほしい。例えば、Fa という論理式から $\forall x Fx$ という論理式を導く推論は明らかに妥当ではない。「太郎は勤勉だ」から「すべての人は勤勉だ」を導くことはできない。同様に、個体変項 x を含む論理式 Fx において、x が何か特定の個体を表す場合に、Fx から $\forall x Fx$ を導くことは不当である。$\forall x Fx$ と結論することができるのは、Fx における x が任意の個体を表す場合、つまり、どんな個体についても Fx が成り立つとわかっている場合である。これを保証するのが、「ただし」以下の「$\mathcal{P}(x)$ に至る証明の開いた仮定において、x が自由変項として現れていない」という条件である。この条件のことを $\forall I$ の**固有変項条件**という。

まず固有変項条件を満たしている例を見よう。ここでは証明図のどの部分に注目すればよいかを見やすくするため、$\forall I$ が適用される論理式 $\mathcal{P}(x)$ の部分には ☐ を付け、「$\mathcal{P}(x)$ に至る証明の開いた仮定」には ▨ を付けておこう。

例 **7.3** $\forall x(Fx \to Gx),\ \forall x(Gx \to Hx) \vdash \forall x(Fx \to Hx)$

$$\cfrac{[Fx]^1 \quad \cfrac{\cfrac{\forall x(Fx \to Gx)}{Fx \to Gx}\, \forall E}{Gx}\, \to E \quad \cfrac{\cfrac{\forall x(Gx \to Hx)}{Gx \to Hx}\, \forall E}{}}{\cfrac{\cfrac{Hx}{\boxed{Fx \to Hx}}\, \to I,\, 1}{\forall x(Fx \to Hx)}\, \forall I\ \clubsuit}$$

この証明の ♣ でマークしたステップは、$\forall I$ の正しい適用例である。まず、$\forall I$ が適用される $Fx \to Hx$ は、$\forall x(Fx \to Gx)$ と $\forall x(Gx \to Hx)$ という二つの開いた仮定に依存しているが、そのいずれにおいても、x は束縛されている。また、もう一つの仮定 Fx において x は自由変項として現れているが、この仮定は ♣ でマークした $\forall I$ を適用する段階では、すでに閉じられている。よって、上の「ただし」以下の固有変項条件の違反にはならない。この場合、$\forall I$ が適用される論理式 $Fx \to Hx$ に現れる変項 x は全称命題に由来し、特定の個体に限定されていない。

固有変項条件に違反している例は、典型的には、次のようなステップを含む。

$$\cfrac{Fx}{\forall x Fx}\, \forall I$$
$$\vdots$$

ここでは、Fx を仮定し、この仮定が閉じる前に、$\forall I$ を適用しようとしている。このような証明は正しい証明とは認められない。例えば、次の例は固有変項条件に違反しており、したがって正しい証明ではない。

$$\cfrac{Fx \quad \cfrac{\forall x(Fx \to Gx)}{Fx \to Gx}\, \forall E}{\cfrac{\boxed{Gx}}{\forall x Gx}\, \forall I\ \spadesuit}\, \to E$$

この証明図において、♠ のマークがあるステップは、$\forall I$ の正しい適用例ではない。Gx が依存する開いた仮定 Fx において、x が自由変項として現れているからである。

$\forall I$ の正しい適用例として、もう一つ簡単な例を見ておく。この例は全称量化子の束縛変項が付け替え可能であることを示している。

例 7.4 $\forall x Fx \vdash \forall y Fy$

$$\cfrac{\cfrac{\forall x Fx}{Fy}\ {}^{\forall E}}{\forall y Fy}\ {}^{\forall I}$$

以上の例が示唆しているように、$\forall x \mathcal{P}(x)$ という全称量化子で始まる命題を証明するには、まず、全称量化子を取り除いた $\mathcal{P}(x)$ という形の命題を証明することを目指せばよい。このことを次のようにまとめておこう。

$\forall x \mathcal{P}(x)$ という形の論理式を証明する基本的な方針

　$\forall x \mathcal{P}(x)$ という形の論理式を証明するには、x を任意の個体を表す変項として、$\mathcal{P}(x)$ を証明することを目標にすればよい。つまり、

証明で使用してよい仮定	導き出したい目標
——	$\forall x \mathcal{P}(x)$

という仮定と目標があるときは、

証明で使用してよい仮定	導き出したい目標
——	$\mathcal{P}(x)$

とすればよい。

「x を任意の個体を表す変項とする」ということは、その証明で使われていない新しい変項 x を選ぶということである。もし x がすでに使われている場合は、衝突を避けるため、まだ使われていない変項、例えば、y を選んで、$\mathcal{P}(y)$ を証明すればよい。固有変項を選ぶときは、このように「他の変項と衝突しない」ということだけが重要であるから、例 7.4 の証明では、実は $\forall y Fy$ を導くために、y の代わりに、x や z を固有変項として使用してもよかった。次はいずれも正しい証明である。

$$\cfrac{\cfrac{\forall x Fx}{Fx}\ {}^{\forall E}}{\forall y Fy}\ {}^{\forall I} \qquad\qquad \cfrac{\cfrac{\forall x Fx}{Fz}\ {}^{\forall E}}{\forall y Fy}\ {}^{\forall I}$$

本書では他の変項と衝突しないときは、$\forall x \mathcal{P}(x)$ を導くときに、そのまま x を固有変項として使うことにしよう。

問題 **7.2** 次の証明を示しなさい。

1. $\forall x Fx,\ \forall x(Fx \to Gx) \vdash \forall x\, Gx$
2. $\forall x(Fx \to Gx \land Hx) \vdash \forall x(Fx \to Gx)$

✦ 選言と全称量化子を含む命題の証明

次の例は、$\lor E$ と $\lor I$ が必要な証明の例である。これは $\forall$ の導入規則の固有変項条件の理解を試す好例となっているので、詳しく検討しよう。

例 **7.5** $\forall x Fx \lor \forall x Gx \vdash \forall x(Fx \lor Gx)$

まず、結論は $\forall x(Fx \lor Gx)$ という全称命題である。ボトムアップに結論から遡って考えると、最後のステップは $\forall I$ であり、証明すべき目標は、$Fx \lor Gx$ となる。これは選言の形であるから、$\lor$ の導入規則（$\lor I$）を適用したくなるかもしれない。そのとき、一つ前の段階で左の選言肢 Fx を選ぶか、右の選言肢 Gx を選ぶかに応じて、次の二つの可能性がある。それぞれ、「可能性 1」「可能性 2」としよう。

$$
\begin{array}{cc}
\vdots & \vdots \\[4pt]
\dfrac{\dfrac{Fx}{Fx \lor Gx}\ \lor I}{\forall x(Fx \lor Gx)}\ \forall I & \qquad \dfrac{\dfrac{Gx}{Fx \lor Gx}\ \lor I}{\forall x(Fx \lor Gx)}\ \forall I \\[10pt]
\textbf{可能性 1} & \qquad \textbf{可能性 2}
\end{array}
$$

しかし少し考えてみると、このどちらを選んでも、証明はうまくいかないことがわかる。どこに問題があるのかを見るため、ここで前提の形に着目しよう。前提は、$\forall x Fx \lor \forall x Gx$ という選言命題であった。これに適用できる除去規則は、$\lor E$ である。使える仮定の中に、選言命題があるときは、次の方針に従って「場合分け」の証明を構成することを試みるとよいのであった。

▼▼▼▼▼▼▼▼▼▼▼▼▼▼▼▼▼▼▼▼▼▼▼▼

$\mathcal{P} \lor \mathcal{Q}$ という形の仮定を使って証明を作る基本的な方針

　仮定に $\mathcal{P} \lor \mathcal{Q}$ という形の論理式があり、目標が $\mathcal{C}$ という形であるとする。このとき、次の二つの場合に分けて証明を進める。

（場合1）　まず、$\mathcal{P}$ と仮定し、$\mathcal{C}$ を導くことを試みる。

（場合2）　次に、$\mathcal{Q}$ と仮定し、$\mathcal{C}$ を導くことを試みる。

どちらも成功したならば、$\lor E$ により、$\mathcal{P}$ と $\mathcal{Q}$ という仮定を閉じて、$\mathcal{C}$ と結論する。

▲▲▲▲▲▲▲▲▲▲▲▲▲▲▲▲▲▲▲▲▲▲▲▲

　いま目標を C と表すと、$\lor$ の除去規則 ($\lor E$) を適用するステップは次のような形になるはずである。

$$\cfrac{\forall x Fx \lor \forall x Gx \quad \begin{matrix}[\forall xFx]^1\\\vdots\\C\end{matrix} \quad \begin{matrix}[\forall xGx]^1\\\vdots\\C\end{matrix}}{C} \lor E, 1$$

$\lor E$ を適用するさいには、二つの選言肢に当たる仮定を閉じる必要がある。二つの仮定を同時に閉じるので、上の証明図では閉じた仮定 $[\forall xFx]$ と $[\forall xGx]$ にともに 1 という番号が付いている。

　さて、もし上の**可能性1**を選んだ場合、証明すべき目標は Fx であり、C の位置には Fx が現れることになる。すると、たしかに左の $\forall xFx$ からは、Fx を導くことができるが、右の $\forall xGx$ から Fx を導くことはできない。他方で、**可能性2**を選んだ場合、目標は Gx であるから、今度は逆に、$\forall xFx$ からこの目標を導くことができなくなってしまう。

　問題の原因は、$Fx \lor Gx$ という目標に $\lor I$ を適用して、目標を Fx か Gx のどちらかに絞り込んでしまったことにある。たしかに $\lor I$ の適用は必要であるが、少し早すぎるのである。もし $\lor I$ を適用せず、$Fx \lor Gx$ そのものを目標にしたらどうなるだろうか。上の C の位置を $Fx \lor Gx$ に設定すると、証明図の全体は次のような形になる。

$$\cfrac{\forall xFx \vee \forall xGx \quad \cfrac{[\forall xFx]^1 \\ \vdots \\ Fx \vee Gx} \quad \cfrac{[\forall xGx]^1 \\ \vdots \\ Fx \vee Gx}}{\cfrac{Fx \vee Gx}{\forall x(Fx \vee Gx)} \, \forall I} \, \vee E, 1$$

ここで、埋めるべきギャップが二つあるが、$\vee I$ を使えば、最終的に次のように証明図が完成する。

$$\cfrac{\forall xFx \vee \forall xGx \quad \cfrac{\cfrac{[\forall xFx]^1}{Fx} \, \forall E}{Fx \vee Gx} \, \vee I \quad \cfrac{\cfrac{[\forall xGx]^1}{Gx} \, \forall E}{Fx \vee Gx} \, \vee I}{\cfrac{Fx \vee Gx}{\forall x(Fx \vee Gx)} \, \forall I} \, \vee E, 1$$

なお、最後のステップで $\forall I$ を適用するさい、$Fx \vee Gx$ が依存する仮定の中に x が自由変項として現れることがないので、$\forall I$ の適用条件（固有変項条件）が満たされている点にも注意してほしい。

　この証明図を見ると、$\vee I$ を適用するタイミングは、証明の最後の段階であってもよいことがわかる。つまり、次のような証明も可能である。

$$\cfrac{\forall xFx \vee \forall xGx \quad \cfrac{\cfrac{\cfrac{[\forall xFx]^1}{Fx} \, \forall E}{Fx \vee Gx} \, \vee I}{\forall x(Fx \vee Gx)} \, \forall I \quad \cfrac{\cfrac{\cfrac{[\forall xGx]^1}{Gx} \, \forall E}{Fx \vee Gx} \, \vee I}{\forall x(Fx \vee Gx)} \, \forall I}{\forall x(Fx \vee Gx)} \, \vee E, 1$$

この証明でも、$\forall I$ の適用条件は満たされている。

　この例が示すように、使える仮定の中に $A \vee B$ という形の選言命題があるとき、$\vee E$ によって場合分けの証明を行うことができるが、$\vee E$ を適用するタイミングは複数ありうる。選言命題が仮定に登場したときは、$\vee E$ による場合分けの形を意識して、目標を $\vee E$ によって導出することができるかどうかを考えつつ証明を組み立てることが重要である。

　問題 7.3　次の証明を示しなさい。

1.　$\forall x(Fx \vee Gx \to Hx) \vdash \forall x(Fx \to Hx)$

2. $\forall x(Fx \to Hx), \forall x(Gx \to Hx) \vdash \forall x(Fx \lor Gx \to Hx)$

問題 7.4 上の例 7.5 の前提と結論を逆にした形は証明可能でない（反例モデルを考えてみてほしい）。つまり、「証明不可能である」という関係を $\nvdash$ によって表すと、

$$\forall x(Fx \lor Gx) \nvdash \forall xFx \lor \forall xGx$$

である。さて、以下のような証明を試みた人がいるとしよう。

$$\cfrac{\cfrac{\forall x(Fx \lor Gx)}{Fx \lor Gx} \, \forall E \quad \cfrac{\cfrac{[Fx]^1}{\forall xFx} \, \forall I}{\forall xFx \lor \forall xGx} \, \lor I \quad \cfrac{\cfrac{[Gx]^1}{\forall xGx} \, \forall I}{\forall xFx \lor \forall xGx} \, \lor I}{\forall xFx \lor \forall xGx} \, \lor E, 1$$

この証明のどこが間違っているのか、説明しなさい。

194

✦ 定理の証明

　第 4 章で説明したように、前提なしに証明できる論理式のことを**定理**と呼ぶ。ここでは、述語論理の定理の例を挙げておこう。証明はこれまでより複雑になるので、先に進んで 7.2 節を読んで述語論理の証明に慣れてから、ここに戻ってきてもよい。次の証明を考えよう。

　例 7.6　$\vdash \forall x(Fx \to ((Fx \to Gx) \to Gx))$

　導き出したい目標は、複雑な形の全称命題である。よって、これまでの方法に従って、x を任意の個体を表す変項として、$\forall x$ を取り除いた論理式 $Fx \to ((Fx \to Gx) \to Gx)$ を証明すればよい。

証明で使用してよい仮定	導き出したい目標
——	$Fx \to ((Fx \to Gx) \to Gx)$

　次に、$Fx \to ((Fx \to Gx) \to Gx)$ は、$\mathcal{P} \to \mathcal{Q}$ という条件命題の形をしている。ここで、前件の $\mathcal{P}$ に当たるのが Fx の部分で、後件の $\mathcal{Q}$ に当たるのが $(Fx \to Gx) \to Gx$ の部分である。よって、前件に当たる Fx を一時的に仮定して、仮定と目標は次のように設定する。

<table>
<tr><td>証明で使用してよい仮定</td><td>導き出したい目標</td></tr>
</table>

$$[Fx]$$
$$(Fx \to Gx) \to Gx$$

この段階で、証明の形を示しておくと、次のようになる。

$$\frac{\cfrac{\vdots}{(Fx \to Gx) \to Gx}}{\cfrac{Fx \to ((Fx \to Gx) \to Gx)}{\forall x(Fx \to ((Fx \to Gx) \to Gx))} \ \forall I} \ \to I$$

これまで通り、結論から遡って証明を進めるのが常套手段である。ここで再び目標は、$(Fx \to Gx) \to Gx$ という形の条件命題であることに注意してほしい。この前件は $Fx \to Gx$ の部分である。よって、これを一時的仮定として付け加え、後件の Gx を新たな目標とすればよい。

証明で使用してよい仮定	導き出したい目標
$[Fx]$	Gx
$[Fx \to Gx]$	

証明は、下から上へと次のように進展している。

$$\frac{\cfrac{\cfrac{\vdots}{Gx}}{(Fx \to Gx) \to Gx} \ \to I}{\cfrac{Fx \to ((Fx \to Gx) \to Gx)}{\forall x(Fx \to ((Fx \to Gx) \to Gx))} \ \forall I} \ \to I$$

残る課題は、Fx と $Fx \to Gx$ を使って Gx を導くことであるが、この仮定と目標の形は、すでに見慣れたものだろう。ただし、証明はこれで完成ではない。一時的な仮定は、それを前件として導入する $\to I$ の適用のさいに閉じる必要がある。以下が完成した証明図であるが、どのタイミングでどの仮定が閉じられたか、仮定に付けられた数字に注意して証明図を確認してみてほしい。最後の $\forall I$ を適用するタイミングでは、すべての仮定が閉じた仮定になっているため、$\forall I$ の固有変項条件が満たされている点にも注目である。

$$\frac{\dfrac{[Fx]^2 \quad [Fx \to Gx]^1}{Gx} \to E}{\dfrac{(Fx \to Gx) \to Gx}{\dfrac{Fx \to ((Fx \to Gx) \to Gx)}{\forall x(Fx \to ((Fx \to Gx) \to Gx))} \, \forall I} \to I, 2}{} \to I, 1$$

問題 7.5　次の証明を示しなさい。これまでよりも難しい。難しく感じられる人は、7.2節を読んだ後に取り組んでみてほしい。

1. $\vdash \forall x(\forall y Fy \to Fx)$
2. $\vdash \forall x(Fx \to \forall y Gy) \to \forall x \forall y(Fx \to Gy)$

✦ 存在量化子の導入規則

残るは、存在量化子の推論規則である。まずは導入規則を見よう。

▶ ▲ ▼ ▲ ▼ ▲ ▼ ▲ ▼ ▲ ▼ ▲ ▼ ▲ ▼ ▲ ▼ ▲ ▼ ▲ ▼ ◀

∃の導入規則（∃I と略記する）

$\mathcal{P}(t)$ という形の論理式から、$\exists x \mathcal{P}(x)$ という形の論理式を導いてよい。

$$\frac{\mathcal{P}(t)}{\exists x \mathcal{P}(x)} \, \exists I$$

ここで、t は、任意の個体定項もしくは個体変項である。また、$\mathcal{P}(x)$ は、個体変項 x を含む論理式を表し、$\mathcal{P}(t)$ は、その x を t に置き換えて得られる論理式を表す。

▶ ▲ ▼ ▲ ▼ ▲ ▼ ▲ ▼ ▲ ▼ ▲ ▼ ▲ ▼ ▲ ▼ ▲ ▼ ▲ ▼ ◀

この推論規則は、例えば、「夏目漱石は『草枕』を執筆した明治時代の作家である」から「『草枕』を執筆した明治時代の作家がいる」を導く規則である。つまり、夏目漱石のような特定の個体についての命題から存在命題を導くことができる。これは比較的に理解しやすい規則だろう。

問題 7.6　次を証明しなさい。

1. $Fa, \forall x(Fx \to Gx) \vdash \exists x Gx$
2. $Fa \vdash \exists x(Fx \lor Gx)$

3. $\neg\exists x Px \vdash \forall x \neg Px$

✦ 存在量化子の除去規則

最後に見る存在量化子の除去規則は、述語論理の自然演繹の中でももっとも複雑な規則である。

∃ の除去規則（∃E と略記する）

∃$x\mathcal{P}(x)$ という形の仮定があるとき、$\mathcal{P}(x)$ という形の仮定から、$\mathcal{C}$ という論理式が導かれるならば、$\mathcal{P}(x)$ という仮定を閉じて、$\mathcal{C}$ を導いてよい。

$$\frac{\exists x\mathcal{P}(x) \qquad \begin{matrix}[\mathcal{P}(x)]^n \\ \vdots \\ \mathcal{C}\end{matrix}}{\mathcal{C}} \ \exists E, n$$

ここで、$\mathcal{P}(x)$ は個体変項 x を含む論理式を表す。ただし、この規則が適用可能であるのは、次の二つの条件（**固有変項条件**）が満たされているときのみである。

1. $\mathcal{C}$ には、x が自由変項として現れない。
2. $\mathcal{C}$ に至る証明において、$\mathcal{P}(x)$ 以外の開いた仮定には、x が自由変項として現れない。

この推論規則には、全称量化子の導入規則（$\forall I$）と同様に、固有変項条件が課される。一時的仮定 $\mathcal{P}(x)$ に現れる変項 x を固有変項と呼ぶ。この固有変項条件がどうして必要なのかは後で説明することにして、まず、この推論規則の意味をつかむため、具体例に基づいて考えてみよう。

> **例 7.7** 窓からこの家に侵入した人がいる。窓からこの家に侵入するためには、庭を通らなければならない。庭を通った人がいるならば、庭に足跡があるはずだ。ゆえに、庭に足跡があるにちがいない。

この推論は妥当である。これを自然演繹によって確かめてみる。少し込み入っているが、まず記号化しよう。「x は窓からこの家に侵入した（人である）」を Px、「x は庭を通った（人である）」を Qx、「庭に x の足跡がある」を Rx とする。すると推論全体は、

$$\exists x Px, \forall x(Px \to Qx), \exists x Qx \to \exists x Rx, \vdash \exists x Rx$$

と記号化される。どの論理式がどの日本語文に対応するかを確認してほしい。証明は以下の通りである。

$$
\cfrac{\exists x Px \qquad \cfrac{\cfrac{[Px]^1 \qquad \cfrac{\forall x(Px \to Qx)}{Px \to Qx}\ \forall E}{\cfrac{Qx}{\cfrac{\exists x Qx}{}\ \exists I}}\ \to E \qquad \exists x Qx \to \exists x Rx}{\exists x Rx}\ \to E}{\exists x Rx}\ \exists E, 1
$$

ここで注目してほしいのは、Px を一時的に仮定するというステップである。例えば、警察が例7.7の推論を行うとき、警察に与えられている情報は、窓から家に侵入した人がいる、という純粋な存在命題だけである。それが誰であるのかは分かっていない。それでも警察は、その人（その泥棒）について、さまざまな推理を展開することができる。ここでは、その泥棒が庭を通ったということから、庭に足跡があるという帰結を導きだしているわけである。前提 $\exists x Px$ に基づいて、Px を一時的に仮定し、最終的に $\exists x Rx$ を結論するという過程で行われていることは、まさにこのような推論である。一時的な仮定 Px における固有変項 x は、日本語での「その泥棒」という表現に対応するものと理解することができる。ただし、実際に誰が侵入したのかは分かっていないのだから、「その泥棒」という表現によって、誰か特定の人を指しているわけではない。むしろ、「x はその家に窓から侵入した」という条件を満たす人であれば誰でもいいから、仮にその人を x と名付けて推理を続行していくわけである。

　この一連のプロセスをわかりやすくするために、前提から結論に至るステップを一行ずつ書き出し、各ステップに対応する日本語文を示しておこう。

1. $\exists x Px$		窓からこの家に侵入した人がいる。（前提）
2. Px		その人を仮に x とおく。つまり、x は窓からこの家に侵入した人である。（一時的仮定）
3. $\forall x(Px \rightarrow Qx)$		窓からこの家に侵入するためには、庭を通らなければならない。（前提）
4. $Px \rightarrow Qx$		3 より、x が窓からこの家に侵入するためには、x は庭を通らなければならない。
5. Qx		2 と 4 より、x は庭を通った。
6. $\exists x Qx$		5 より、庭を通った人がいる。
7. $\exists x Qx \rightarrow \exists x Rx$		庭を通った人がいるならば、庭に足跡がある。（前提）
8. $\exists x Rx$		6 と 7 より、庭に足跡がある。
9. $\exists x Rx$		もはや x に依存しない形の結論が得られたので、2 の一時的仮定を閉じ、1 の前提から 8 を結論する。

　一時的仮定 Px における x の役割を以上のように理解すれば、$\exists E$ における「ただし」以下の適用条件の意味も明確になる。まず、「ただし」以下の適用条件 1 によれば、$\exists E$ を適用して一時的仮定を閉じるさいには、そこで導かれる結論 $\mathcal{C}$ に x が自由変項として現れてはならない。つまり、$\exists E$ の適用によって得られる結論 $\mathcal{C}$ は、x の選択に依存せず成り立つものでなければならない。上の例では、「Px を満たすものであれば誰であってもかまわないから、それを x とおく」という仮定から、もはや x に依存しない結論が得られたとき、Px という一時的仮定を閉じることができるわけである。また、警察が「窓から侵入した泥棒がいる。その泥棒を x と名付けよう」と推論するときに、勝手にその泥棒 x を別の事件の泥棒と同一視すれば、たちまち混乱に陥ることになる。犯人に仮に名前を付けるときには、これまでに使われている名前との衝突を避ける必要がある。「ただし」以下の適用条件の 2 において、x が $\mathcal{P}(x)$ 以外の開いた仮定に自由変項として現れないという規定があるのは、まさにこれと同じ理由に基づく。

つまり、一時的仮定の $\mathcal{P}(x)$ における x は、すでに導入されている他の名前とは区別して使う必要がある、という制約である。

　証明を結論から遡って作るさいに、$\exists x \mathcal{P}(x)$ という存在命題が仮定としてある場合の基本方針を次のようにまとめておこう。

> **$\exists x \mathcal{P}(x)$ という形の仮定を使って証明を作る基本的な方針**
>
> 　仮定に $\exists x \mathcal{P}(x)$ という形の論理式があり、目標が $\mathcal{C}$ という論理式であるとする。このとき、それまでに使われていない新たな変項 x を選んで、$\mathcal{P}(x)$ を一時的に仮定し、$\mathcal{C}$ を証明する。すなわち、
>
> | 証明で使用してよい仮定 | 導き出したい目標 |
> |:---:|:---:|
> | $\exists x \mathcal{P}(x)$ | $\mathcal{C}$ |
>
> という仮定と目標があるときは、
>
> | 証明で使用してよい仮定 | 導き出したい目標 |
> |:---:|:---:|
> | $[\mathcal{P}(x)]$ | $\mathcal{C}$ |
>
> として証明を進める。$\mathcal{P}(x)$ はいずれ $\exists E$ を適用するときに閉じられる仮定であり、前もって括弧 [ ] を付けてある。

$\exists E$ の固有変項条件

　$\exists E$ の固有変項条件に違反する誤った証明の例を見ておくと、より理解が深まるはずである。$\exists E$ の固有変項条件をもう一度示す。

$$\frac{\begin{array}{cc} & [\mathcal{P}(x)]^n \\ & \vdots \\ \exists x \mathcal{P}(x) & \mathcal{C} \end{array}}{\mathcal{C}} \exists E,\, n$$

$\exists E$ の固有変項条件

1. $\mathcal{C}$ には、x が自由変項として現れない。

2. $\mathcal{C}$ に至る証明において、$\mathcal{P}(x)$ 以外の開いた仮定には、x が自由変項として現れない。

　次の例では、$\mathcal{C}$ の部分には □ を、一時的仮定である $\mathcal{P}(x)$ の部分は ⌐⌐ を、$\mathcal{C}$ が依存する $\mathcal{P}(x)$ 以外の仮定は ▨ を付けておく。これによって証

明図のどの部分に注目するのかを確認してほしい。

例 7.8　$\exists x Px, \forall x (Px \to Qx) \vdash \exists x Qx$

次の左の証明図は、Qx の x が自由変項であるため、♠ のステップで $\exists E$ の固有変項条件 1 に違反している。正しくは、右のように、$\exists I$ を適用した後で $\exists E$ を適用する必要がある。

$$
\cfrac{\exists x Px \qquad \cfrac{[Px]^1 \qquad \cfrac{\boxed{\forall x (Px \to Qx)}}{Px \to Qx}\;{}^{\forall E}}{\boxed{Qx}}\;{}^{\to E}}{\cfrac{\boxed{Qx}}{\exists x Qx}\;{}^{\exists I}}\;{}^{\exists E,\,1\;\spadesuit}
\qquad\qquad
\cfrac{\exists x Px \qquad \cfrac{[Px]^1 \qquad \cfrac{\boxed{\forall x (Px \to Qx)}}{Px \to Qx}\;{}^{\forall E}}{\cfrac{Qx}{\boxed{\exists x Qx}}\;{}^{\exists I}}\;{}^{\to E}}{\boxed{\exists x Qx}}\;{}^{\exists E,\,1}
$$

次の例で、存在命題から全称命題を導くことはなぜ不可能なのかを見ておくことは、$\exists E$ および $\forall I$ の制約を理解するために重要である。

例 7.9　$\exists x Px \not\vdash \forall x Px$

次の証明では、$\forall I$ は正しく使われているが、♠ のステップで $[Px]$ の変項 x が自由変項であるから、$\exists E$ の固有変項条件 1 に違反している。

$$
\cfrac{\exists x Px \qquad [Px]^1}{\cfrac{Px}{\forall x Px}\;{}^{\forall I}}\;{}^{\exists E,\,1\;\spadesuit}
$$

一方、$\forall I$ を $\exists E$ よりも先に適用すると、今度は $\forall I$ を適用する段階 ♣ では仮定 Px はまだ閉じられていないので、$\forall I$ の固有変項条件に違反してしまう。

$$
\cfrac{\exists x Px \qquad \cfrac{[Px]^1}{\forall x Px}\;{}^{\forall I\;\clubsuit}}{\forall x Px}\;{}^{\exists E,\,1}
$$

こうして、存在命題から全称命題への推論をきちんとブロックすることができる。

例 **7.10** もう一つ、もし $\exists E$ の固有変項条件がないとすると、次のような明らかに妥当でない推論が証明可能になってしまう。

$$\exists xFx, \exists xGx \not\vdash \exists x(Fx \wedge Gx)$$

この推論が妥当でないことは、例えば、Fx を「x は勤務時間が短い仕事である」、Gx を「x は給料が高い仕事である」と読めばよい。「勤務時間が短い仕事がある」と「給料が高い仕事がある」という二つの前提から、「勤務時間が短く、かつ、給料が高い仕事がある」と結論することはできない。

固有変項条件があれば、以下の証明の ♠ のステップで推論をブロックすることができる。このステップで $\exists E$ を適用するとき、$\boxed{Fx}$ という仮定はまだ開いた仮定であるから、これは固有変項条件2に違反している。

$$\cfrac{\exists xFx \quad \cfrac{\exists xGx \quad \cfrac{\cfrac{[Fx]^2 \quad [Gx]^1}{Fx \wedge Gx} \wedge I}{\exists x(Fx \wedge Gx)} \exists I}{\exists x(Fx \wedge Gx)} \exists E, 1 \spadesuit}{\exists x(Fx \wedge Gx)} \exists E, 2$$

$\exists xFx$ と $\exists xGx$ という前提があるとき、この二つの論理式が存在すると主張している個体は必ずしも同じ個体とは限らない。固有変項条件は、この条件を証明図が満たすべき制約としてうまく捉えている。

> 📖 **ノート　固有変項の選び方**
>
> $\exists E$ の適用において固有変項を選ぶときは、他の変項と衝突しないように、それまでに使われていない新たな変項を選ぶということが重要であった。そのためには、$\exists E$ を適用するときに、$\exists x\mathcal{P}(x)$ で束縛されている x とは異なる変項、例えば、y を選ぶというやり方も有効である。例えば、例 7.10 の失敗した証明では、$\exists xFx$ と $\exists xGx$ に対して同じ x を固有変項として選んで Fx と Gx を仮定していたが、ここでそれぞれ異なる変項、例えば、y と z を選んで Fy と Fz を仮定すれば、そもそも $\exists I$ を適用して $\exists x(Fx \wedge Gx)$ を導くことが不可能であることがはっきりする。本書ではこのやり方は採

　例 **7.11**　$\exists E$ の正しい適用例として、多重量化の説明で言及したつぎの推論の証明を挙げておく。

$$\exists y \forall x Pxy \vdash \forall x \exists y Pxy$$

証明は以下の通りである。特に、$\forall I$ と $\exists E$ の適用条件が満たされていることを確認してほしい。

$$\cfrac{\exists y \forall x Pxy \quad \cfrac{\cfrac{\cfrac{[\forall x Pxy]^1}{Pxy}\,\forall E}{\exists y Pxy}\,\exists I}{\forall x \exists y Pxy}\,\forall I}{\forall x \exists y Pxy}\,\exists E, 1$$

　問題 7.7　　次を証明しなさい。2 と 3 は、次の 7.2 節を読んでから戻ってくると解きやすくなるだろう。

　1.　$\exists x(Fx \wedge Gx) \vdash \exists x Fx$

　2.　$\forall x \neg Px \vdash \neg \exists x Px$

　3.　$\forall x(Fx \rightarrow Gx), \neg \exists x Gx \vdash \neg \exists x Fx$

　問題 7.8　　例 7.11 の前提と結論を入れ替えた推論

$$\forall x \exists y Pxy \vdash \exists y \forall x Pxy$$

の証明を試み、例 7.9 (p. 201) を参考にして、その証明がなぜ失敗するのか分析しなさい（この推論に対する反例モデルは例 6.13 (p. 174) で与えられている）。

7.2　述語論理の証明を作る方針

　これまでに全称量化子と存在量化子という二種類の量化子に対する導入規則と除去規則を説明した。ここで一覧にしてまとめておこう。4.2 節の論理結合子の推論規則の一覧 (p. 94–95) と合わせて参照してほしい。

量化子の導入規則と除去規則

全称量化子 $\dfrac{\mathcal{P}(x)}{\forall x \mathcal{P}(x)} \; \forall I$ $\qquad \dfrac{\forall x \mathcal{P}(x)}{\mathcal{P}(t)} \; \forall E$

$$[\mathcal{P}(x)]^n$$
$$\vdots$$

存在量化子 $\dfrac{\mathcal{P}(t)}{\exists x \mathcal{P}(x)} \; \exists I$ $\qquad \dfrac{\exists x \mathcal{P}(x) \qquad \mathcal{C}}{\mathcal{C}} \; \exists E, n$

- $\forall I$ では、$\mathcal{P}(x)$ が依存する開いた仮定に x が自由変項として現れてはならない。
- $\exists E$ では、$\mathcal{C}$ および $\mathcal{C}$ が依存する $\mathcal{P}(x)$ 以外の開いた仮定に x が自由変項として現れてはならない。

述語論理の証明を作る基本的な方針についても、命題論理のときと同様に次のようにまとめておこう。

述語論理の証明を作る基本的な方針

1. 結論の形に着目して導入規則を適用する

- 結論が $\forall x \mathcal{P}(x)$ という形の場合は、$\forall I$ を適用する。つまり、それまでに使われていない変項 x について、$\mathcal{P}(x)$ を導くことを試みる。
- 結論が $\exists x \mathcal{P}$ という形の場合は、$\exists I$ を適用する。つまり、何らかの t について、$\mathcal{P}(t)$ を導くことを試みる。

2. 前提の形に着目して除去規則を適用する

- 前提が $\forall x \mathcal{P}(x)$ という形の場合は、$\forall E$ を適用する。つまり、任意の t について、$\mathcal{P}(t)$ を導いてよい。
- 前提が $\exists x \mathcal{P}$ という形の場合は、$\exists E$ を適用する。それまでに使われていない変項 x について、$\mathcal{P}(x)$ と仮定して、目標の $\mathcal{C}$ を導くことができるならば、$\mathcal{C}$ と結論してよい。

この方針によれば、まず結論の形に注目し、結論が論理結合子や量化子を含む場合は、その論理結合子および量化子の導入規則を適用する。その上で、それ以上導入規則が適用できなくなった時点で、与えられた前提と一時的仮定に注目して、除去規則の適用を試みればよい。

　例 7.12　次の例をもとにして説明しよう。

$$\forall x(Px \land Qx \to \exists yRxy),\ \forall x\neg\exists yRxy \vdash \forall x(Px \to \neg Qx)$$

与えられた二つの前提から出発して、認められた推論規則だけを使って、結論へと至る証明図を作ることが課題である。最初の状況は次のように整理することができる。

証明で使用してよい仮定	導き出したい目標
$\forall x(Px \land Qx \to \exists yRxy)$	$\forall x(Px \to \neg Qx)$
$\forall x\neg\exists yRxy$	

いくつかのステップに分けて証明の構成を進めよう。

[ステップ1]　まず、結論の形に注目しよう。ここで最終的に導き出したい結論は、$\forall x(Px \to \neg Qx)$ という形をしている。どうしたら $\forall x(Px \to \neg Qx)$ と主張することができるだろうか。この結論は全称命題である。そこで、基本方針に従って、全称量化子の導入規則（$\forall I$）を適用することを試みる。すると、結論から遡って、次のような証明の形が決まる。

$$\frac{\begin{array}{c}\vdots \\ Px \to \neg Qx\end{array}}{\forall x(Px \to \neg Qx)}\ \forall I$$

よって、次なる目標は、$Px \to \neg Qx$ を導くことである。

証明で使用してよい仮定	導き出したい目標
$\forall x(Px \land Qx \to \exists yRxy)$	$Px \to \neg Qx$
$\forall x\neg\exists yRxy$	

このように結論から遡ってボトムアップで証明を作るとき、導き出したい目標が徐々に単純な論理式に移り変わっていくことに注目しよう。

[ステップ2] 新たな目標 $Px \rightarrow \neg Qx$ は、条件命題である。よって、基本方針に従って、含意の導入規則（$\rightarrow I$）を適用すると、証明図は次のような形になる。

$$\cfrac{\cfrac{\begin{array}{c}[Px]\\ \vdots \\ \neg Qx\end{array}}{Px \rightarrow \neg Qx} \rightarrow I}{\forall x(Px \rightarrow \neg Qx)} \forall I$$

つまり、Px と仮定して、$\neg Qx$ が導き出されたなら、$Px \rightarrow \neg Qx$ と結論することができるわけである。

ここで仮定と目標は次のように推移することになる。

証明で使用してよい仮定	導き出したい目標
$\forall x(Px \land Qx \rightarrow \exists yRxy)$	$\neg Qx$
$\forall x \neg \exists yRxy$	
$[Px]$	

[ステップ3] さて、新たな目標 $\neg Qx$ は否定命題である。よって、否定の導入規則 $\neg I$ の適用を試みる。最初から与えられた前提と先ほどの仮定 Px に加えて、さらに Qx と仮定して、矛盾 ($\bot$) が導き出されたなら、$\neg Qx$ と結論することができる。証明は次のような形になる。

$$\cfrac{\cfrac{\cfrac{\begin{array}{c}[Px]\ [Qx]\\ \vdots \\ \bot\end{array}}{\neg Qx} \neg I}{Px \rightarrow \neg Qx} \rightarrow I}{\forall x(Px \rightarrow \neg Qx)} \forall I$$

ここで、次に導き出したい目標は、$\bot$ に移行し、さらに、$\bot$ を導き出すときには、使える前提が一つ増えたことに注意しよう。

証明で使用してよい仮定	導き出したい目標
$\forall x(Px \wedge Qx \rightarrow \exists yRxy)$	$\bot$
$\forall x \neg \exists yRxy$	
$[Px]$	
$[Qx]$	

ステップ4 新たに証明すべき目標 $\bot$ は、単純な論理式なので、これ以上導入規則を適用することはできない。そこで、今度は前提と一時的仮定の形に注目して、除去規則を適用することを試みる。$\bot$ を導くためには、何らかの命題 A とその否定 $\neg A$ が主張できればよい。ここで、多少の工夫が必要になる。この先の展開を少し考えてみると、次のように予想を立てることができる。

- まず否定 $(\neg)$ をさがす。前提の中で否定が現れるのは、$\forall x \neg \exists yRxy$ である。この前提に全称量化子の除去規則 $(\forall E)$ を適用すれば、$\neg \exists yRxy$ という形の否定命題が得られる。
- もう一つの前提は $\forall x(Px \wedge Qx \rightarrow \exists yRxy)$ であるが、一時的仮定として、Px と Qx が使えることから、$\forall E$ と $\rightarrow E$ を組み合わせれば、後件の $\exists yRxy$ が導けそうである。

つまり、$\exists yRxy$ と $\neg \exists yRxy$ というペアを導くことで、矛盾 $\bot$ を導出しようという方針である。こう考えると、次のような証明の形が決まる。

$$
\cfrac{\cfrac{\cfrac{\begin{matrix} [Px] & [Qx] \\ \vdots & \vdots \\ \exists yRxy & \neg \exists yRxy \end{matrix}}{\bot} \, \neg E}{\cfrac{\neg Qx}{Px \rightarrow \neg Qx} \, \neg I} \, \rightarrow I}{\forall x(Px \rightarrow \neg Qx)} \, \forall I
$$

ステップ5 $\neg \exists yRxy$ は、前提 $\forall x \neg \exists yRxy$ から全称量化子の除去規則 $(\forall E)$ によって導くことができる。

$$\cfrac{\cfrac{\cfrac{\cfrac{\begin{array}{c}[Px]\ [Qx] \\ \vdots \\ \exists yRxy \end{array} \qquad \cfrac{\forall x\neg\exists yRxy}{\neg\exists yRxy}\ \forall E}{\bot}\ \neg E}{\neg Qx}\ \neg I}{Px \to \neg Qx}\ \to I}{\forall x(Px \to \neg Qx)}\ \forall I$$

ここで、残る証明のギャップは、左上の部分だけである。

$\boxed{\text{ステップ } 6}$ 次の目標は $\exists yRxy$ を導くことである。この段階での仮定と目標を整理しておくと、次のようになる。

証明で使用してよい仮定	導き出したい目標
$\forall x(Px \wedge Qx \to \exists yRxy)$	$\exists yRxy$
$\forall x\neg\exists yRxy$	
$[Px]$	
$[Qx]$	

一見すると、この目標は存在命題の形をしているので、基本方針に従って、存在量化子の導入規則 ($\exists I$) を適用したくなるかもしれない。しかし、前提には、$\forall x(Px \wedge Qx \to \exists yRxy)$ という形の命題がある。この $\to$ の後件が、ちょうど目標である $\exists yRxy$ という形をしていることに注目しよう。もし $Px \wedge Qx$ が主張できたなら、$\to E$ を使って、$\exists yRxy$ をまるごと導くことができそうである。つまり、次のような証明が頭に浮かぶ。

$$\cfrac{\cfrac{\cfrac{\cfrac{\cfrac{\begin{array}{c}[Px]\ [Qx] \\ \vdots \\ Px \wedge Qx \end{array} \quad Px \wedge Qx \to \exists yRxy}{\exists yRxy}\ \to E \qquad \cfrac{\forall x\neg\exists yRxy}{\neg\exists yRxy}\ \forall E}{\bot}\ \neg E}{\neg Qx}\ \neg I}{Px \to \neg Qx}\ \to I}{\forall x(Px \to \neg Qx)}\ \forall I$$

このように、その段階で導きたい目標が複合的な論理式であっても、手持ちの前提と仮定を常に意識して、柔軟に除去規則の適用を試みると、よりシンプルな証明を構成することができる。

ステップ7 ここまで来れば、後は容易だろう。$Px \wedge Qx$ は、二つの一時的仮定から連言の導入規則 $\wedge I$ によって直ちに導くことができる。もう一つの目標である $Px \wedge Qx \to \exists y Rxy$ の方は、全称量化子の除去規則 $\forall E$ によって、前提 $\forall x(Px \wedge Qx \to \exists y Rxy)$ から導かれる。

証明図が完成したら、今度は前提から結論へと証明全体を読み直してみるとよい。また、一時的仮定（この場合、$[Px]$ と $[Qx]$ という仮定）をどの段階で閉じたのか、番号を付けておく必要がある。

最終的には次のような証明図が完成する。

$$\cfrac{\cfrac{\cfrac{[Px]^2 \quad [Qx]^1}{Px \wedge Qx} \wedge I \quad \cfrac{\cfrac{\forall x(Px \wedge Qx \to \exists y Rxy)}{Px \wedge Qx \to \exists y Rxy} \forall E}{\exists y Rxy} \to E \quad \cfrac{\cfrac{\forall x \neg \exists y Rxy}{\neg \exists y Rxy} \forall E}{\quad} \neg E}{\cfrac{\bot}{\neg Qx} \neg I, 1}}{\cfrac{Px \to \neg Qx}{\forall x(Px \to \neg Qx)} \forall I} \to I, 2$$

最後に次の三点を忘れずに確認しよう。

確認1 まず、それぞれのステップが推論規則と合致しているか、もう一度確認しよう。

- この例では、左上から、$\wedge I$, $\forall E$, $\to E$, $\forall E$, $\neg E$, $\neg I$, $\to I$, $\forall I$ という八つのステップがいずれもそれぞれの推論規則と合致していることを確認してみよう。

確認2 次に、証明図の中で、開いた仮定として残っているものがすべて、最初に与えられた推論の前提に含まれているかどうかを確認しよう。もし、前提に含まれていないものがあれば、まだ証明は完成していないことになる。

- この例の場合、$\forall x(Px \wedge Qx \to \exists y Rxy)$ と $\forall x \neg \exists y Rxy$ の二つが開いた仮定であるが、いずれも最初に与えられた推論の前提となっている。よって、これをさらに証明する必要はない。

確認3 どの仮定がどのステップで閉じたのかを明示するために、閉じた仮定と、$\neg I$ もしくは $\to I$ の適用に対して、同じ番号を付けておく。

- この例では、$\neg I$ を適用するさいに仮定 Qx が閉じられ、$\rightarrow I$ を適用するさいに仮定 Px が閉じられている。よって、それぞれの番号（Qx に対しては 1、Px に対しては 2）が、$\rightarrow I$ および $\neg I$ の番号と対応している。番号が対応していれば、1 と 2 が逆であってもかまわない。

例 7.13 もう一つの具体例として、次の証明を見ておこう。

$$\forall x(Fx \rightarrow Gx) \vdash \neg \exists x(Fx \wedge \neg Gx)$$

これは、存在量化子の除去規則 $\exists E$ が必要な例であり、その使い方に注意して証明の構成を追ってほしい。

[ステップ1] まず、結論の $\neg \exists x(Fx \wedge \neg Gx)$ は、否定命題である。よって、基本方針に沿って、否定の導入規則 ($\neg I$) を適用することを試みる。つまり、$\exists x(Fx \wedge \neg Gx)$ と一時的に仮定して矛盾 $\bot$ を導くことができれば、$\neg \exists x(Fx \wedge \neg Gx)$ と結論することができる。証明全体は次のような形になる。

$$\frac{\begin{array}{c}[\exists x(Fx \wedge \neg Gx)]\\ \vdots \\ \bot\end{array}}{\neg \exists x(Fx \wedge \neg Gx)} \ \neg I$$

この段階での仮定と目標は次のように整理できる。

証明で使用してよい仮定	導き出したい目標
$\forall x(Fx \rightarrow Gx)$	$\bot$
$\exists x(Fx \wedge \neg Gx)$	

[ステップ2] 矛盾 $\bot$ を導くには、ある命題 A とその否定 $\neg A$ というペアを見つけて、$\neg E$ を適用すればよい。しかし、仮定として利用可能な $\forall x(Fx \rightarrow Gx)$ も、$\exists x(Fx \wedge \neg Gx)$ も、このままではそのような矛盾した形にはなっていない。そこで、これらの論理式に除去規則を適用することを試みる。$\forall x(Fx \rightarrow Gx)$ に除去規則 $\forall E$ を適用して得られるのは、$Fx \rightarrow Gx$ という形の命題だけであるから、まずは、$\exists x(Fx \wedge \neg Gx)$ に存

在量化子の除去規則 $\exists E$ を適用してみよう。もう一度確認しておくと、$\exists E$ は次のような形の規則であった。

$$\frac{\exists x \mathcal{P}(x) \qquad \begin{matrix} [\mathcal{P}(x)]^n \\ \vdots \\ \mathcal{C} \end{matrix}}{\mathcal{C}} \ \exists E, n$$

ここで、$\mathcal{C}$ の位置にはどのような論理式が来てもかまわない。いま導きたいのは $\bot$ であるから、$\mathcal{C}$ として $\bot$ をとろう。$\mathcal{P}(x)$ の位置には、$Fx \wedge \neg Gx$ が来る。すると、証明は、次のような形になる。

$$\frac{\dfrac{[\exists x(Fx \wedge \neg Gx)] \qquad \begin{matrix} [Fx \wedge \neg Gx] \\ \vdots \\ \bot \end{matrix}}{\bot} \ \exists E}{\neg \exists x(Fx \wedge \neg Gx)} \ \neg I$$

使用することのできる仮定を次のようにまとめておくとわかりやすい。

証明で使用してよい仮定	導き出したい目標
$\forall x(Fx \rightarrow Gx)$	$\bot$
$[Fx \wedge \neg Gx]$	

[ステップ 3]　次の目標は、前提 $\forall x(Fx \rightarrow Gx)$ と一時的仮定 $Fx \wedge \neg Gx$ から $\bot$ を導くことである。ここまでくれば、もはや難しい問題ではないだろう。Gx と $\neg Gx$ から $\bot$ を導くという方針で考えると、最終的に次のような証明図が得られる。

$$\frac{[\exists x(Fx \wedge \neg Gx)]^2 \qquad \dfrac{\dfrac{\dfrac{[Fx \wedge \neg Gx]^1}{Fx} \wedge E \quad \dfrac{\forall x(Fx \rightarrow Gx)}{Fx \rightarrow Gx} \forall E}{Gx} \rightarrow E \qquad \dfrac{[Fx \wedge \neg Gx]^1}{\neg Gx} \wedge E}{\bot} \neg E}{\bot} \ \exists E, 1$$
$$\frac{}{\neg \exists x(Fx \wedge \neg Gx)} \ \neg I, 2$$

ここで一時的仮定 $[Fx \wedge \neg Gx]$ は $\exists E$ を適用するステップで閉じられ、$[\exists x(Fx \wedge \neg Gx)]$ は最後の $\neg I$ を適用するステップで閉じられていること

に注意してほしい。開いた仮定として残っているのは $\forall x(Fx \to Gx)$ だけであり、これは最初から与えられた推論の前提である。

　以上の二つの例題の理解を確認するため、まずは同じような形の問題を解いてみよう。

　問題 7.9　次の証明を示しなさい。

1.　$\neg\exists x(Fx \wedge Gx) \vdash \forall x(Fx \to \neg Gx)$
2.　$\forall x(Fx \to \neg Gx) \vdash \neg\exists x(Fx \wedge Gx)$

同値変形について説明した例 6.1 (p. 152) で、$\forall x(Fx \to \neg Gx)$ と $\neg\exists x(Fx \wedge Gx)$ が真理条件的に同値であることを見た。問題 7.9 はこの事実を自然演繹によって証明するという問題である。

　もっと問題を解いてみたいという人は、次の問題に取り組んでみよう。

　問題 7.10　次の証明を示しなさい。

1.　$\exists x\neg Fx \vdash \neg\forall x Fx$
2.　$\exists x(Fx \wedge \neg Gx) \vdash \neg\forall x(Fx \to Gx)$
3.　$\exists x Fx \to \forall y Gy \vdash \forall x\forall y(Fx \to Gy)$
4.　$\vdash \neg\exists x(Px \wedge \neg Px)$
5.　$\neg\exists x Fx \vee \neg\exists x Gx \vdash \neg\forall x(Fx \wedge Gx)$
6.　$\forall x(Fx \to \forall y(Rxy \to Gy)) \vdash \forall y(\exists x(Fx \wedge Rxy) \to Gy)$

7.3　直観主義述語論理と古典述語論理

　これまで含意、否定、連言、選言、全称量化子、存在量化子に対する導入規則と除去規則を扱ってきた。これらの推論規則からなる論理体系は、**最小論理**と呼ばれる。特にこの章で見てきたのは述語論理の体系であるから、命題論理と区別するときは、**最小述語論理**と呼ぼう。命題論理のときと同様に、最小述語論理にさらに新たな推論規則を付け加えることによって、より強い証明力をもつ論理体系を手に入れることができる。

まず、矛盾 ($\bot$) に関する推論規則 $\bot E$ である。すでに 4.3 節で見た規則であるが、ここに再掲しよう。

$\bot E$ が必要となる述語論理の推論の例をひとつ挙げよう。第 6 章の述語論理の意味論では、述語 F を満たすものが存在しないとき、全称文 $\forall x(Fx \to Gx)$ は空虚に真となることを見た。このことは次の推論が妥当であることを意味する。

例 **7.14**　$\neg\exists x Fx \vdash \forall x(Fx \to Gx)$

この証明には、次に示すように $\bot E$ 規則が必要となる。

$$\frac{\dfrac{\dfrac{[Fx]^1}{\exists x Fx} \ \exists I \quad \neg \exists x Fx}{\dfrac{\bot}{Gx} \ \bot E} \ \neg E}{\dfrac{Fx \to Gx}{\forall x(Fx \to Gx)} \ \forall I} \ \to I, 1$$

最小述語論理に $\bot E$ を加えた体系を、**直観主義述語論理**の自然演繹 (NJ) と呼ぶ。次は、$\bot E$ が必要となる問題である。

問題 **7.11**　　次の証明を示しなさい。

1.　$\forall x(\neg Fx \lor Gx) \vdash \forall x(Fx \to Gx)$
2.　$\forall x(\exists y Fxy \lor \exists y Gxy), \ \neg\exists x \exists y Fxy \vdash \forall x \exists y Gxy$

◆ 背理法と古典述語論理

述語論理の自然演繹の推論規則として、最後に背理法 (RAA) がある。

この規則は4.3節で見たものと同じであるが、もう一度示しておこう。

▶ ▲ ▼ ▲ ▼ ▲ ▼ ▲ ▼ ▲ ▼ ▲ ▼ ▲ ▼ ▲ ▼ ▲ ▼ ▲ ▼ ▲ ▼ ▲ ◀

背理法（RAA と略記する）

　$\neg\mathcal{P}$ という形の仮定から、矛盾 ($\bot$) が導かれるとき、仮定 $\neg\mathcal{P}$ を閉じて、$\mathcal{P}$ という形の論理式を導いてよい。

$$
\begin{array}{c}
[\neg\mathcal{P}]^n \\
\vdots \\
\dfrac{\bot}{\mathcal{P}} \ RAA, n
\end{array}
$$

▶ ▲ ▼ ▲ ▼ ▲ ▼ ▲ ▼ ▲ ▼ ▲ ▼ ▲ ▼ ▲ ▼ ▲ ▼ ▲ ▼ ▲ ▼ ▲ ◀

　直観主義述語論理に背理法を加えた体系を**古典述語論理**の自然演繹 (NK) と呼ぶ。背理法が必要となる証明として、次の例を考えよう。

　例 **7.15**　$\forall x(\neg Gx \to \neg Fx) \vdash \forall x(Fx \to Gx)$

結論は $\forall x(Fx \to Gx)$ という全称命題であり、その中には $Fx \to Gx$ という条件命題が埋め込まれている。よってこれまで通り、証明の最後のステップでは $\forall I$ と $\to I$ が適用される。

$$
\dfrac{\dfrac{\begin{array}{c}\vdots \\ Gx\end{array}}{Fx \to Gx} \to I}{\forall x(Fx \to Gx)} \ \forall I
$$

この段階では、仮定と目標は次のようになる。

証明で使用してよい仮定	導き出したい目標
$\forall x(\neg Gx \to \neg Fx)$	Gx
$[Fx]$	

この二つの仮定だけでは、目標の Gx を導くことはできそうもない。よって、最後の手段として RAA を適用してみよう。すると、$\neg Gx$ を一時的に仮定し、$\bot$ を新たな目標として設定すればよいことがわかる。

証明で使用してよい仮定	導き出したい目標

$$\forall x(\neg Gx \to \neg Fx)$$
$$[Fx]$$
$$[\neg Gx]$$

この三つの仮定から矛盾を導くのは難しくない。こうして、次のように証明が完成する。

$$\cfrac{\cfrac{[Fx]^2 \quad \cfrac{[\neg Gx]^1 \quad \cfrac{\forall x(\neg Gx \to \neg Fx)}{\neg Gx \to \neg Fx}\ \forall E}{\neg Fx}\ \to E}{\cfrac{\cfrac{\bot}{Gx}\ RAA,\ 1}{\cfrac{Fx \to Gx}{\forall x(Fx \to Gx)}\ \forall I}\ \to I,\ 2}}{}$$

上の例を参考にして、以下の証明を考えてみよう。

問題 **7.12** 　次を証明しなさい。

1. $\neg \exists x(Fx \wedge \neg Gx) \vdash \forall x(Fx \to Gx)$
2. $\neg \exists x \neg Fx \vdash \forall x Fx$

以下の証明は難しいが、上級者は挑戦してみてほしい。

問題 **7.13** 　次を証明しなさい。

1. $\neg \forall x Fx \vdash \exists x \neg Fx$
2. $\neg \forall x \exists y Fxy \vdash \exists x \forall y \neg Fxy$

✦ 量化子について成り立つ帰結関係

　古典述語論理の自然演繹で成り立つ代表的な帰結関係のうち、量化子にかかわるものをまとめておく。4.3 節 (p. 109–110) で見た論理結合子にかかわる帰結関係と同様に、$A \vdash B$ と $B \vdash A$ がどちらも証明可能であるとき、$A \dashv\vdash B$ と書く。

古典述語論理の自然演繹 (NK) において成り立つ帰結関係

1. * $A \to \forall x Fx \dashv\vdash \forall x(A \to Fx)$
2. * $A \land \forall x Fx \dashv\vdash \forall x(A \land Fx)$
3. * $A \lor \forall x Fx \dashv\vdash \forall x(A \lor Fx)$
4. * $\forall x(Fx \to A) \dashv\vdash \exists x Fx \to A$
5. $\forall x Fx \dashv\vdash \forall y Fy$
6. $\forall x \forall y Fxy \dashv\vdash \forall y \forall x Fxy$
7. $\exists x \exists y Fxy \dashv\vdash \exists y \exists x Fxy$
8. $\forall x(Fx \land Gx) \dashv\vdash \forall x Fx \land \forall x Gx$
9. $\exists x(Fx \lor Gx) \dashv\vdash \exists x Fx \lor \exists x Gx$
10. $\neg \forall x Fx \dashv\vdash \exists x \neg Fx$ （ド・モルガンの法則）
11. $\neg \exists x Fx \dashv\vdash \forall x \neg Fx$ （ド・モルガンの法則）

ただし、*がついている 1 から 4 までの帰結関係は、A に x が自由変項として現れないときに成り立つ。証明を考えてみると、$\forall I$ と $\exists E$ を使うことになるが、そのさい A に x が自由変項として現れないという条件が本質的であることがわかるだろう。

> 問題 **7.14**　上の 1–11 の帰結関係の中で、まだ証明していないもの、特に 1 から 4 までを証明してみよう。また、この中に古典論理でのみ成り立つ（すなわち、背理法が必要となる）帰結関係はあるだろうか。

7.4　同一性

この節では、同一性（＝）にかかわる証明規則を定式化する。同一性の意味については、すでに 6.7 節 (p. 178) で説明したが、これに対応する推論規則はどのような形になるだろうか。同一性の規則に関して特別なのは、これまで論理結合子と量化子については推論規則を定式化したが、同一性の場合は、推論規則だけでなく、ある形の論理式がつねに成り立つことを定める**公理**が必要であるという点が特別である。

▲ ▼ ▲ ▼ ▲ ▼ ▲ ▼ ▲ ▼ ▲ ▼ ▲ ▼ ▲ ▼ ▲ ▼ ▲ ▼ ▲ ▼

＝の公理（＝Ax と略記する）

任意の個体変項もしくは個体定項 t について、$t = t$ という形の論理式を無条件に使用してよい。

$$\overline{t = t} = Ax$$

すなわち、$t = t$ の形の論理式は、仮定に依存せず常に成り立つものと考えてよい。

＝の除去規則（＝E と略記する）

s と t を任意の個体変項もしくは個体定項とする。$s = t$ という形の論理式と $\mathcal{P}(s)$ という形の論理式から $\mathcal{P}(t)$ という形の論理式を導いてよい。

$$\frac{s = t \quad \mathcal{P}(s)}{\mathcal{P}(t)} = E$$

ここで、$\mathcal{P}(s)$ は s を含む任意の論理式を表し、$\mathcal{P}(t)$ はその s の現れを t に置き換えて得られる論理式を表す。

▲ ▼ ▲ ▼ ▲ ▼ ▲ ▼ ▲ ▼ ▲ ▼ ▲ ▼ ▲ ▼ ▲ ▼ ▲ ▼ ▲ ▼

それ以上の証明を必要とせず常に成り立つと認められる論理式を**公理**と言う。公理は閉じた仮定とみなされる。よって、公理を開いた仮定と区別するために、公理の論理式の上には線を引いておく。

📖 ノート　公理と公理図式

厳密には、ここで導入する $t = t$ のような形の場合、t にどんな項が入ってもかまわないので、**公理図式** (axiom scheme) と呼ばれる。純粋な意味での公理とは、t のような図式的な表現を含まないもののことをいう。例えば、$t = t$ の代わりに $\forall x(x = x)$ という閉じた論理式を公理として採用することも可能である。$t = t$ という公理図式を認める体系と、$\forall x(x = x)$ という公理を認める体系では、そこで証明できる論理式の範囲に差はない。

同一性＝に関して、6.6 節 (p. 175–176) で導入した反射性、対称性、推

移性が成り立つ。これを証明しよう。

例 7.16 ＝の反射性　⊢ $\forall x(x = x)$

$$\frac{\overline{x = x}\ ^{= Ax}}{\forall x(x = x)}\ {\forall I}$$

ここで $x = x$ は公理であり、閉じた仮定と考えてよい。よって、$\forall I$ が適用可能である。

例 7.17 ＝の対称性　⊢ $\forall x \forall y(x = y \rightarrow y = x)$

$$\frac{\frac{[x = y]^1 \quad \overline{x = x}\ ^{= Ax}}{y = x}\ {= E}}{\frac{x = y \rightarrow y = x}{\frac{\forall y(x = y \rightarrow y = x)}{\forall x \forall y(x = y \rightarrow y = x)}\ {\forall I}}\ {\forall I}}\ {\rightarrow I,\,1}$$

ここで、$= E$ のステップに注意しよう。この証明では、＝の除去規則における $\mathcal{P}(s)$ として、$s = x$ という形の論理式を考えている。このように、$x = x$ における x の現れの一方にのみ y を代入することも可能である。

例 7.18 ＝の推移性　⊢ $\forall x \forall y \forall z(x = y \wedge y = z \rightarrow x = z)$

$$\frac{\frac{\dfrac{[x = y \wedge y = z]^1}{y = z}\ {\wedge E} \quad \dfrac{[x = y \wedge y = z]^1}{x = y}\ {\wedge E}}{x = z}\ {= E}}{\frac{x = y \wedge y = z \rightarrow x = z}{\frac{\forall z(x = y \wedge y = z \rightarrow x = z)}{\frac{\forall y \forall z(x = y \wedge y = z \rightarrow x = z)}{\forall x \forall y \forall z(x = y \wedge y = z \rightarrow x = z)}\ {\forall I}}\ {\forall I}}\ {\forall I}}\ {\rightarrow I,\,1}$$

ここで、$= E$ のステップでは、＝の除去規則における $\mathcal{P}(s)$ として $x = s$ という形の論理式をとり、y に z を代入している。

問題 7.15　次の証明を示しなさい。$x \neq y$ は $\neg(x = y)$ という意味であることに注意しよう。

1. $\vdash \forall x \forall y (x = y \rightarrow (Fx \rightarrow Fy))$
2. $\vdash \forall x \forall y (Fx \wedge \neg Fy \rightarrow x \neq y)$

この 1 の形の命題は、**同一者不可識別の原理**あるいは**ライプニッツの法則**とも呼ばれる。つまり、x と y が同じ個体なら，x がもつ性質 F は y も必ずもつという趣旨の原理である。2 は 1 の対偶の形であり、x と y がある性質 F をもつかどうかに関して食い違っているならば、x と y は別の個体であると述べている。

問題 **7.16**　以下を証明しなさい。

1. $Fa \vdash \forall x (x = a \rightarrow Fx)$
2. $\forall x (x = a \rightarrow Fx) \vdash \exists x (x = a \wedge Fx)$
3. $\exists x (x = a \wedge Fx) \vdash Fa$

一般に、任意の論理式 A, B, C について、$A \vdash B$ と $B \vdash C$ が成り立つならば、$A \vdash C$ も成り立つ。これによって、問題 7.16 から、Fa と $\forall x (x = a \rightarrow Fx)$ と $\exists x (x = a \wedge Fx)$ という三つの論理式が同値であることがわかる。つまり、1 と 2 から、$Fa \vdash \exists x (x = a \wedge Fx)$ も成り立ち、2 と 3 から、$\forall x (x = a \rightarrow Fx) \vdash Fa$ が成り立ち、3 と 1 から、$\exists x (x = a \wedge Fx) \vdash \forall x (x = a \rightarrow Fx)$ が成り立つので、結局、1 と 2 と 3 の $\vdash$ という帰結関係は、双方向の $\dashv\vdash$ と読み替えることができる。このように、三つの論理式 A, B, C が互いに同値であることを示すには、(1) $A \vdash B$、(2) $B \vdash C$、(3) $C \vdash A$ という三つのことを示せば十分である。

◆ 「一意的に存在する」の証明

さて以前に、問題 6.15 (p. 180) において「F であるものはたかだか（多くても）一つである」という表現の記号化を考えた。これはふつう、

$$\forall x \forall y (Fx \wedge Fy \rightarrow x = y)$$

と記号化される。すると、「F であるものが一つだけ存在する」という文は、

$$\exists x Fx \wedge \forall x \forall y (Fx \wedge Fy \rightarrow x = y)$$

のように記号化することができる。このとき、F であるものは**一意的に**存在するともいう。

問題 7.17　「一意的に存在する」ということの論理的表現として、次の 1 と 2 を使うこともある。この三つの論理式が同値であることを証明しなさい。（1 ⊢ 2、2 ⊢ 3、3 ⊢ 1 を証明すればよい。）

1. $\exists x(Fx \wedge \forall y(Fy \to y = x))$
2. $\exists x \forall y(Fy \leftrightarrow y = x)$
3. $\exists x Fx \wedge \forall x \forall y(Fx \wedge Fy \to x = y)$

ここで、「$\leftrightarrow$」は双条件であり、$(A \to B) \wedge (B \to A)$ のことを意味する。よって、2 の論理式は、$\exists x \forall y((Fy \to y = x) \wedge (y = x \to Fy))$ の省略表現とみなせる。

7.5　矛盾の証明と述語論理の完全性

これまでこの章では述語論理の自然演繹を使って、与えられた推論が妥当であることを示す方法を見てきた。4.4 節で見たように、同じように自然演繹体系を使って、論理式の集合が不整合であること、すなわち、そこから矛盾が帰結することを示すことも可能である。例えば、論理式の集合 $\{\neg Ga, \forall x(Fx \to Gx), \neg \exists x \neg Fx\}$ が不整合であることを自然演繹を用いて示すには、

$$\neg Ga, \forall x(Fx \to Gx), \neg \exists x \neg Fx \vdash \bot$$

が証明可能であることを示せばよい。これは次のように証明できる。

$$
\cfrac{
  \cfrac{
    \cfrac{
      [Fa]^1 \quad \cfrac{\forall x(Fx \to Gx)}{Fa \to Ga} \ \forall E
    }{Ga} \ {\to}E \quad \neg Ga
  }{
    \cfrac{\cfrac{\bot}{\neg Fa} \ \neg I,\, 1}{\exists x \neg Fx} \ \exists I \quad \neg \exists x \neg Fx
  } \ \neg E
}{\bot} \ \neg E
$$

問題 **7.18**　　次の論理式の集合が矛盾していることを、自然演繹を用いて示しなさい。2 は例 6.8(p.167) で見た充足不可能な論理式の集合である。

1. $\{\exists x Fx,\ \neg\exists x Gx,\ \forall x(Fx \to Gx)\}$
2. $\{\neg Ga,\ \forall x(Fx \to Gx),\ \forall x(Fx \lor Gx)\}$

✦ ラッセルのパラドクス

　一般に正しいと考えられている前提だけを使って矛盾を導く論法のことを**パラドクス**と言う。論理学史上よく知られたパラドクスの一つに「ラッセルのパラドクス」と呼ばれるものがある。その一つのバージョンが次のものである。

　例 7.19　人はみな、自分自身のことが好きであるか好きでないかのどちらかである。ここでは「好きでも嫌いでもない」という状態は考えず、「好きではない」は「嫌いである」と言い換えられるものとする。そこで、次のような人がいるとしよう。その人は、「自分のことが好きな人」は嫌いであり、逆に、「自分のことが嫌いな人」は好きである。この想定におかしなところはないように思えるが、ここから矛盾が帰結する。その人自身は、自分のことが好きであるのか嫌いであるのかと問いかけてみよう。もしその人自身、自分のことが好きであれば、「自分のことが好きな人」のことは嫌いであったのだから、自分のことは嫌いであることが帰結する。他方で、その人自身、自分のことが嫌いであれば、今度は、自分のことが好きであることが帰結する。これは矛盾である。この論証を形式化して、自然演繹を用いて実際に矛盾を導いてみよう。

　「x は y のことが好きである」を Lxy とおく。まず、「x は〈自分のことが好きな人〉のことは嫌いである」は、$\forall y(Lyy \to \neg Lxy)$ と記号化できる。一方、「x は〈自分のことが嫌いな人〉のことは好きである」は、$\forall y(\neg Lyy \to Lxy)$ となる。このような x が存在すると主張しているので、矛盾を導く文は、全体として、

$$\exists x(\forall y(Lyy \rightarrow \neg Lxy) \land \forall y(\neg Lyy \rightarrow Lxy))$$

と記号化できる。

問題 7.19 この論理式から矛盾が帰結すること、すなわち、

$$\exists x(\forall y(Lyy \rightarrow \neg Lxy) \land \forall y(\neg Lyy \rightarrow Lxy)) \vdash \bot$$

を証明しなさい。

なお、より簡潔な記号化として、$\forall y(Lyy \rightarrow \neg Lxy) \land \forall y(\neg Lyy \rightarrow Lxy)$ の部分は、

$$\forall y((Lyy \rightarrow \neg Lxy) \land (\neg Lyy \rightarrow Lxy))$$

と同値であり、$\land$ の前半部分は、対偶をとれば、$Lxy \rightarrow \neg Lyy$ と同値であるから、結局、双条件 $\leftrightarrow$ を使って、全体は、$\forall y(Lxy \leftrightarrow \neg Lyy)$ と書き換えられる。よって、矛盾を導く前提は、

$$\exists x \forall y(Lxy \leftrightarrow \neg Lyy)$$

と書くこともできる。

では、論理式の集合が矛盾していないこと、すなわち、整合的であることを証明するにはどうしたらよいだろうか。具体例を挙げれば、例 6.7 (p.165) で見たように、$\{Fa, \neg Gb, \forall x(Fx \rightarrow Hx), \forall x(Fx \lor Gx)\}$ という論理式の集合は整合的である。このことを示すには、$Fa, \neg Gb, \forall x(Fx \rightarrow Hx), \forall x(Fx \lor Gx)$ という四つの論理式から矛盾 $\bot$ が証明不可能であること、すなわち、

$$Fa, \neg Gb, \forall x(Fx \rightarrow Hx), \forall x(Fx \lor Gx) \not\vdash \bot$$

を示せばよい。実際、これは成り立ちそうである。試しに、古典述語論理の自然演繹 NK を用いて、四つの前提から結論 $\bot$ へ至る証明を見つけようとしても、うまくいかないことがわかるだろう。しかし、4.4 節で述べたように、それだけでは「前提から結論が帰結しない」と結論するには不十分である。ここで必要なのは、与えられた推論が正しいことを示す方法、つまり、**証明**の方法ではなく、推論が正しくないことを示す方法、つまり、

反証の方法である。以下では、述語論理について成り立つ完全性を利用して「前提から矛盾が帰結しない」ことを証明する方法を説明しよう。

✦ 述語論理の完全性

第6章では、前提 $\mathcal{P}_1, \ldots, \mathcal{P}_n$ を真とするあらゆるモデルにおいて結論 $\mathcal{Q}$ もまた真であること、すなわち、$\mathcal{P}_1, \ldots, \mathcal{P}_n \models \mathcal{Q}$ という関係を規定した。一方、第7章では、自然演繹体系 NK を導入し、NK において $\mathcal{P}_1, \ldots, \mathcal{P}_n$ から $\mathcal{Q}$ が証明可能であるということ、すなわち、$\mathcal{P}_1, \ldots, \mathcal{P}_n \vdash \mathcal{Q}$ という関係によって、推論の妥当性を特徴づけた。ここで、当初から問題にしていた「妥当な推論」というものを、意味論と証明論という二つの側面から規定したことになる。命題論理のときと同様に、この二つの概念は一致することが知られている。それを保証するのが、述語論理の完全性である。

> ### 述語論理の完全性定理
>
> 述語論理の任意の論理式 $\mathcal{P}_1, \ldots, \mathcal{P}_n, \mathcal{Q}$ について、$\mathcal{P}_1, \ldots, \mathcal{P}_n \models \mathcal{Q}$ が成り立つことと NK において $\mathcal{P}_1, \ldots, \mathcal{P}_n \vdash \mathcal{Q}$ が成り立つことは同値である。つまり、次が成り立つ。
>
> $$\mathcal{P}_1, \ldots, \mathcal{P}_n \models \mathcal{Q} \iff \mathcal{P}_1, \ldots, \mathcal{P}_n \vdash \mathcal{Q}$$
>
> これの特殊な場合として、論理式 $\mathcal{P}$ がトートロジーであることと、$\mathcal{P}$ が定理であることは同値である。すなわち、次が成り立つ。
>
> $$\models \mathcal{P} \iff \vdash \mathcal{P}$$

上の完全性定理で結論の論理式の $\mathcal{Q}$ として $\bot$ をとれば、

$$\mathcal{P}_1, \ldots, \mathcal{P}_n \models \bot \iff \mathcal{P}_1, \ldots, \mathcal{P}_n \vdash \bot$$

となる。ここで、左辺の $\mathcal{P}_1, \ldots, \mathcal{P}_n \models \bot$ の部分は、ようするに、$\mathcal{P}_1, \ldots, \mathcal{P}_n$ を真とするモデルが存在しないこと、言い換えれば、$\mathcal{P}_1, \ldots, \mathcal{P}_n$ が充足不可能であるということを述べている。もう少し詳しく言うと、$\mathcal{P}_1, \ldots, \mathcal{P}_n \models \bot$ は「$\mathcal{P}_1, \ldots, \mathcal{P}_n$ を真とするあらゆるモデルにおいて、

⊥ も真である」ということであり、⊥ を真とするモデルは存在しないから、「$\mathcal{P}_1, \ldots, \mathcal{P}_n$ を真とするモデルは存在しない」という主張に帰着する。よって、ここから、

> (C)　論理式の集合 $\{\mathcal{P}_1, \ldots, \mathcal{P}_n\}$ が充足不可能である $\Longleftrightarrow$ $\{\mathcal{P}_1, \ldots, \mathcal{P}_n\}$ から矛盾 ⊥ が証明可能である

という対応が得られる。こうして、完全性を利用すれば、論理式の集合が充足不可能であることと、その論理式の集合から矛盾が帰結することが等しいことがわかる。さらに (C) の対偶をとれば、

> (C′)　論理式の集合 $\{\mathcal{P}_1, \ldots, \mathcal{P}_n\}$ が充足可能である $\Longleftrightarrow$ $\{\mathcal{P}_1, \ldots, \mathcal{P}_n\}$ から矛盾 ⊥ が証明不可能である

が得られる。再び例 6.7 (p. 165) を使えば、

$$\{Fa, \neg Gb, \forall x(Fx \rightarrow Hx), \forall x(Fx \vee Gx)\}$$

という論理式の集合は充足可能である。よって、(C′) により、ここから矛盾 ⊥ が証明不可能であること、すなわち、

$$Fa, \neg Gb, \forall x(Fx \rightarrow Hx), \forall x(Fx \vee Gx) \nvdash \bot$$

を導くことができる。

✦ 述語論理の決定不可能性

　完全性定理は、述語論理の自然演繹が十分な強力なものであることを示している。他方で、述語論理のある種の限界を示す結果も知られている。これについても簡単にふれておきたい。

　命題論理の範囲では、真理表の方法によって、推論の妥当性を機械的に判定することができた。この意味で、命題論理における妥当性判定という問題には**決定手続き**が存在するという。一般に、ある論理における妥当性を有限の時間で機械的に判定する手続き（アルゴリズム）が存在するとき、その論理は**決定可能** (decidable) であるという。

　自然演繹は、述語論理における推論の妥当性を機械的に判定する方法としては、満足の行くものではない。もし推論が妥当であれば、いかに非効

率的であっても、しらみつぶしに証明を探索していけばいつか正しい証明が見つかるはずである。自然演繹の証明は有限の記号列とみなせるので、単純なものから始めて徐々に複雑なものを調べていけばよい。しかし、推論が妥当でない場合、証明の探索プロセスは停止することなく、存在しない証明をずっと探し続けることになってしまう。実はこうした事態は、自然演繹に限った話ではない。述語論理の場合、いかなる決定手続きも存在しないことが知られている。つまり、述語論理は本質的に**決定不可能**(undecidable) である。

◀ ▲▼▲▼▲▼▲▼▲▼▲▼▲▼▲▼▲▼▲▼▲▼▲▼▲ ▶
◀ **述語論理の決定不可能性** ▶
◀　　述語論理の任意の論理式 $\mathcal{P}_1, \ldots, \mathcal{P}_n, \mathcal{Q}$ について、$\mathcal{P}_1, \ldots, \mathcal{P}_n \models \mathcal{Q}$ ▶
◀ が成り立つかどうかを有限時間で判定するような機械的な手続き（ア ▶
◀ ルゴリズム）は存在しない。 ▶
◀ ▲▼▲▼▲▼▲▼▲▼▲▼▲▼▲▼▲▼▲▼▲▼▲▼▲ ▶

　　完全性や決定不可能性は、自然演繹のような論理体系の内部で証明されることではなく、論理体系について、それがどのような性質をもっているのか、体系の外側から証明されるべきことである。つまり、**メタ論理**の問題である。与えられた論理体系に対して完全性や決定可能性を証明することは、メタ論理に属する基本的な問題の一つである。残念ながら、これらの証明を追うことは、論理学の入門の範囲を超えている。さらに進んで学びたい人は、文献案内を見てほしい。

⊟⊟ ノート　**チューリングの業績**
　　述語論理の決定不可能性は、論理学者のアロンゾ・チャーチ (1903–1995) とアラン・チューリング (1912–1954) によって証明された。チューリングは、現在のコンピュータの基礎にあるアイディアを考案したことで知られる（他にも第二次大戦中の暗号解読や人工知能の分野でのいわゆるチューリング・テストなど様々な仕事がある）。興味深いことに、チューリングは、述語論理の決定手続きをめぐる問題に取り組むなかで、「計算可能である」

という概念に厳密な定式化を与える必要性を認識し、そのために、**チューリング・マシン**という仮想的なテープ処理装置を考案した。このアイディアに数学者のフォン・ノイマンらが着目し、現在のデジタル・コンピュータの基礎を築くに至った。なお、チャーチは、チューリングとは独立に、**ラムダ計算** (lambda calculus) という体系を考案し、独自のやり方で計算可能性の概念を定式化した。二人による計算可能性の概念はまったく一致することが知られている。

解答と解説

問題 1.1 前提と結論は以下の通りである。

    前提 1 花子はこのクラスの学生である。
    前提 2 花子は数学が得意である。
    前提 3 このクラスには、数学と英語の両方が得意な人はいない。
    結論 花子は英語が得意ではない。

問題 1.2

  1. 妥当である。これは下の左のオイラー図から判定できる。
  2. 妥当でない。右のオイラー図が示すように、花子が文学部の学生でないとは限らず、文学部の学生である可能性もある。

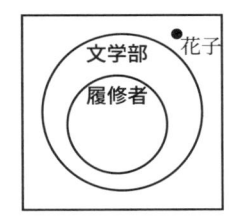 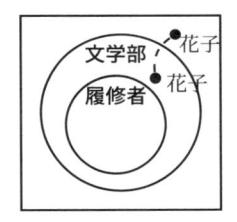

問題 1.3 妥当でない。

  この推論が妥当でないということを示すには、前提がいずれも真であるが結論が偽となる状況を一つでも考えればよい。文学部の学生が 100 人いて、そのうちの 80 人が論理学を履修しているとする。このとき、前提 1 は真である。また、論理学を履修している人は非常に多く、例えば 1000 人いて、そのうちの半数以上、例えば 600 人が哲学を履修しているとする。このとき、前提 2 は真である。ここで、100 人の文学部の学生のうち、哲学を履修しているのはごくわずかしかいない（極端な状況を考えれば、文学部の学生で論理学を受講している人は一人もいない）という状況は考えられる。この状況は次のような図で示すことができる。

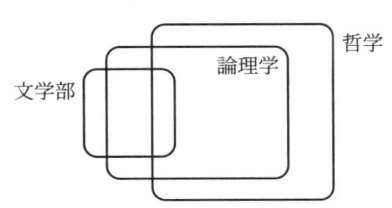

この状況で、結論は偽である。よって、二つの前提がいずれも真であるが、結論が偽と

なる状況がありうることから、この推論は妥当でないことがわかる。

問題 1.4　1. 矛盾している。2. 整合的である。

問題 2.1　1 の文は構造的に曖昧であり、次の二つの構造が考えられる。
(1A)　［土曜と（日曜の夕方）］は家にいます
(1B)　［（土曜と日曜）の夕方］は家にいます
(1A) の場合、「土曜は（ずっと）家にいる」ということを含意するが、(1B) ではそのような含意をもたない。

2 の文も構造的に曖昧であり、次の二つの構造が考えられる。
(2A)　［太郎の（奥さんと妹）］が訪ねてきた。
(2B)　［（太郎の奥さん）と妹］が訪ねてきた。
(2B) の読みの場合、「妹」を誰の妹と解釈するか、曖昧であり、「話し手（話者）の妹」「太郎の奥さんの妹」「誰か話題に上っている人の妹」とさまざまな解釈が考えられる。

3 の文には次の二つの解釈が可能である。これも構造的な曖昧性の一種とみなせるだろう。
(3A)　［（またフランスに行き）たくなった］
　　　＝〈またフランスに行く〉という欲求が生じた
(3B)　［また（フランスに行きたくなった）］
　　　＝〈フランスに行く〉という欲求がまた生じた
(3A) は以前にフランスに行ったことがあることを前提しているのに対して、(3B) の場合、フランスに一度も行ったことのない人でもこの欲求をもつことができる。

問題 2.2　1. $A \wedge D$　2. $B \vee D$　3. $A \wedge B$　4. $(A \wedge B) \vee (C \wedge D)$　5. $(A \vee B) \wedge (C \vee D)$

問題 2.3　1. $\neg C \vee \neg B$　2. $(A \wedge C) \wedge \neg B$　3. $\neg (A \wedge B)$　4. $\neg \neg C$　5. $A \wedge \neg B \wedge \neg C$
1 は順番を変えて $\neg B \vee \neg C$ としてもかまわない。∧ と ∨ は前後の命題を入れ替えても意味は変わらない。また、$\neg (C \wedge B)$ や $\neg (B \wedge C)$ でもよい。これは $\neg C \vee \neg B$ と同じ意味をもつ。

問題 2.4　1. $A \rightarrow B \wedge C$　2. $\neg A \rightarrow \neg B \wedge \neg C$　3. $C \wedge \neg A \rightarrow B$
　　　4. $(A \rightarrow B) \wedge (\neg A \rightarrow C)$

ここで、4 を $(A \rightarrow B) \vee (\neg A \rightarrow C)$ とするのは間違いである。この式だと、「もしアンが嘘をついているならボブも嘘をついている」と「もしアンが嘘をついていないならキャロルが嘘をついている」の**どちらか一方**が成り立つという意味になるが、元の文は、**この両方**が成り立つという意味をもつ。

問題 2.5　1. $A \rightarrow \neg B$　2. $\neg (A \vee B) \rightarrow C$　3. $\neg \neg \neg A$　4. $(A \vee B \rightarrow A \wedge C) \rightarrow (B \rightarrow C)$

問題 2.6　それぞれの構文木は以下の通り。1 の主結合子は →、2 の主結合子は ∨、3 の主結合子は ¬、4 の主結合子は → である。

1. $A \rightarrow \neg B \lor C$

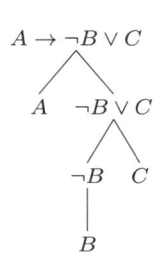

2. $\neg A \lor \neg B$

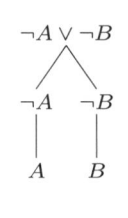

3. $\neg(A \land \neg B)$

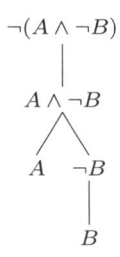

4. $A \land \neg B \rightarrow A \land C$

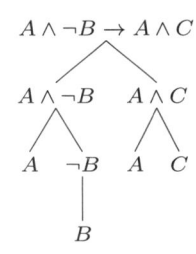

問題 3.1　真理表は以下の通りである。

A	B	$A \land B$	$\neg(A \land B)$
T	T	T	F
T	F	F	T
F	T	F	T
F	F	F	T

A	B	$\neg A$	$\neg B$	$\neg A \land \neg B$
T	T	F	F	F
T	F	F	T	F
F	T	T	F	F
F	F	T	T	T

問題 3.2　問題 3.1 の $\neg A \land \neg B$ までは同じで、その後に否定をつけて真理値を反転すればよい。ちなみに、$\neg(\neg A \land \neg B)$ の真理条件は、$A \lor B$ と同じである。後で見るように、この二つの論理式は同値である。

A	B	$\neg A$	$\neg B$	$\neg A \land \neg B$	$\neg(\neg A \land \neg B)$
T	T	F	F	F	T
T	F	F	T	F	T
F	T	T	F	F	T
F	F	T	T	T	F

問題 3.3　真理表は以下の通りである。

A	B	$A \rightarrow B$	$\neg(A \rightarrow B)$
T	T	T	F
T	F	F	T
F	T	T	F
F	F	T	F

A	B	$\neg A$	$\neg A \lor B$
T	T	F	T
T	F	F	F
F	T	T	T
F	F	T	T

¬A ∨ B は A → B と同じ真理条件をもつ。この二つの論理式も同値である。

<u>**問題 3.4**</u>　真理表は以下の通りである。

1. ¬B → ¬A

A	B	¬B	¬A	¬B → ¬A
T	T	F	F	T
T	F	T	F	F
F	T	F	T	T
F	F	T	T	T

2. $(A → B) ∨ (A → ¬B)$

A	B	¬B	A → B	A → ¬B	$(A → B) ∨ (A → ¬B)$
T	T	F	T	F	T
T	F	T	F	T	T
F	T	F	T	T	T
F	F	T	T	T	T

<u>**問題 3.5**</u>　$(A ∨ B) → ¬(¬A ∧ C)$ の真理表は以下の通りである。

A	B	C	A ∨ B	¬A	¬A ∧ C	¬(¬A ∧ C)	$(A ∨ B) → ¬(¬A ∧ C)$
T	T	T	T	F	F	T	T
T	T	F	T	F	F	T	T
T	F	T	T	F	F	T	T
T	F	F	T	F	F	T	T
F	T	T	T	T	T	F	F
F	T	F	T	T	F	T	T
F	F	T	F	T	T	F	T
F	F	F	F	T	F	T	T

<u>**問題 3.6**</u>　真理表は以下の通りである。

1. $A ∧ B → ¬C$

A	B	C	A ∧ B	¬C	A ∧ B → ¬C
T	T	T	T	F	F
T	T	F	T	T	T
T	F	T	F	F	T
T	F	F	F	T	T
F	T	T	F	F	T
F	T	F	F	T	T
F	F	T	F	F	T
F	F	F	F	T	T

2. $A → (B → ¬C)$

A	B	C	¬C	B → ¬C	A → (B → ¬C)
T	T	T	F	F	F
T	T	F	T	T	T
T	F	T	F	T	T
T	F	F	T	T	T
F	T	T	F	F	T
F	T	F	T	T	T
F	F	T	F	T	T
F	F	F	T	T	T

3.2 節の同値性の一覧表（p. 49–50）にある含意の法則 3 が述べる通り、1 と 2 の形の論理式の真理条件は一致する。

<u>**問題 3.7**</u>　双条件文 A ↔ B の真理表は以下の通り。A ↔ B は $(A → B) ∧ (B → A)$ と定義される。よって、$(A → B) ∧ (B → A)$ の真理表を調べてみれば、A ↔ B がこのような真理表をもつことがわかる。

A	B	$A \to B$	$B \to A$	$(A \to B) \land (B \to A)$ $A \leftrightarrow B$
T	T	T	T	T
T	F	F	T	F
F	T	T	F	F
F	F	T	T	T

真理表に示されているように、$A \leftrightarrow B$ は、A と B が同じ真理値をもつとき真であり、A と B が異なる真理値をもつとき、偽となる。

<u>問題 **3.8**</u>　以下の真理表が示すように、$A \to B$ と同値になるのは、4 と 5 と 6 の論理式である。

A	B	$A \to B$	1. $B \to A$	2. $\neg A \land B$	3. $\neg A \to \neg B$	4. $\neg A \lor B$	5. $\neg B \to \neg A$	6. $\neg(A \land \neg B)$
T	T	T	T	F	T	T	T	T
T	F	F	T	F	T	F	F	F
F	T	T	F	T	F	T	T	T
F	F	T	T	F	T	T	T	T

<u>問題 **3.9**</u>

1. $A \to \neg B \approx B \to \neg A$

$$A \to \neg B \approx \neg\neg B \to \neg A \quad (対偶則)$$
$$\approx B \to \neg A \quad (二重否定則)$$

2. $\neg(A \to \neg B) \approx A \land B$

$$\neg(A \to \neg B) \approx A \land \neg\neg B \quad (含意の法則 2)$$
$$\approx A \land B \quad (二重否定則)$$

3. $\neg(\neg A \land \neg B) \approx A \lor B$

$$\neg(\neg A \land \neg B) \approx \neg\neg A \lor \neg\neg B \quad (ド・モルガンの法則)$$
$$\approx A \lor B \quad (二重否定則)$$

<u>問題 **3.10**</u>

1. $\neg(A \to (B \to C)) \approx A \land B \land \neg C$

$$\neg(A \to (B \to C)) \approx A \land \neg(B \to C) \quad (含意の法則 2)$$
$$\approx A \land B \land \neg C \quad (含意の法則 2)$$

2. $\neg(A \land \neg(B \lor C)) \approx A \to B \lor C$

$$\neg(A \land \neg(B \lor C)) \approx \neg A \lor \neg\neg(B \lor C) \quad (ド・モルガンの法則)$$
$$\approx \neg A \lor (B \lor C) \quad (二重否定則)$$
$$\approx A \to B \lor C \quad (含意の法則 1)$$

3. $A \vee \neg(B \vee C) \approx (B \to A) \wedge (C \to A)$

$$
\begin{aligned}
A \vee \neg(B \vee C) &\approx \neg(B \vee C) \vee A \quad \text{（交換則）} \\
&\approx B \vee C \to A \quad \text{（含意の法則1）} \\
&\approx (B \to A) \wedge (C \to A) \quad \text{（含意の法則4）}
\end{aligned}
$$

問題 3.11 記号化は以下の通り。(♠) と同値なのは、1 と 3 である。なお、2 と 4 も同値である。

(♠) 雨か雪が降っていたら、試合は中止だ。$A \vee B \to C$

1. 試合が中止でないなら、雨も雪も降っていない。$\neg C \to \neg A \wedge \neg B$
2. 試合が中止なら、雨か雪が降っている。$C \to A \vee B$
3. 雨が降っていれば試合は中止であり、雪が降っていても試合は中止である。$(A \to C) \wedge (B \to C)$
4. 雨も雪も降っていないなら、試合は中止でない。$\neg A \wedge \neg B \to \neg C$

(♠) と 3 が同値であるのは、**含意の法則 4** からわかる。(♠) と 1 が同値であるのは、次のように**対偶則**と**ド・モルガンの法則**によって確かめることができる。

$$
\begin{aligned}
A \vee B \to C &\approx \neg C \to \neg(A \vee B) \quad \text{（対偶則）} \\
&\approx \neg C \to \neg A \wedge \neg B \quad \text{（ド・モルガンの法則）}
\end{aligned}
$$

問題 3.12 真理表は以下の通り。

1. $\neg(A \wedge \neg A)$

A	$\neg A$	$A \wedge \neg A$	$\neg(A \wedge \neg A)$
T	F	F	T
F	T	F	T

2. $A \to (B \to A)$

A	B	$B \to A$	$A \to (B \to A)$
T	T	T	T
T	F	T	T
F	T	F	T
F	F	T	T

3. $(A \to B) \vee (B \to A)$

A	B	$A \to B$	$B \to A$	$(A \to B) \vee (B \to A)$
T	T	T	T	T
T	F	F	T	T
F	T	T	F	T
F	F	T	T	T

4. $((A \to B) \to A) \to A$

A	B	$A \to B$	$(A \to B) \to A$	$((A \to B) \to A) \to A$
T	T	T	T	T
T	F	F	T	T
F	T	T	F	T
F	F	T	F	T

問題 3.13 以下のように変形できる。どちらも排中律がトートロジーであることを利用している。排中律の部分をグレーにしてある。

1. $(A \wedge B) \vee (A \wedge \neg B) \approx A$

$$(A \wedge B) \vee (A \wedge \neg B) \approx A \wedge (B \vee \neg B) \quad (\text{分配則})$$
$$\approx A \quad (\text{トートロジーの法則})$$

2. $(A \wedge \neg B) \vee (\neg A \wedge B) \approx (A \vee B) \wedge \neg (A \wedge B)$

$$(A \wedge \neg B) \vee (\neg A \wedge B) \approx ((A \wedge \neg B) \vee \neg A) \wedge ((A \wedge \neg B) \vee B) \quad (\text{分配則})$$
$$\approx (\neg A \vee (A \wedge \neg B)) \wedge (B \vee (A \wedge \neg B)) \quad (\text{交換則})$$
$$\approx ((\neg A \vee A) \wedge (\neg A \vee \neg B)) \wedge ((B \vee A) \wedge (B \vee \neg B))$$
$$(\text{分配則})$$
$$\approx (\neg A \vee \neg B) \wedge (B \vee A) \quad (\text{トートロジーの法則})$$
$$\approx (A \vee B) \wedge (\neg A \vee \neg B) \quad (\text{交換則を何回か適用})$$

問題 3.14 1. 妥当である　2. 妥当でない　3. 妥当でない　4. 妥当である

問題 3.15

1. $A \wedge B \models A \vee B$、かつ、$A \vee B \not\models A \wedge B$ である。以下の真理表から読み取れる。

A	B	$A \wedge B$	$A \vee B$
T	T	T	T
T	F	F	T
F	T	F	T
F	F	F	F

2. $\neg A \models A \to B$、かつ、$B \models A \to B$ である。以下の真理表から読み取れる。

A	B	$\neg A$	$A \to B$
T	T	F	T
T	F	F	F
F	T	T	T
F	F	T	T

3. $A \to B \vee C \models (A \to B) \vee (A \to C)$ である。以下の真理表を参照。

A	B	C	$B \vee C$	$A \to B \vee C$	$A \to B$	$A \to C$	$(A \to B) \vee (A \to C)$
T	T	T	T	T	T	T	T
T	T	F	T	T	T	F	T
T	F	T	T	T	F	T	T
T	F	F	F	F	F	F	F
F	T	T	T	T	T	T	T
F	T	F	T	T	T	T	T
F	F	T	T	T	T	T	T
F	F	F	F	T	T	T	T

問題 3.16 前提と結論はそれぞれ次のように記号化できる。

前提 **1** アンかボブの主張は正しい。$A \vee B$
前提 **2** ボブかキャロルの主張は正しい。$B \vee C$
前提 **3** キャロルの主張は正しくない。$\neg C$
結論 したがって、アンの主張も正しくない。$\neg A$

真理表は以下の通り。

			前提 **1**	前提 **2**	前提 **3**	結論	
A	B	C	$A \vee B$	$B \vee C$	$\neg C$	$\neg A$	
T	T	T	T	T	F	F	
T	T	F	T	T	T	F	×
T	F	T	T	T	F	F	
T	F	F	T	F	T	F	
F	T	T	T	T	F	T	
F	T	F	T	T	T	T	○
F	F	T	F	T	F	T	
F	F	F	F	F	T	T	

2行目の A と B が真で C が偽であるとき、前提はすべて真で結論が偽となっているため、この推論は妥当でない。

問題 3.17 真理表は以下の通りである。

A	B	$A \to B$	$\neg A$	$\neg B$	$\neg A \to \neg B$
T	T	T	F	F	T
T	F	F	F	T	T
F	T	T	T	F	F
F	F	**T**	T	**T**	**T**

A と B がともに真 (F) であるとき、つまり、真理表の4行目で、$A \to B$, $\neg A \to \neg B$, $\neg B$ はいずれも真になっている。よって、この三つの論理式は**整合的**である。

問題 3.18 それぞれ次のように記号化できる。

命題 **1** もしボブの主張が正しいなら、アンの主張は正しくない。$B \to \neg A$
命題 **2** ボブかキャロルの主張は正しい。$B \vee C$
命題 **3** アンの主張は正しいが、キャロルの主張は正しくない。$A \wedge \neg C$

真理表は以下の通り。

					命題1	命題2	命題3
A	B	C	$\neg A$	$\neg C$	$B \to \neg A$	$B \lor C$	$A \land \neg C$
T	T	T	F	F	F	T	F
T	T	F	F	T	F	T	T
T	F	T	F	F	T	T	F
T	F	F	F	T	T	F	T
F	T	T	T	F	T	T	F
F	T	F	T	T	T	T	F
F	F	T	T	F	T	T	F
F	F	F	T	T	T	F	F

三つの命題が同時に真となる行は存在しない。よって、この三つの命題は矛盾している。

問題 4.1　証明図は以下の通りである。

1. $A,\ A \to B,\ B \to C \vdash C$

$$\cfrac{\cfrac{A \quad A \to B}{B} \to E \quad B \to C}{C} \to E$$

2. $(A \to B) \to (C \to D),\ A \to B,\ C \vdash D$

$$\cfrac{C \quad \cfrac{A \to B \quad (A \to B) \to (C \to D)}{C \to D} \to E}{D} \to E$$

問題 4.2　証明図は以下の通りである。

1. $A \to B,\ A \land C \vdash B$

$$\cfrac{\cfrac{A \land C}{A} \land E \quad A \to B}{B} \to E$$

2. $A \land (B \to C),\ A \to B \vdash C$

$$\cfrac{\cfrac{\cfrac{A \land (B \to C)}{A} \land E \quad A \to B}{B} \to E \quad \cfrac{A \land (B \to C)}{B \to C} \land E}{C} \to E$$

問題 4.3　証明図は以下の通りである。

1. $A,\ A \to B \vdash A \land B$

$$\cfrac{A \quad \cfrac{A \quad A \to B}{B} \land E}{A \land B} \land I$$

2. $A \land B,\ A \to C,\ B \to D \vdash C \land D$

$$\cfrac{\cfrac{\cfrac{A \land B}{A} \land E \quad A \to C}{C} \to E \quad \cfrac{\cfrac{A \land B}{B} \land E \quad B \to D}{D} \to E}{C \land D} \land I$$

問題 4.4　証明図は以下の通りである。

1. $A \to (B \to C),\ A \to B \vdash A \to C$

$$
\cfrac{
\cfrac{[A]^1 \quad A \to B}{B} \ {\to}E
\quad
\cfrac{[A]^1 \quad A \to (B \to C)}{B \to C} \ {\to}E
}{
\cfrac{C}{A \to C} \ {\to}I,\ 1
} \ {\to}E
$$

2. $A \to B,\ A \to C \vdash A \to B \wedge C$

$$
\cfrac{
\cfrac{[A]^1 \quad A \to B}{B} \ {\to}E
\quad
\cfrac{[A]^1 \quad A \to C}{C} \ {\to}E
}{
\cfrac{B \wedge C}{A \to B \wedge C} \ {\to}I,\ 1
} \ {\wedge}I
$$

3. $A \to C \vdash A \wedge B \to C \wedge B$

$$
\cfrac{
\cfrac{\cfrac{[A \wedge B]^1}{A} \ {\wedge}E \quad A \to C}{C} \ {\to}E
\quad
\cfrac{[A \wedge B]^1}{B} \ {\wedge}E
}{
\cfrac{C \wedge B}{A \wedge B \to C \wedge B} \ {\to}I,\ 1
} \ {\wedge}I
$$

4. $A \wedge B \to C \vdash A \to (B \to C)$

$$
\cfrac{
\cfrac{
\cfrac{[A]^2 \quad [B]^1}{A \wedge B} \ {\wedge}I \quad A \wedge B \to C}{C} \ {\to}E
}{
\cfrac{B \to C}{A \to (B \to C)} \ {\to}I,\ 2
} \ {\to}I,\ 1
$$

問題 4.5　証明図は以下の通りである。

1. $\vdash (A \to (A \to B)) \to (A \to B)$

$$
\cfrac{
\cfrac{
[A]^1 \quad \cfrac{[A]^1 \quad [A \to (A \to B)]^2}{A \to B} \ {\to}E
}{B} \ {\to}E
}{
\cfrac{A \to B}{(A \to (A \to B)) \to (A \to B)} \ {\to}I,\ 2
} \ {\to}I,\ 1
$$

2. $\vdash (A \to B) \to ((B \to C) \to (A \to C))$

$$
\cfrac{
\cfrac{
\cfrac{[A]^1 \quad [A \to B]^3}{B} \ {\to}E \quad [B \to C]^2
}{C} \ {\to}E
}{
\cfrac{\cfrac{A \to C}{(B \to C) \to (A \to C)} \ {\to}I,\ 2}{(A \to B) \to ((B \to C) \to (A \to C))} \ {\to}I,\ 3
} \ {\to}I,\ 1
$$

<u>**問題 4.6**</u>　証明図は以下の通りである。

1. $A \to \neg B,\ B \vdash \neg A$

$$
\cfrac{B \quad \cfrac{[A]^1 \quad A \to \neg B}{\neg B} \to E}{\cfrac{\bot}{\neg A} \ \neg I,\ 1} \ \neg E
$$

2. $A \to C,\ B \to \neg C \vdash \neg(A \land B)$

$$
\cfrac{\cfrac{\cfrac{[A \land B]^1}{A} \land E \quad A \to C}{C} \to E \qquad \cfrac{\cfrac{[A \land B]^1}{B} \land E \quad B \to \neg C}{\neg C} \to E}{\cfrac{\bot}{\neg(A \land B)} \ \neg I,\ 1} \ \neg E
$$

3. $\neg(A \land B) \vdash A \to \neg B$

$$
\cfrac{\cfrac{\cfrac{[A]^2 \quad [B]^1}{A \land B} \land I \quad \neg(A \land B)}{\cfrac{\bot}{\neg B} \ \neg I,\ 1} \ \neg E}{A \to \neg B} \to I,\ 2
$$

4. $A \land C \vdash \neg(A \to \neg C)$

$$
\cfrac{\cfrac{A \land C}{C} \land E \qquad \cfrac{\cfrac{A \land C}{A} \land E \quad [A \to \neg C]^1}{\neg C} \to E}{\cfrac{\bot}{\neg(A \to \neg C)} \ \neg I,\ 1} \ \neg E
$$

<u>**問題 4.7**</u>　前提と結論を記号化すると、

$$A \to \neg C,\ B \to C \vdash B \to \neg A$$

となる。証明図は以下の通り。

$$
\cfrac{\cfrac{\cfrac{[B]^2 \quad B \to C}{C} \to E \quad \cfrac{[A]^1 \quad A \to \neg C}{\neg C} \to E}{\cfrac{\bot}{\neg A} \ \neg I,\ 1} \ \neg E}{B \to \neg A} \to I,\ 2
$$

<u>**問題 4.8**</u>　証明図は以下の通りである。

1. $\vdash (A \to B) \to (\neg B \to \neg A)$

$$
\cfrac{\cfrac{\cfrac{\cfrac{[A]^1 \quad [A \to B]^3}{B} \to E \quad [\neg B]^2}{\cfrac{\bot}{\neg A} \ \neg I,\ 1} \ \neg E}{\neg B \to \neg A} \to I,\ 2}{(A \to B) \to (\neg B \to \neg A)} \to I,\ 3
$$

2. $\vdash (A \to \neg A) \to \neg A$

$$\cfrac{\cfrac{[A]^1 \quad \cfrac{[A]^1 \quad [A \to \neg A]^2}{\neg A} \to E}{\cfrac{\bot}{\neg A} \neg I, 1} \neg E}{(A \to \neg A) \to \neg A} \to I, 2$$

3. $(A \to B) \to C, C \to D \vdash (A \to B) \to \neg\neg D$

$$\cfrac{\cfrac{\cfrac{\cfrac{[A \to B]^2 \quad (A \to B) \to C}{C} \to E \quad C \to D}{D} \to E \quad [\neg D]^1}{\cfrac{\bot}{\neg\neg D} \neg I, 1} \neg E}{(A \to B) \to \neg\neg D} \to I, 2$$

4. $A \to B, \neg A \to B \vdash \neg\neg B$

$$\cfrac{\cfrac{\cfrac{[A]^1 \quad A \to B}{B} \to E \quad [\neg B]^2}{\cfrac{\bot}{\neg A} \neg I, 1} \neg E \quad \neg A \to B}{\cfrac{B} \to E \quad [\neg B]^2}{\cfrac{\bot}{\neg\neg B} \neg I, 2} \neg E$$

　ここで、$A \to B$ と $\neg A \to B$ を適用する順番を入れ替えると次のような証明になるが、これは正しい証明だろうか。

$$\cfrac{\cfrac{\cfrac{[\neg A]^1 \quad \neg A \to B}{B} \to E \quad [\neg B]^2}{\cfrac{\bot}{A} ??, 1} \neg E \quad A \to B}{\cfrac{B} \to E \quad [\neg B]^2}{\cfrac{\bot}{\neg\neg B} \neg I, 2} \neg E$$

　この証明で「??」となっているステップを否定の導入規則 ($\neg I$) によって埋めることはできない。というのも、$\neg I$ は、「A を仮定して $\bot$ が帰結するなら $\neg A$ を導いてよい」という形の推論規則であり、否定記号 $\neg$ を付け加えることはできるものの、上の証明のように否定記号を仮定から取り去って $\neg A$ から A を導くことはできないからである。

　否定記号を取り去るには、「$\neg A$ を仮定して $\bot$ が帰結するなら A を導いてよい」という**背理法** (RAA) を使う必要がある。よって、4.3 節 (p. 104) で説明する背理法を認める古典論理ならば、上の証明は正しい証明となる。

問題 4.9 証明図は以下の通り。

1. $A \wedge B \vdash A \vee B$

$$\cfrac{\cfrac{A \wedge B}{A} \wedge E}{A \vee B} \vee I$$

もちろん、次の証明でもよい。

$$\cfrac{\cfrac{A \wedge B}{B} \wedge E}{A \vee B} \vee I$$

2. $A \vee B \to C \vdash (A \to C) \wedge (B \to C)$

$$\cfrac{\cfrac{\cfrac{[A]^1 \quad A \vee B \to C}{\cfrac{A \vee B \quad A \vee B \to C}{C} \to E}}{A \to C} \to I,\, 1 \quad \cfrac{\cfrac{[B]^1}{\cfrac{A \vee B \quad A \vee B \to C}{C} \to E}}{B \to C} \to I,\, 1}{(A \to C) \wedge (B \to C)} \wedge I$$

問題 4.10 証明図は以下の通り。

1. $A \vee B,\ A \to B \vdash B$

$$\cfrac{A \vee B \quad \cfrac{[A]^1 \quad A \to B}{B} \to E \quad [B]^1}{B} \vee E,\, 1$$

2. $A \to C,\ B \to C \vdash A \vee B \to C$

$$\cfrac{\cfrac{[A \vee B]^2 \quad \cfrac{[A]^1 \quad A \to C}{C} \to E \quad \cfrac{[B]^1 \quad B \to C}{C} \to E}{C} \vee E,\, 1}{A \vee B \to C} \to I,\, 2$$

3. $\neg A \vee \neg B \vdash \neg(A \wedge B)$

$$\cfrac{\cfrac{\neg A \vee \neg B \quad \cfrac{\cfrac{[A \wedge B]^2}{A} \wedge E \quad [\neg A]^1}{\bot} \neg E \quad \cfrac{\cfrac{[A \wedge B]^2}{B} \wedge E \quad [\neg B]^1}{\bot} \neg E}{\bot} \vee E,\, 1}{\neg(A \wedge B)} \neg I,\, 2$$

4. $A \vee B \vdash B \vee A$

$$\cfrac{A \vee B \quad \cfrac{[A]^1}{B \vee A} \vee I \quad \cfrac{[B]^1}{B \vee A} \vee I}{B \vee A} \vee E,\, 1$$

問題 4.11　証明図は以下の通り。

1. $A \to B,\ A \wedge B \to C \vdash A \to C$

$$
\cfrac{\cfrac{[A]^1 \quad \cfrac{[A]^1 \quad A \to B}{B} \to E}{A \wedge B} \wedge I \quad A \wedge B \to C}{\cfrac{C}{A \to C} \to I,\ 1} \to E
$$

2. $A \to B \wedge C \vdash A \to D \vee B$

$$
\cfrac{\cfrac{\cfrac{[A]^1 \quad A \to B \wedge C}{B \wedge C} \to E}{\cfrac{B}{D \vee B} \vee I} \wedge E}{A \to D \vee B} \to I,\ 1
$$

3. $A \to \neg B,\ B \to C,\ C \to A \vdash \neg B$

$$
\cfrac{[B]^1 \qquad \cfrac{\cfrac{\cfrac{[B]^1 \quad B \to C}{C} \to E \quad C \to A}{A} \to E \quad A \to \neg B}{\neg B} \to E}{\cfrac{\bot}{\neg B} \neg I,\ 1}
$$

4. $\vdash \neg(A \wedge \neg A)$

$$
\cfrac{\cfrac{[A \wedge \neg A]^1}{A} \wedge E \quad \cfrac{[A \wedge \neg A]^1}{\neg A} \wedge E}{\cfrac{\bot}{\neg(A \wedge \neg A)} \neg I,\ 1} \neg E
$$

5. $\neg(A \vee B) \vdash \neg A \wedge \neg B$

$$
\cfrac{\cfrac{\cfrac{[A]^1}{A \vee B} \vee I \quad \neg(A \vee B)}{\cfrac{\bot}{\neg A} \neg I,\ 1} \neg E \qquad \cfrac{\cfrac{[B]^2}{A \vee B} \vee I \quad \neg(A \vee B)}{\cfrac{\bot}{\neg B} \neg I,\ 2} \neg E}{\neg A \wedge \neg B} \wedge I
$$

問題 4.12　証明図は以下の通り。

1. $\neg A \vee B \vdash A \to B$

$$
\cfrac{\neg A \vee B \quad \cfrac{\cfrac{[A]^2 \quad [\neg A]^1}{B} \bot E}{\cfrac{B}{A \to B} \to I,\ 2} \quad [B]^1}{B} \vee E,\ 1
$$

解答と解説（問題 4.11 — 4.12）

2. $\neg(A \to B) \vdash \neg\neg A$

$$\cfrac{\cfrac{\cfrac{\cfrac{[A]^1 \quad [\neg A]^2}{\bot} \neg E}{B} \bot E}{A \to B} \to I, 1 \quad \neg(A \to B)}{\cfrac{\bot}{\neg\neg A} \neg I, 2} \neg E$$

3. $A \lor C, B \lor C, \neg(A \land B) \vdash C$

$$\cfrac{A \lor C \quad \cfrac{B \lor C \quad \cfrac{\cfrac{\cfrac{[A]^2 \quad [B]^1}{A \land B} \land I \quad \neg(A \land B)}{\bot} \neg E}{C} \bot E \quad [C]^1}{C} \lor E, 1 \quad [C]^2}{C} \lor E, 2$$

問題 4.13 証明図は以下の通り。

1. $\neg A \to A \land B \vdash A$

$$\cfrac{\cfrac{\cfrac{[\neg A]^1 \quad \neg A \to A \land B}{A \land B} \to E}{A} \land E \quad [\neg A]^1}{\cfrac{\bot}{A} RAA, 1} \neg E$$

2. $\neg(A \land \neg B) \vdash A \to B$

$$\cfrac{\cfrac{\cfrac{\cfrac{[A]^2 \quad [\neg B]^1}{A \land \neg B} \land I \quad \neg(A \land \neg B)}{\bot} \neg E}{B} RAA, 1}{A \to B} \to I, 2$$

3. $\neg B \to A \land C \vdash \neg A \to B$

$$\cfrac{\cfrac{\cfrac{\cfrac{[\neg B]^1 \quad \neg B \to A \land C}{A \land C} \to E}{A} \land E \quad [\neg A]^2}{\cfrac{\bot}{B} RAA, 1} \neg E}{\neg A \to B} \to I, 2$$

問題 4.14 証明図は以下の通り。

1. $A \to B \vdash \neg A \lor B$

$$
\cfrac{
\cfrac{
\cfrac{[A]^1 \quad A \to B}{B} \to E
}{\neg A \lor B} \lor I \quad [\neg(\neg A \lor B)]^2
}{
\cfrac{\cfrac{\cfrac{\bot}{\neg A} \neg I, 1}{\neg A \lor B} \lor I \quad [\neg(\neg A \lor B)]^2}{\cfrac{\bot}{\neg A \lor B} RAA, 2} \neg E
} \neg E
$$

2. $\neg(A \land B) \vdash \neg A \lor \neg B$

$$
\cfrac{
\cfrac{
\cfrac{[A]^2 \quad [B]^1}{A \land B} \land I \quad \neg(A \land B)
}{\cfrac{\cfrac{\bot}{\neg B} \neg I, 1}{\neg A \lor \neg B} \lor I \quad [\neg(\neg A \lor \neg B)]^3} \neg E
}{
\cfrac{\cfrac{\bot}{\neg A} \neg I, 2}{\cfrac{\neg A \lor \neg B}{\cfrac{\bot}{\neg A \lor \neg B} RAA, 3} \lor I \quad [\neg(\neg A \lor \neg B)]^3}} \neg E
$$

問題 4.15 NJ では成り立たず、NK で成り立つのは、以下の帰結関係である。他の帰結関係は、NJ と NK のいずれでも成り立つ。

1. $\vdash A \lor \neg A$
2. $\neg\neg A \vdash A$
12. $\neg(A \land B) \vdash \neg A \lor \neg B$
14. $\neg B \to \neg A \vdash A \to B$
20. $A \to B \vdash \neg A \lor B$
21. $\neg(A \land \neg B) \vdash A \to B$

問題 4.16

1. $B \to \neg A, B \lor C, A \land \neg C \vdash \bot$ を示せばよい。

$$
\cfrac{B \lor C \quad \cfrac{\cfrac{\cfrac{A \land \neg C}{A} \land E \quad \cfrac{[B]^1 \quad B \to \neg A}{\neg A} \to E}{\bot} \neg E \quad \cfrac{[C]^1 \quad \cfrac{A \land \neg C}{\neg C} \land E}{\bot} \neg E}{\bot}}{\bot} \lor E, 1
$$

2. $\neg A \lor \neg B, C \to A, C \to B, C \vdash \bot$ を示せばよい。

$$
\cfrac{\neg A \lor \neg B \quad \cfrac{\cfrac{C \quad C \to A}{A} \to E \quad [\neg A]^1}{\bot} \neg E \quad \cfrac{\cfrac{C \quad C \to B}{B} \to E \quad [\neg B]^1}{\bot} \neg E}{\bot} \lor E, 1
$$

<u>**問題 5.1**</u>　1. 主役　2. 作曲者　3. 社員　4. 作者

<u>**問題 5.2**</u>

1. アンがキャロルを尊敬している。
2. キャロルがアンを尊敬している。
3. キャロルは自分（＝つまり、キャロル）を尊敬している。
4. キャロルがボブをアンに紹介した。
5. Fab
6. Fba
7. Fba
8. $Gcab$
9. $Gaac$
10. $Gcba$

<u>**問題 5.3**</u>　1. $Gh \wedge Lth$　2. $Gh \wedge Lht$

<u>**問題 5.4**</u>

1. アンがキャロルを尊敬しているか、キャロルがアンを尊敬している。
   $Gac \vee Gca$
2. アンとキャロルは、ボブを尊敬している。
   $Gab \wedge Gcb$
3. ボブは作家であり、アンを尊敬している。
   $Fb \wedge Gba$
4. アンとキャロルがボブを尊敬しているか、ボブがキャロルを尊敬している。
   $(Gab \wedge Gcb) \vee Gbc$
5. キャロルは、ボブが尊敬している作家である。
   $Fc \wedge Gbc$
6. アンかキャロルは、ボブを尊敬している作家である。
   $(Fa \wedge Gab) \vee (Fc \wedge Gcb)$

$A \wedge B$ と $B \wedge A$ は同値であるから、$\wedge$ の前後に現れる論理式の順序は上と異なっていてもかまわない。例えば、5 は $Gbc \wedge Fc$ でもかまわない。

<u>**問題 5.5**</u>

1. $\neg Ft \wedge \neg Fh$
2. $\neg Ft \vee \neg Fh$
3. $\neg(Ft \wedge Fh)$
4. $\neg(\neg Ft \wedge \neg Fh)$

<u>**問題 5.6**</u>

1. $\forall x \neg Fx$
2. $\neg \forall x Fx$
3. $\exists x \neg Fx$
4. $\neg \exists x Fx$

<u>問題 5.7</u>

1. $\forall x Px \rightarrow \forall x(Qx \rightarrow Rx)$

2. $\exists x(Px \wedge \forall y(Qy \rightarrow Rxy))$

<u>問題 5.8</u>

1. $\forall x(Px \rightarrow \neg Qx)$
2. $\neg\forall x(Px \rightarrow Qx)$
3. $\neg\exists x(Px \wedge Qx)$
4. $\exists x(Px \wedge \neg Qx)$

6.1 節で見るように、1 と 3 の論理式、2 と 4 の論理式は同値である。

<u>問題 5.9</u>

1. ボブを尊敬している作家がいる。$\exists x(Fx \wedge Gxb)$

　$\wedge$ の前後で順番を変えて、$\exists x(Gxb \wedge Fx)$ でもよい。

2. アンが尊敬しているのは、みな作家である。$\forall x(Gax \rightarrow Fx)$

　含意 $\rightarrow$ の前件と後件を入れ替えて $\forall x(Fx \rightarrow Gax)$ とすると「作家はみなアンが尊敬している」という意味になってしまう。

3. どの作家もボブを尊敬していない。$\forall x(Fx \rightarrow \neg Gxb)$

　言い換えれば、「ボブを尊敬している作家はいない」という意味で、$\neg\exists x(Fx \wedge Gxb)$ でもよい。$\neg\forall x(Fx \rightarrow Gxb)$ のように一番外側に否定をつけると、「すべての作家がボブを尊敬している、というわけではない」、つまり、「ボブを尊敬していない作家がいる」という意味になってしまう。

4. アンはすべての作家を尊敬しており、キャロルはすべての作家を軽蔑している。$\forall x(Fx \rightarrow Gax) \wedge \forall x(Fx \rightarrow Hcx)$

　「アンはすべての作家を尊敬している」と「キャロルはすべての作家を軽蔑している」に分けて、この二つを $\wedge$ で結びつけると考えればよい。なお、$\forall x((Fx \rightarrow Gax) \wedge (Fx \rightarrow Hcx))$ や $\forall x(Fx \rightarrow Gax \wedge Hcx)$ としても同じ意味になる。

5. ボブを尊敬し、アンを軽蔑している作家はいない。$\neg\exists x(Fx \wedge Gxb \wedge Hxa)$

　1 と同様、Fx と Gxb と Hxa の順番は変えてもよい。

6. ボブかキャロルを尊敬している作家がいる。$\exists x(Fx \wedge (Gxb \vee Gxc))$

　段階的に翻訳していくと、「ボブかキャロルを尊敬している」の部分は「作家」を修飾しているので、全体はまず、
　　$\exists x(Fx \wedge x$ はボブかキャロルを尊敬している$)$
と翻訳できる。残りの部分を記号化すると、上の解答のようになる。$\wedge$ と $\vee$ が混ざっているので、括弧を省略して、$\exists x(Fx \wedge Gxb \vee Gxc)$ とすることはできない。

7. キャロルが尊敬している作家はみな、アンを尊敬しているか、ボブを軽蔑している。$\forall x(Gcx \wedge Fx \rightarrow Gxa \vee Hxb)$

段階的に翻訳すると、まず、全体は「P はみな Q である」という形の全称量化文なので、

　$\forall x(x$ はキャロルが尊敬している作家である　$\rightarrow$　x はアンを尊敬している
　かボブを軽蔑している)

と記号化できる。残りの部分をそれぞれ記号化すると、上の解答のようになる。前件と後件に括弧をつけて、$\forall x((Gcx \land Fx)$　$\rightarrow$　$(Gxa \lor Hxb))$ としてもかまわない。ただし、$\land$ と $\lor$ は $\rightarrow$ よりも結びつきが強いと約束してあるので、解答にあるように括弧を省略することができる。微妙な違いだが、一番外側の括弧を省略して、$\forall x(Gxc \land Fx) \rightarrow (Gxa \lor Hxb)$ とすることはできない。全称量化子 $\forall x$ が $\rightarrow$ の後に届かなくなり、Gxa と Hxb の x が自由変項になってしまうからである。

問題 5.10

1. $\exists x \exists y Pxy$
2. $\forall x \forall y Pxy$
3. $\exists x \forall y Pxy$
4. この文は曖昧であり、「みんなが誰かしらを捜している」と解釈すれば $\forall x \exists y Pxy$ となり、「みんなが捜している人がいる」と解釈すれば $\exists y \forall x Pxy$ となる。

問題 5.11　それぞれ段階的に記号化する。

1. 答え：$\exists x(Fx \land \forall y(Gy \rightarrow \neg Rxy))$

   ある議員はすべての法案に反対している
   $\rightsquigarrow \exists x\,(Fx \land x$ はすべての法案に反対している$))$
   $\rightsquigarrow \exists x\,(Fx \land \forall y\,(Gy \rightarrow \neg Rxy))$

2. 答え：$\neg\exists x\,(Fx \land \forall y\,(Gy \rightarrow Rxy))$

   すべての法案に賛成している議員はいない
   $\rightsquigarrow \neg\exists x\,(Fx \land x$ はすべての法案に賛成している$))$
   $\rightsquigarrow \neg\exists x\,(Fx \land \forall y\,(Gy \rightarrow Rxy))$

3. 答え：$\exists x\,(Gx \land \forall y\,(Py \rightarrow \neg Ryx))$

   すべての議員が反対している法案がある
   $\rightsquigarrow \exists x\,(Gx \land x$ はすべての議員が反対している$))$
   $\rightsquigarrow \exists x\,(Gx \land \forall y\,(Py \rightarrow \neg Ryx))$

   なお、x と y を入れ替えた $\exists y\,(Gy \land \forall x\,(Fx \rightarrow \neg Rxy))$ でもかまわない。他の問題も同様で、束縛関係が同じであればどんな変項を使ってもよい。

4. 答え：$\neg\forall x\,(Gx \rightarrow \forall y\,(Py \rightarrow Ryx))$

   どの法案もすべての議員が賛成しているとは限らない
   $\rightsquigarrow \neg$ どの法案もすべての議員が賛成している
   $\rightsquigarrow \neg\forall x(Gx \rightarrow x$ はすべての議員が賛成している$))$
   $\rightsquigarrow \neg\forall x\,(Gx \rightarrow \forall y(Py \rightarrow Ryx))$

なお、これと同値な $\neg \forall x \forall y(Fx \wedge Gx \to Rxy)$ でもかまわない。また上と同様、変項 x と y は入れ替わっていてもよい。

　この読みとは別に、「…とは限らない」が文全体ではなく、「すべての議員が賛成している」の部分だけにかかる読みもあるかもしれない。これは、「どの法案も、すべての議員が賛成しているとは限らない」、言い換えれば、「どの法案にも、それに反対する議員がいる」という解釈である。記号化すると、$\forall x(Gx \to \neg \forall y(Py \to Ryx))$ となる。

問題 5.12

　(53b) が論理式であることは、次のように示される。

(1) Px は論理式である。［定義 5.2 の 1 より］
(2) Qx は論理式である。［定義 5.2 の 1 より］
(3) $(Px \vee Qx)$ は論理式である。［(1)(2) と定義 5.2 の 3 より］
(4) Qy は論理式である。［定義 5.2 の 1 より］
(5) Rxy は論理式である。［定義 5.2 の 1 より］
(6) $(Qy \wedge Rxy)$ は論理式である。［(4)(5) と定義 5.2 の 3 より］
(7) $(\exists y(Qy \wedge Rxy))$ は論理式である。［(6) と定義 5.2 の 4 より］
(8) $((Px \vee Qx) \to (\exists y(Qy \wedge Rxy)))$ は論理式である。［(3)(7) と定義 5.2 の 3 より］
(9) $(\forall x((Px \vee Qx) \to (\exists y(Qy \wedge Rxy))))$ は論理式である。［(8) と定義 5.2 の 4 より］

問題 5.13

1. $\neg \forall x(\neg Px \wedge \neg Qx)$
2. $\forall y \neg(\exists x Pxy \to Qy)$

問題 5.14

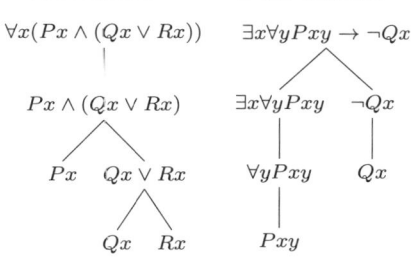

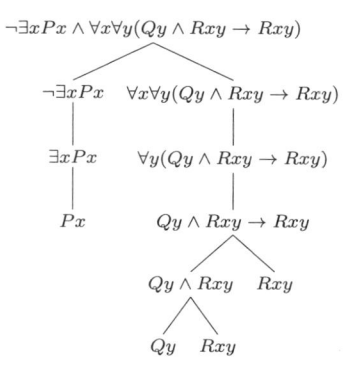

問題 6.1

1. 論理学が好きな学生はいない。$\neg\exists x(Px \wedge Qx)$
2. すべての学生は論理学が嫌いである。$\forall x(Px \rightarrow \neg Qx)$
3. すべての学生が論理学が嫌いである、というわけではない。$\neg\forall x(Px \rightarrow \neg Qx)$
4. 論理学が好きな学生がいる。$\exists x(Px \wedge Qx)$

1 と 2 は同値：$\neg\exists x(Px \wedge Qx) \approx \forall x(Px \rightarrow \neg Qx)$ を示す。

$$\begin{aligned} \neg\exists x(Px \wedge Qx) \;&\approx\; \forall x\neg(Px \wedge Qx) &\text{（量化子のド・モルガンの法則）}\\ &\approx\; \forall x(\neg Px \vee \neg Qx) &\text{（論理結合子のド・モルガンの法則）}\\ &\approx\; \forall x(Px \rightarrow \neg Qx) &\text{（含意の法則 1）} \end{aligned}$$

3 と 4 は同値：$\neg\forall x(Px \rightarrow \neg Qx) \approx \exists x(Px \wedge Qx)$ を示す。

$$\begin{aligned} \neg\forall x(Px \rightarrow \neg Qx) \;&\approx\; \exists x\neg(Px \rightarrow \neg Qx) &\text{（量化子のド・モルガンの法則）}\\ &\approx\; \exists x(Px \wedge \neg\neg Qx) &\text{（含意の法則 2）}\\ &\approx\; \exists x(Px \wedge Qx) &\text{（二重否定則）} \end{aligned}$$

問題 6.2

1. $\neg\forall x\neg Px \approx \exists x Px$

$$\begin{aligned} \neg\forall x\neg Px \;&\approx\; \exists x\neg\neg Px &\text{（量化子のド・モルガンの法則）}\\ &\approx\; \exists x Px &\text{（二重否定則）} \end{aligned}$$

2. $\neg\exists x\neg Px \approx \forall x Px$

$$\begin{aligned} \neg\exists x\neg Px \;&\approx\; \forall x\neg\neg Px &\text{（量化子のド・モルガンの法則）}\\ &\approx\; \forall x Px &\text{（二重否定則）} \end{aligned}$$

3. $\neg\forall x(Px \wedge Qx) \approx \exists x(\neg Px \vee \neg Qx)$

$$\begin{aligned} \neg\forall x(Px \wedge Qx) \;&\approx\; \exists x\neg(Px \wedge Qx) &\text{（量化子のド・モルガンの法則）}\\ &\approx\; \exists x(\neg Px \vee \neg Qx) &\text{（論理結合子のド・モルガンの法則）} \end{aligned}$$

4. $\neg\forall x(Px \wedge Qx \rightarrow Rx) \approx \exists x(Px \wedge Qx \wedge \neg Rx)$

$$\begin{aligned} \neg\forall x(Px \wedge Qx \rightarrow Rx) \;&\approx\; \exists x\neg(Px \wedge Qx \rightarrow Rx) &\text{（量化子のド・モルガンの}\\ & &\text{法則）}\\ &\approx\; \exists x(Px \wedge Qx \wedge \neg Rx) &\text{（含意の法則 2）} \end{aligned}$$

5. $\neg\exists x\forall y Rxy \approx \forall x\exists y\neg Rxy$

$$\begin{aligned} \neg\exists x\forall y Rxy \;&\approx\; \forall x\neg\forall y Rxy &\text{（量化子のド・モルガンの法則）}\\ &\approx\; \forall x\exists y\neg Rxy &\text{（量化子のド・モルガンの法則）} \end{aligned}$$

6. $\forall x Px \rightarrow \exists x Qx \approx \exists x(Px \rightarrow Qx)$

$$\begin{aligned} \forall x Px \rightarrow \exists x Qx \;&\approx\; \neg\forall x Px \vee \exists x Qx &\text{（含意の法則 1）}\\ &\approx\; \exists x\neg Px \vee \exists x Qx &\text{（量化子のド・モルガンの法則）}\\ &\approx\; \exists x(\neg Px \vee Qx) &\text{（量化子と選言の法則）}\\ &\approx\; \exists x(Px \rightarrow Qx) &\text{（含意の法則 1）} \end{aligned}$$

問題 6.3 解答は以下の通り。

- 1 の論理式は真である。ソクラテスは $I(F)$ の要素であるが、プラトンは $I(F)$ の要素ではない。よって、$Fa \wedge \neg Fb$ は真である。

- 2の論理式は真である。プラトンは $I(F)$ の要素ではない。よって、Fb は偽である。ということは、$\rightarrow$ の真理条件から、$Fb \rightarrow Fa$ は真である。言い換えれば、$Fb \rightarrow Fa$ が真となるのは、「Fb が偽であるか、もしくは、Fa が真である」ときだから、$\rightarrow$ の前件 Fb が偽であるとき、条件文全体 $Fb \rightarrow Fa$ は真となる。
- 3の論理式は真である。個体領域のすべての個体は $I(F)$ の要素であるか、$I(G)$ の要素である。よって、$\forall x(Fx \lor Gx)$ は真である。
- 4の論理式は真である。$\exists x(\neg Fx \land Gx)$ が真であるのは、個体領域に「Fx を満たさないが、Gx を満たす」という個体が（少なくとも一つ）が存在するときである。プラトンがまさにそのような個体である（プラトンは $I(F)$ の要素ではなく、$I(G)$ の要素である）。よって、$\exists x(\neg Fx \land Gx)$ は真となる。

問題6.4　真理値は以下の通り。

1.　$\exists x(Gx \land Hx)$　**真**
2.　$\neg \exists x(Fx \land \neg Hx)$　**真**　この式は $\forall x(Fx \rightarrow Hx)$ と同値であることに注意。
3.　$\forall x(Fx \land Hx \rightarrow Gx)$　**偽**　Fx と Hx を同時に満たすのは1であるが、1は Gx を満たさない。
4.　$\forall x(Gx \land Hx \rightarrow \neg Fx)$　**真**　Gx と Hx を同時に満たすのは2であり、$2 \notin I(F)$ であるから、2は $\neg Fx$ を満たす。

問題6.5　1の論理式は偽、2と3の論理式は真である。

　まず、1の論理式 $\forall x(\neg Fx \rightarrow \neg(Gx \land Hx))$ は、対偶則により、$\forall x(Gx \land Hx \rightarrow Fx)$ と同値である。よって、$I(G)$ と $I(H)$ の共通の要素がすべて $I(F)$ の要素であるかどうかを調べればよい。2は $I(G)$ と $I(H)$ の要素であるが、$I(F)$ の要素ではない。よって、$\forall x(Gx \land Hx \rightarrow Fx)$ は偽である。

　次に、$\forall x(Fx \land \neg Hx \rightarrow Gx)$ の真偽を調べるために、Fx を満たすが Hx を満たさないものに注目する。しかし、モデル $\mathcal{M}_2$ においてはそもそも、Fx を満たすが Hx を満たさないものは存在しない。よって $\forall x(Fx \land \neg Hx \rightarrow Gx)$ は空虚に真となる。同値変形を使うと、2の論理式は、$\neg \exists x(Fx \land \neg Hx \land \neg Gx)$ と同値となることに注意しよう。

　最後に3の論理式 $\forall x(Gx \rightarrow (Fx \rightarrow \neg Hx))$ を同値変形によって、存在量化と連言を含む形に書き換えてみると、$\neg \exists x(Gx \land Fx \land Hx)$ となる。$I(F)$ と $I(G)$ と $I(H)$ の共通の要素は存在しないから、この論理式は真である。

　同値変形をせずに、$\forall$ と $\rightarrow$ の真理条件に従って説明しておくと、まず、全体は全称命題であるから、個体領域のすべての要素が $Gx \rightarrow (Fx \rightarrow \neg Hx)$ を満たすか否かを調べればよい。そのためには、個体領域の要素のうち、Gx を満たす要素、つまり、2と4が、$Fx \rightarrow \neg Hx$ を満たすか否かを調べればよい。2と4は $I(F)$ の要素ではないから、Fx を満たさない。よって、2と4は、Fx を前件とする $Fx \rightarrow \neg Hx$ 全体を満たす。したがって、$\forall x(Gx \rightarrow (Fx \rightarrow \neg Hx))$ は真であると結論できる。

問題6.6　一例を挙げると、次のモデルで (i) から (iv) までの論理式はすべて真となる。

$$
\begin{aligned}
&D = \{1, 2\} \\
&I(a) = 1 \\
&I(F) = \{2\} \\
&I(G) = \{1, 2\}
\end{aligned}
$$

問題 6.7 それぞれ前提が真で結論が偽となるモデルであればどんなものでもかまわない。一例は次の通り。

1. 次のモデルで、前提 Fa は真だが、結論 $\forall x Fx$ は偽となる。

$$D = \{1, 2\}$$
$$I(a) = 1$$
$$I(F) = \{1\}$$

2. 次のモデルで、前提 $\exists x Fx \wedge \exists x Gx$ は真だが、結論 $\exists x(Fx \wedge Gx)$ は偽となる。

$$D = \{1, 2\}$$
$$I(F) = \{1\} \quad I(G) = \{2\}$$

3. 次のモデルで、前提 $\forall x(Fx \to Gx)$ は真だが、結論 $\forall x(Gx \to Fx)$ は偽となる。

$$D = \{1, 2\}$$
$$I(F) = \{1\} \quad I(G) = \{1, 2\}$$

問題 6.8　1. 偽　2. 真　3. 偽　4. 真　5. 真　6. 真

問題 6.9　1. 真　2. 偽　3. 偽　4. 偽　5. 真　6. 真

問題 6.10　記号化と反例モデルの一例は以下の通り。

1. どの先生も何か本を薦めた。$\forall x(Fx \to \exists y(Gy \wedge Rxy))$
   したがって、すべての先生が薦めた本がある。$\exists y(Gy \wedge \forall x(Fx \to Rxy))$

反例モデル：
$D = \{\text{A 先生, B 先生, カラマーゾフの兄弟, 罪と罰}\}$
$I(F) = \{\text{A 先生, B 先生}\}$
$I(G) = \{\text{カラマーゾフの兄弟, 罪と罰}\}$
$I(R) = \{\langle \text{A 先生, カラマーゾフの兄弟}\rangle, \langle \text{B 先生, 罪と罰}\rangle\}$

このモデルで、前提 $\forall x(Fx \to \exists y(Gy \wedge Rxy))$ は真だが、結論 $\exists y(Gy \wedge \forall x(Fx \to Rxy))$ は偽である。

2. ある先生はどの本も薦めなかった。$\exists x(Fx \wedge \forall y(Gy \to \neg Rxy))$
   したがって、すべての本を薦めた先生はいない。$\neg \exists x(Fx \wedge \forall y(Gy \to Rxy))$

反例モデル：
$D = \{\text{A 先生, B 先生, カラマーゾフの兄弟, 罪と罰}\}$
$I(F) = \{\text{A 先生, B 先生}\}$
$I(G) = \{\text{カラマーゾフの兄弟, 罪と罰}\}$
$I(R) = \{\langle \text{B 先生, 罪と罰}\rangle, \langle \text{B 先生, カラマーゾフの兄弟}\rangle\}$

このモデルで、前提 $\exists x(Fx \wedge \forall y(Gy \to \neg Rxy))$ は真だが、結論 $\neg \exists x(Fx \wedge \forall y(Gy \to Rxy))$ は偽である。

問題 6.11　モデルの一例は次の通り。

1. 次のモデルで、前提 $\forall x Rxx$ は真だが、結論 $\forall x \forall y(Rxy \rightarrow Ryx)$ は偽となる。

$$D = \{1, 2\}$$
$$I(R) = \{\langle 1, 1 \rangle, \langle 2, 2 \rangle, \langle 1, 2 \rangle\}$$

2. 次のモデルで、前提 $\forall x \forall y(Rxy \rightarrow Ryx)$ は真だが、結論 $\forall x \forall y \forall z(Rxy \wedge Ryz \rightarrow Rxz)$ は偽となる。

$$D = \{1, 2\}$$
$$I(R) = \{\langle 1, 2 \rangle, \langle 2, 1 \rangle\}$$

問題 6.12 それぞれモデルの一例を示す。

1. 対称性は満たすが、反射性と推移性は満たさないモデル：

$$D = \{1, 2\}, \quad I(R) = \{\langle 1, 2 \rangle, \langle 2, 1 \rangle\}$$

$\langle 1, 1 \rangle \notin I(R)$ であるから、反射性は成り立たない。また、$\langle 1, 2 \rangle \in I(R)$、かつ、$\langle 2, 1 \rangle \in I(R)$ であるが、$\langle 1, 1 \rangle \notin I(R)$ であるから、推移性も成り立たない。

2. 反射性と対称性は満たすが、推移性は満たさないモデル：

$$D = \{1, 2, 3\}, \quad I(R) = \{\langle 1, 1 \rangle, \langle 1, 2 \rangle, \langle 2, 1 \rangle, \langle 2, 2 \rangle, \langle 2, 3 \rangle, \langle 3, 2 \rangle, \langle 3, 3 \rangle\}$$

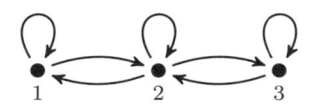

3. 対称性と推移性は満たすが、反射性は満たさないモデル：

$$D = \{1\}, \quad I(R) = \emptyset$$

$I(R)$ は空集合 $\emptyset$ としなければならない。例えば、$D = \{1, 2\}$ として、$\langle 1, 2 \rangle \in I(R)$ とすると、対称性により、$\langle 2, 1 \rangle \in I(R)$ とする必要があり、したがって推移性により、$\langle 1, 1 \rangle \in I(R)$ としなければならない。よって、反射性も満たしてしまう。本文で説明したように、対称性と推移性はそれぞれ、$\neg \exists x \exists y(Rxy \wedge \neg Ryx)$ および $\neg \exists x \exists y \exists z(Rxy \wedge Ryz \wedge \neg Rxz)$ とと言い換えることができ、$I(R) = \emptyset$ というモデルではどちらも真となる。

問題 6.13 それぞれ以下のように記号化できる。

1. $Fa \wedge \neg \exists x(Fx \wedge x \neq a)$、もしくは、これと同値な $Fa \wedge \forall x(Fx \rightarrow x = a)$。「アンが笑って、アン以外は笑わなかった」と言い換えることができる。問題文は「アンが笑った」を含意するが、$\neg \exists x(Fx \wedge x \neq a)$ だけでは、「アンが笑った Fa」を含意しないことに注意。

2. $\neg Fa \wedge \forall x(x \neq a \rightarrow Fx)$、あるいは、これと同値な $\neg Fa \wedge \neg \exists x(x \neq a \wedge \neg Fx)$。「アンは笑わず、アン以外の人は笑った」と言い換えることができる。

3. $Gab \wedge \neg\exists x(Gax \wedge x \neq b)$。これと同値な $Gab \wedge \forall x(Gax \to x = b)$ でもよい。「アンはボブを愛しており、ボブ以外にアンが愛している人はいない」とパラフレーズできる。

4. $Gab \wedge \neg\exists x(Gxb \wedge x \neq a)$。これと同値な $Gab \wedge \forall x(Gxb \to x = a)$ でもよい。「アンはボブを愛しており、アン以外にボブを愛している人はいない」という意味である。

5. $Gaa \wedge \neg\exists x(Gax \wedge x \neq a)$。これと同値な $Gaa \wedge \forall x(Gax \to x = a)$ でもよい。

6. この文が主張していることは少しややこしい。まず、「x はボブしか愛していない」という述語を考えると、$Gxb \wedge \neg\exists y(Gxy \wedge y \neq b)$ と記号化できる。問題文は、この x を満たすのはアンだけと主張しているから、正解は、

$$Gab \wedge \neg\exists y(Gay \wedge y \neq b) \wedge \neg\exists x(Gxb \wedge \neg\exists y(Gxy \wedge y \neq b) \wedge x \neq a)$$

となる。つまり、

(a) アンはボブを愛している。Gab

(b) アンはボブ以外の人を愛していない。$\neg\exists y(Gay \wedge y \neq b)$

(c) アン以外にボブだけを愛している人はいない。$\neg\exists x(Gxb \wedge \neg\exists y(Gxy \wedge y \neq b) \wedge x \neq a)$

という三つの文の連言に相当する。同値な式としては、

$$Gab \wedge \forall y(Gay \to y = b) \wedge \forall x(Gxb \wedge \forall y(Gxy \to y = b) \to x = a)$$

でも同じ意味である。こちらは否定が現れない、きれいな形になっている。なお、x と y は束縛変項なので、束縛関係が同じであれば、他の変項を使ってもよい。

問題 6.14 「x が学生である」を Fx、「x が笑った」を Gx とすると、「学生以外で笑った人はいない」という意味だから、$\neg\exists x(\neg Fx \wedge Gx)$ と記号化することができる。これは、$\forall x(Gx \to Fx)$ と同値である。一般に、F, G が述語であるとき、「F だけが G である」という形の文は「G はみな F である」と同じ真理条件をもつ。

問題 6.15 「笑っている学生が二人以上いる」は、$\exists x\exists y(Px \wedge Py \wedge x \neq y)$ となるから、この文全体を否定して、$\neg\exists x\exists y(Px \wedge Py \wedge x \neq y)$ とすればよい。これと同値な $\forall x\forall y(Px \wedge Py \to x = y)$ でもよい。後者の方が否定なしの形であり、使いやすい。

問題 6.16 「笑っている学生が二人以上いる」と「笑っている学生が三人以上いることはない（＝多くても二人である）」を連言でつなげばよい。まず、「笑っている学生が二人以上いる」は、$\exists x\exists y(Px \wedge Py \wedge x \neq y)$ となる。「笑っている学生が三人以上いる」は、

$$\exists x\exists y\exists z(Px \wedge Py \wedge Pz \wedge x \neq y \wedge y \neq z \wedge x \neq z)$$

と記号化される。この文全体を否定すると、

$$\neg\exists x\exists y\exists z(Px \wedge Py \wedge Pz \wedge x \neq y \wedge y \neq z \wedge x \neq z)$$

となり、否定を含まない同値な形は、

$$\forall x\forall y\forall z(Px \wedge Py \wedge Pz \to x = y \vee y = z \vee x = z)$$

となる。これが「笑っている学生は多くても二人である」に対応する論理式である。この論理式を使えば、最終的に「笑っている学生がちょうど二人いる」は、

$$\exists x \exists y (Px \land Py \land x \neq y) \land \forall x \forall y \forall z (Px \land Py \land Pz \to x = y \lor y = z \lor x = z)$$

と記号化することができる。

問題 7.1 証明図は以下の通り。

1. $\forall x(Fx \land Gx) \vdash Fa$

$$\cfrac{\cfrac{\forall x(Fx \land Gx)}{Fa \land Ga} \ \forall E}{Fa} \ \land E$$

2. $\forall x \forall y Fxy \vdash Faa$

$$\cfrac{\cfrac{\forall x \forall y Fxy}{\forall y Fay} \ \forall E}{Faa} \ \forall E$$

3. $\forall x(Fx \to Gx), \ \forall x(Fx \to Hx), \ Fa \vdash Ga \land Ha$

$$\cfrac{\cfrac{Fa \quad \cfrac{\forall x(Fx \to Gx)}{Fa \to Ga} \ \forall E}{Ga} \to E \quad \cfrac{Fa \quad \cfrac{\forall x(Fx \to Hx)}{Fa \to Ha} \ \forall E}{Ha} \to E}{Ga \land Ha} \ \land I$$

4. $\forall x \forall y (Rxy \to Fy), \ \forall x Rax \vdash Fb$

$$\cfrac{\cfrac{\forall x Rax}{Rab} \ \forall E \quad \cfrac{\cfrac{\forall x \forall y (Rxy \to Fy)}{\forall y (Ray \to Fy)} \ \forall E}{Rab \to Fb} \ \forall E}{Fb} \to E$$

問題 7.2

1. $\forall x Fx, \ \forall x(Fx \to Gx) \vdash \forall x Gx$

$$\cfrac{\cfrac{\cfrac{\forall x Fx}{Fx} \ \forall E \quad \cfrac{\forall x(Fx \to Gx)}{Fx \to Gx} \ \forall E}{Gx} \to E}{\forall x Gx} \ \forall I$$

2. $\forall x(Fx \to Gx \land Hx) \vdash \forall x(Fx \to Gx)$

$$\cfrac{[Fx]^1 \quad \cfrac{\cfrac{\forall x(Fx \to Gx \land Hx)}{Fx \to Gx \land Hx}\ \forall E}{\cfrac{\cfrac{Gx \land Hx}{Gx}\ \land E}{\cfrac{Fx \to Gx}{\forall x(Fx \to Gx)}\ \forall I}} \to E}{}\ \to I,\ 1$$

問題 7.3

1. $\forall x(Fx \lor Gx \to Hx) \vdash \forall x(Fx \to Hx)$

$$\cfrac{\cfrac{[Fx]^1}{Fx \lor Gx}\ \lor I \quad \cfrac{\forall x(Fx \lor Gx \to Hx)}{Fx \lor Gx \to Hx}\ \forall E}{\cfrac{\cfrac{Hx}{Fx \to Hx}\ \to I,\ 1}{\forall x(Fx \to Hx)}\ \forall I}\ \to E$$

2. $\forall x(Fx \to Hx),\ \forall x(Gx \to Hx) \vdash \forall x(Fx \lor Gx \to Hx)$

$$\cfrac{[Fx \lor Gx]^2 \quad \cfrac{[Fx]^1 \quad \cfrac{\forall x(Fx \to Hx)}{Fx \to Hx}\ \forall E}{Hx}\ \to E \quad \cfrac{[Gx]^1 \quad \cfrac{\forall x(Gx \to Hx)}{Gx \to Hx}\ \forall E}{Hx}\ \to E}{\cfrac{\cfrac{Hx}{Fx \lor Gx \to Hx}\ \to I,\ 2}{\forall x(Fx \lor Gx \to Hx)}\ \forall I}\ \lor E,\ 1$$

<u>**問題 7.4**</u>　反例モデルは、例えば次のものが考えられる。

$$D = \{1, 2\}$$
$$I(F) = \{1\}\ \ I(G) = \{2\}$$

　具体例で考えると、例えば、「すべての人はコーヒーを飲むか、紅茶を飲む」から、「すべての人はコーヒーを飲むか、または、すべての人は紅茶を飲む」を結論することはできない。

　以下の証明では、♣ のステップで Fx という一時的仮定はまだ閉じていない（最後の $\lor E$ のステップで閉じる）。よって、固有変項条件より、この段階で $\forall I$ を適用することはできない。

$$\cfrac{\cfrac{\forall x(Fx \lor Gx)}{Fx \lor Gx}\ \forall E \quad \cfrac{\cfrac{[Fx]^1}{\forall x Fx}\ \forall I, \clubsuit}{\forall x Fx \lor \forall x Gx}\ \lor I \quad \cfrac{\cfrac{[Gx]^1}{\forall x Gx}\ \forall I, \clubsuit}{\forall x Fx \lor \forall x Gx}\ \lor I}{\forall x Fx \lor \forall x Gx}\ \lor E,\ 1$$

<u>**問題 7.5**</u>　証明図は以下の通り。

1. $\vdash \forall x(\forall y Fy \to Fx)$

$$\cfrac{\cfrac{\cfrac{[\forall y Fy]^1}{Fx}\ \forall E}{\forall y Fy \to Fx}\ \to I,\ 1}{\forall x(\forall y Fy \to Fx)}\ \forall I$$

2. $\vdash\ \forall x(Fx \to \forall y Gy) \to \forall x \forall y(Fx \to Gy)$

$$\cfrac{\cfrac{\cfrac{\cfrac{\cfrac{[Fx]^1\quad \cfrac{[\forall x(Fx \to \forall y Gy)]^2}{Fx \to \forall y Gy}}{Gy}\ \to E}{Fx \to Gy}\ \to I,\ 1}{\forall y(Fx \to Gy)}\ \forall I}{\forall x \forall y(Fx \to Gy)}\ \forall I}{\forall x(Fx \to \forall y Gy) \to \forall x \forall y(Fx \to Gy)}\ \to I,\ 2$$

254

解答と解説（問題

7.6
—
7.7
）

問題 7.6　証明図は以下の通り。

1. $Fa,\ \forall x(Fx \to Gx) \vdash \exists x Gx$

$$\cfrac{\cfrac{Fa\quad \cfrac{\forall x(Fx \to Gx)}{Fa \to Ga}\ \forall E}{Ga}\ \to E}{\exists x Gx}\ \exists I$$

2. $Fa \vdash \exists x(Fx \lor Gx)$

$$\cfrac{\cfrac{Fa}{Fa \lor Ga}\ \lor I}{\exists x(Fx \lor Gx)}\ \exists I$$

3. $\neg \exists x Px \vdash \forall x \neg Px$

$$\cfrac{\cfrac{\cfrac{\cfrac{[Px]^1}{\exists x Px}\ \exists I\quad \neg \exists x Px}{\bot}\ \neg E}{\neg Px}\ \neg I,\ 1}{\forall x \neg Px}\ \forall I$$

問題 7.7　証明図は以下の通り。

1. $\exists x(Fx \land Gx) \vdash \exists x Fx$

$$\cfrac{\exists x(Fx \land Gx)\quad \cfrac{\cfrac{[Fx \land Gx]^1}{Fx}\ \land E}{\exists x Fx}\ \exists I}{\exists x Fx}\ \exists E,\ 1$$

2. $\forall x \neg Px \vdash \neg \exists x Px$

$$\cfrac{\cfrac{[\exists x Px]^2 \quad \cfrac{[Px]^1 \quad \cfrac{\forall x \neg Px}{\neg Px}\ \forall E}{\bot}\ \neg E}{\bot}\ \exists E, 1}{\neg \exists x Px}\ \neg I, 2$$

3. $\forall x(Fx \to Gx),\ \neg \exists x Gx \vdash \neg \exists x Fx$

$$\cfrac{\cfrac{[\exists x Fx]^2 \quad \cfrac{\cfrac{[Fx]^1 \quad \cfrac{\forall x(Fx \to Gx)}{Fx \to Gx}\ \forall E}{\cfrac{Gx}{\exists x Gx}\ \exists I} \to E \quad \neg \exists x Gx}{\bot}\ \neg E}{\bot}\ \exists E, 1}{\neg \exists x Fx}\ \neg I, 2$$

問題 7.8 あえて証明図を書くと次のようになる。

$$\cfrac{\cfrac{\forall x \exists y Pxy}{\exists y Pxy}\ \forall E \quad \cfrac{\cfrac{[Pxy]^1}{\forall x Pxy}\ \forall I, \clubsuit}{\exists y \forall x Pxy}\ \exists I}{\exists y \forall x Pxy}\ \exists E, 1$$

♣ のステップでは、Pxy という一時的仮定はまだ閉じていない（最後の $\exists E$ のステップで閉じる）。よって、この段階で $\forall I$ を適用することはできない。

問題 7.9 証明図は以下の通り。

1. $\neg \exists x(Fx \wedge Gx) \vdash \forall x(Fx \to \neg Gx)$

$$\cfrac{\cfrac{\cfrac{\cfrac{[Fx]^2 \quad [Gx]^1}{Fx \wedge Gx}\ \wedge I}{\exists x(Fx \wedge Gx)}\ \exists I \quad \neg \exists x(Fx \wedge Gx)}{\cfrac{\bot}{\neg Gx}\ \neg I, 1}\ \neg E}{\cfrac{Fx \to \neg Gx}{\forall x(Fx \to \neg Gx)}\ \forall I}\ \to I, 2$$

2. $\forall x(Fx \to \neg Gx) \vdash \neg \exists x(Fx \wedge Gx)$

$$\cfrac{\cfrac{[\exists x(Fx \wedge Gx)]^2 \quad \cfrac{\cfrac{[Fx \wedge Gx]^1}{Gx}\ \wedge E \quad \cfrac{\cfrac{[Fx \wedge Gx]^1}{Fx}\ \wedge E \quad \cfrac{\forall x(Fx \to Gx)}{Fx \to \neg Gx}\ \forall E}{\neg Gx}\ \to E}{\bot}\ \neg E}{\bot}\ \exists E, 1}{\neg \exists x(Fx \wedge Gx)}\ \neg I, 2$$

1. $\exists x \neg Fx \vdash \neg \forall x Fx$

$$
\cfrac{\exists x\neg Fx \quad \cfrac{\cfrac{\cfrac{[\forall x Fx]^2}{Fx}\ \forall E \quad [\neg Fx]^1}{\bot}\ \neg E}{\bot}\ \exists E,\,1}{\cfrac{\bot}{\neg\forall x Fx}\ \neg I,\,2}
$$

2. $\exists x(Fx \wedge \neg Gx) \vdash \neg \forall x(Fx \to Gx)$

$$
\cfrac{\exists x(Fx\wedge\neg Gx) \quad \cfrac{\cfrac{\cfrac{[Fx\wedge\neg Gx]^1}{Fx}\ \wedge E \quad \cfrac{[\forall x(Fx\to Gx)]^2}{Fx\to Gx}\ \forall E}{Gx}\ \to E \quad \cfrac{[Fx\wedge\neg Gx]^1}{\neg Gx}\ \wedge E}{\bot}\ \exists E,\,1}{\cfrac{\bot}{\neg\forall x(Fx\to Gx)}\ \neg I,\,2}
$$

3. $\exists x Fx \to \forall y Gy \vdash \forall x \forall y(Fx \to Gy)$

$$
\cfrac{\cfrac{\cfrac{\cfrac{\cfrac{\cfrac{[Fx]^1}{\exists x Fx}\ \exists I \quad \exists x Fx \to \forall y Gy}{\forall y Gy}\ \to E}{Gy}\ \forall E}{Fx \to Gy}\ \to I,\,1}{\forall y(Fx \to Gy)}\ \forall I}{\forall x \forall y(Fx \to Gy)}\ \forall I
$$

4. $\vdash \neg \exists x(Px \wedge \neg Px)$

$$
\cfrac{[\exists x(Px\wedge\neg Px)]^2 \quad \cfrac{\cfrac{[Px\wedge\neg Px]^1}{Px}\ \wedge E \quad \cfrac{[Px\wedge\neg Px]^1}{\neg Px}\ \wedge E}{\bot}\ \neg E}{\cfrac{\bot}{\neg\exists x(Px\wedge\neg Px)}\ \neg I,\,2}
$$
$\exists E,\,1$

5. $\neg \exists x Fx \vee \neg \exists x Gx \vdash \neg \forall x(Fx \wedge Gx)$

$$
\cfrac{\neg\exists x Fx \vee \neg\exists x Gx \quad \cfrac{[\neg\exists x Fx]^1 \quad \cfrac{\cfrac{\cfrac{[\forall x(Fx\wedge Gx)]^2}{Fx\wedge Gx}\ \forall E}{Fx}\ \wedge E}{\exists x Fx}\ \exists I}{\bot}\ \neg E \quad \cfrac{[\neg\exists x Gx]^1 \quad \cfrac{\cfrac{\cfrac{[\forall x(Fx\wedge Gx)]^2}{Fx\wedge Gx}\ \forall E}{Gx}\ \wedge E}{\exists x Gx}\ \exists I}{\bot}\ \neg E}{\cfrac{\cfrac{\bot}{} \vee E,\,1}{\neg\forall x(Fx\wedge Gx)}\ \neg I,\,2}
$$

6. $\forall x(Fx \to \forall y(Rxy \to Gy)) \vdash \forall y(\exists x(Fx \land Rxy) \to Gy)$

$$\cfrac{\cfrac{[\exists x(Fx \land Rxy)]^2 \qquad \cfrac{\cfrac{\cfrac{[Fx \land Rxy]^1}{Fx} \land E \qquad \cfrac{\forall x(Fx \to \forall y(Rxy \to Gy))}{Fx \to \forall y(Rxy \to Gy)} \forall E}{\forall y(Rxy \to Gy)} \to E \qquad \cfrac{[Fx \land Rxy]^1}{Rxy} \land E}{\cfrac{Rxy \to Gy}{Gy} \forall E} \to E}{Gy} \exists E,\,1}{\cfrac{\cfrac{Gy}{\exists x(Fx \land Rxy) \to Gy} \to I,\,2}{\forall y(\exists x(Fx \land Rxy) \to Gy)} \forall I}$$

問題 7.11

1. $\forall x(\neg Fx \lor Gx) \vdash \forall x(Fx \to Gx)$

$$\cfrac{\cfrac{\cfrac{\forall x(\neg Fx \lor Gx)}{\neg Fx \lor Gx} \forall E \qquad \cfrac{\cfrac{[Fx]^2 \quad [\neg Fx]^1}{\bot} \neg E}{Gx} \bot E \qquad [Gx]^1}{Gx} \lor E,\,1}{\cfrac{\cfrac{Gx}{Fx \to Gx} \to I,\,2}{\forall x(Fx \to Gx)} \forall I}$$

2. $\forall x(\exists y Fxy \lor \exists y Gxy), \neg \exists x \exists y Fxy \vdash \forall x \exists y Gxy$

$$\cfrac{\cfrac{\forall x(\exists y Fxy \lor \exists y Gxy)}{\exists y Fxy \lor \exists y Gxy} \forall E \qquad \cfrac{\cfrac{\cfrac{[\exists y Fxy]^1}{\exists x \exists y Fxy} \exists I \qquad \neg \exists x \exists y Fxy}{\bot} \neg E}{\exists y Gxy} \bot E \qquad [\exists y Gxy]^1}{\cfrac{\exists y Gxy}{\forall x \exists y Gxy} \forall I} \lor E,\,1$$

問題 7.12

1. $\neg \exists x(Fx \land \neg Gx) \vdash \forall x(Fx \to Gx)$

$$\cfrac{\cfrac{\cfrac{\cfrac{[Fx]^2 \quad [\neg Gx]^1}{Fx \land \neg Gx} \land I}{\exists x(Fx \land \neg Gx)} \exists I \qquad \neg \exists x(Fx \land \neg Gx)}{\cfrac{\bot}{Gx} RAA,\,1}{\cfrac{\cfrac{Gx}{Fx \to Gx} \to I,\,2}{\forall x(Fx \to Gx)} \forall I}} \neg E$$

2. $\neg \exists x \neg Fx \vdash \forall x Fx$

$$\cfrac{\cfrac{[\neg Fx]^1}{\exists x \neg Fx}\ \exists I \qquad \neg \exists x \neg Fx}{\cfrac{\cfrac{\bot}{Fx}\ RAA,\ 1}{\forall x Fx}\ \forall I}\ \neg E$$

1. $\neg \forall x Fx \vdash \exists x \neg Fx$

$$\cfrac{\cfrac{\cfrac{[\neg Fx]^1}{\exists x \neg Fx}\ \exists I \qquad [\neg \exists x \neg Fx]^2}{\cfrac{\cfrac{\bot}{Fx}\ RAA,\ 1}{\forall x Fx}\ \forall I}\ \neg E \qquad \neg \forall x Fx}{\cfrac{\bot}{\exists x \neg Fx}\ RAA,\ 2}\ \neg E$$

2. $\neg \forall x \exists y Fxy \vdash \exists x \forall y \neg Fxy$

$$\cfrac{\cfrac{\cfrac{\cfrac{[Fxy]^1}{\exists y Fxy}\ \exists I \qquad [\neg \exists y Fxy]^2}{\cfrac{\cfrac{\bot}{\neg Fxy}\ \neg I,\ 1}{\cfrac{\forall y \neg Fxy}{\exists x \forall y \neg Fxy}\ \exists I}\ \forall I}\ \neg E \qquad [\neg \exists x \forall y \neg Fxy]^3}{\cfrac{\cfrac{\bot}{\exists y Fxy}\ RAA,\ 2}{\forall x \exists y Fxy}\ \forall I}\ \neg E \qquad \neg \forall x \exists y Fxy}{\cfrac{\bot}{\exists x \forall y \neg Fxy}\ RAA,\ 3}\ \neg E$$

　2 では、$\forall I$ の制限に違反しないように注意する必要がある。例えば、Fxy と一時的に仮定して、この仮定が閉じないうちに $\forall x$ や $\forall y$ を導入することはできない。上の証明では、$\forall x$ も $\forall y$ も、それぞれ x と y を自由変項として含む仮定が閉じた後に $\forall I$ によって導入されている。

1. $A \to \forall x Fx \vdash \forall x(A \to Fx)$ の証明は左に、$\forall x(A \to Fx) \vdash A \to \forall x Fx$ の証明は右に示す。

$$\cfrac{\cfrac{\cfrac{[A]^1 \quad A \to \forall x Fx}{\cfrac{\forall x Fx}{Fx}\ \forall E}\ \to E}{\cfrac{A \to Fx}{\forall x(A \to Fx)}\ \forall I}\ \to I,\ 1}{}$$

$$\cfrac{\cfrac{[A]^1 \quad \cfrac{\forall x(A \to Fx)}{A \to Fx}\ \forall E}{\cfrac{\cfrac{Fx}{\forall x Fx}\ \forall I}{A \to \forall x Fx}\ \to I,\ 1}\ \to E}{}$$

どちらの証明でも、A が x を自由変項として含まないという条件のもとで、$\forall I$ の適用が可能となる。

2. $A \wedge \forall x Fx \vdash \forall x(A \wedge Fx)$ の証明は左に、$\forall x(A \wedge Fx) \vdash A \wedge \forall x Fx$ の証明は右に示す。

$$
\cfrac{\cfrac{A \wedge \forall x Fx}{A}\ \wedge E \quad \cfrac{\cfrac{\cfrac{A \wedge \forall x Fx}{\forall x Fx}\ \wedge E}{Fx}\ \forall E}{}}{\cfrac{A \wedge Fx}{\forall x(A \wedge Fx)}\ \forall I}\ \wedge I
\qquad
\cfrac{\cfrac{\cfrac{\forall x(A \wedge Fx)}{A \wedge Fx}\ \forall E}{A}\ \wedge E \quad \cfrac{\cfrac{\cfrac{\forall x(A \wedge Fx)}{A \wedge Fx}\ \forall E}{\cfrac{Fx}{\forall x Fx}\ \forall I}\ \wedge E}{}}{A \wedge \forall x Fx}\ \wedge I
$$

3. $A \vee \forall x Fx \vdash \forall x(A \vee Fx)$ の証明は以下の通り。

$$
\cfrac{A \vee \forall x Fx \quad \cfrac{[A]^1}{A \vee Fx}\ \vee I \quad \cfrac{\cfrac{[\forall x Fx]^1}{Fx}\ \forall E}{A \vee Fx}\ \vee I}{\cfrac{A \vee Fx}{\forall x(A \vee Fx)}\ \forall I}\ \vee E,\ 1
$$

最後の $\forall I$ のステップは、A が x を自由変項を含まないという条件のもとで適正である。

逆方向の $\forall x(A \vee Fx) \vdash A \vee \forall x Fx$ の証明は意外に難しく、背理法 (RAA) が必要になる。結論が選言命題の場合、つまり、$\vee$ を主結合子として含む場合、しばしば直観主義論理では証明できず、背理法が必要になることがある。いくつかやり方があるが、一つの証明は次のような形になる。

$$
\cfrac{\cfrac{\cfrac{\cfrac{\forall x(A \vee Fx)}{A \vee Fx}\ \forall E \quad [A]^1 \quad \cfrac{\cfrac{[Fx]^1 \quad [\neg Fx]^2}{\bot}\ \neg E}{A}\ \bot E}{A}\ \vee E,\ 1}{A \vee \forall x Fx}\ \vee I \qquad [\neg(A \vee \forall x Fx)]^3}{\cfrac{\cfrac{\cfrac{\bot}{Fx}\ RAA,\ 2}{\forall x Fx}\ \forall I}{A \vee \forall x Fx}\ \vee I \qquad [\neg(A \vee \forall x Fx)]^3}\ \neg E}{\cfrac{\bot}{A \vee \forall x Fx}\ RAA,\ 3}\ \neg E
$$

ここでも、$\forall I$ のステップが適正であるためには、A が x を自由変項を含まないという条件が必要になる。

なお次のような証明が一見すると思い浮かぶかもしれないが、♣ でマークしたステップで仮定 Fx はまだ閉じていないため、この段階で $\forall I$ を適用することはできない。

$$
\cfrac{\cfrac{\forall x(A \vee Fx)}{A \vee Fx}\ \forall E \quad \cfrac{[A]^1}{A \vee \forall x Fx}\ \vee I \quad \cfrac{\cfrac{\cfrac{[Fx]^1}{\forall x Fx}\ \forall I\ ♣}{A \vee \forall x Fx}\ \vee I}{}}{A \vee \forall x Fx}\ \vee E,\ 1
$$

上の正しい証明では、$\forall I$ を適用するときに、x が自由変項として現れる一時的仮定がすべて閉じていることに注意しよう。

4. $\forall x(Fx \to A) \vdash \exists x Fx \to A$ の証明は左に、逆方向の $\exists x Fx \to A \vdash \forall x(Fx \to A)$ の証明は右に示す。

$$
\cfrac{[\exists x Fx]^2 \qquad \cfrac{[Fx]^1 \qquad \cfrac{\cfrac{\forall x(Fx \to A)}{Fx \to A}\ \forall E}{A}\ \to E}{A}\ \exists E, 1}{\cfrac{A}{\exists x Fx \to A}\ \to I, 2}
\qquad
\cfrac{\cfrac{\cfrac{[Fx]^1}{\exists x Fx}\ \exists I \qquad \exists x Fx \to A}{\cfrac{A}{\cfrac{Fx \to A}{\forall x(Fx \to A)}\ \forall I}\ \to I, 1}}{}\ \to E
$$

どちらの証明でも、A が x を自由変項として含まないという条件が必須である。

5. $\forall x Fx \vdash \forall y Fy$ は例 7.4(p.190) ですでに示した。逆方向の $\forall y Fy \vdash \forall x Fx$ も同様にして示せる。

6. $\forall x \forall y Fxy \vdash \forall y \forall x Fxy$ の証明は以下の通り。逆方向の $\forall y \forall x Fxy \vdash \forall x \forall y Fxy$ の証明も同様である。

$$
\cfrac{\cfrac{\cfrac{\cfrac{\forall x \forall y Fxy}{\forall y Fxy}\ \forall E}{Fxy}\ \forall E}{\forall x Fxy}\ \forall I}{\forall y \forall x Fxy}\ \forall I
$$

7. $\exists x \exists y Fxy \vdash \exists y \exists x Fxy$ は以下のように示せる。逆方向の $\exists y \exists x Fxy \vdash \exists x \exists y Fxy$ も同様にして示せる。

$$
\cfrac{\exists x \exists y Fxy \qquad \cfrac{[\exists y Fxy]^2 \qquad \cfrac{\cfrac{[Fxy]^1}{\exists x Fxy}\ \exists I}{\exists y \exists x Fxy}\ \exists I}{\exists y \exists x Fxy}\ \exists E, 1}{\exists y \exists x Fxy}\ \exists E, 2
$$

8. $\forall x(Fx \wedge Gx) \vdash \forall x Fx \wedge \forall x Gx$ の証明は左に、$\forall x Fx \wedge \forall x Gx \vdash \forall x(Fx \wedge Gx)$ の証明は右に示す。

$$
\cfrac{\cfrac{\cfrac{\cfrac{\forall x(Fx \wedge Gx)}{Fx \wedge Gx}\ \forall E}{Fx}\ \wedge E}{\forall x Fx}\ \forall I \qquad \cfrac{\cfrac{\cfrac{\forall x(Fx \wedge Gx)}{Fx \wedge Gx}\ \forall E}{Gx}\ \wedge E}{\forall x Gx}\ \forall I}{\forall x Fx \wedge \forall x Gx}\ \wedge I
\qquad
\cfrac{\cfrac{\cfrac{\forall x Fx \wedge \forall x Gx}{\forall x Fx}\ \wedge E}{Fx}\ \forall E \qquad \cfrac{\cfrac{\forall x Fx \wedge \forall x Gx}{\forall x Gx}\ \wedge E}{Gx}\ \forall E}{\cfrac{\cfrac{Fx \wedge Gx}{\forall x(Fx \wedge Gx)}\ \forall I}{}}\ \wedge I
$$

9. の一方向 $\exists x(Fx \vee Gx) \vdash \exists x Fx \vee \exists x Gx$ は次のように証明される。

$$
\cfrac{\exists x(Fx \vee Gx) \qquad \cfrac{[Fx \vee Gx]^2 \qquad \cfrac{\cfrac{[Fx]^1}{\exists x Fx}\ \exists I}{\exists x Fx \vee \exists x Gx}\ \vee I \qquad \cfrac{\cfrac{[Gx]^1}{\exists x Gx}\ \exists I}{\exists x Fx \vee \exists x Gx}\ \vee I}{\exists x Fx \vee \exists x Gx}\ \vee E, 1}{\exists x Fx \vee \exists x Gx}\ \exists E, 2
$$

逆方向の $\exists x F x \lor \exists x G x \vdash \exists x (F x \lor G x)$ の証明は次の通り。

$$
\cfrac{\exists x F x \lor \exists x G x \quad \cfrac{[\exists x F x]^3 \quad \cfrac{\cfrac{\cfrac{[F x]^1}{F x \lor G x} \lor I}{\exists x (F x \lor G x)} \exists I}{\exists x (F x \lor G x)} \exists E, 1 \quad \cfrac{[\exists x G x]^3 \quad \cfrac{\cfrac{\cfrac{[G x]^2}{F x \lor G x} \lor I}{\exists x (F x \lor G x)} \exists I}{\exists x (F x \lor G x)} \exists E, 2}{}}{\exists x (F x \lor G x)} \lor E, 3
$$

10. $\neg\forall x F x \vdash \exists x \neg F x$ は問題 7.13 の 1 (p. 215) ですでに示した。逆方向の $\exists x \neg F x \vdash \neg\forall x F x$ は問題 7.10 の 1(p. 212) ですでに示した。

11. $\neg\exists x F x \vdash \forall x \neg F x$ は問題 7.6 の 3 (p. 196) ですでに示した。逆方向の $\forall x \neg F x \vdash \neg\exists x F x$ は問題 7.7 の 2 (p. 203) ですでに示した。

古典論理でのみ成り立つ帰結関係は 3 の $\forall x (A \lor F x) \vdash A \lor \forall x F x$ の方向、10 の $\neg\forall x F x \vdash \exists x \neg F x$ の方向である。

問題 7.15

1. $\vdash \forall x \forall y (x = y \to (F x \to F y))$

$$
\cfrac{\cfrac{\cfrac{\cfrac{[x = y]^2 \quad [F x]^1}{F y} = E}{F x \to F y} \to I, 1}{x = y \to (F x \to F y)} \to I, 2}{\cfrac{\forall y (x = y \to (F x \to F y))}{\forall x \forall y (x = y \to (F x \to F y))} \forall I} \forall I
$$

2. $\vdash \forall x \forall y (F x \land \neg F y \to x \neq y)$

$$
\cfrac{\cfrac{\cfrac{\cfrac{[x = y]^1 \quad \cfrac{[F x \land \neg F y]^2}{F x} \land E}{F y} = E \quad \cfrac{[F x \land \neg F y]^2}{\neg F y} \land E}{\cfrac{\bot}{x \neq y} \neg I, 1} \neg E}{\cfrac{F x \land \neg F y \to x \neq y}{\cfrac{\forall y (F x \land \neg F y \to x \neq y)}{\forall x \forall y (F x \land \neg F y \to x \neq y)} \forall I} \forall I} \to I, 2}
$$

問題 7.16 証明図は以下の通り。

1. $F a \vdash \forall x (x = a \to F x)$

$$
\cfrac{\cfrac{\cfrac{[x = a]^1 \quad \cfrac{}{x = x} = A x}{a = x} = E \quad F a}{\cfrac{F x}{\cfrac{x = a \to F x}{\forall x (x = a \to F x)} \forall I} \to I, 1} = E}{}
$$

2. $\forall x(x = a \to Fx) \vdash \exists x(x = a \land Fx)$

$$
\cfrac{\cfrac{}{a = a} \ =Ax \quad \cfrac{\cfrac{}{a = a} \ =Ax \quad \cfrac{\forall x(x = a \to Fx)}{a = a \to Fa} \ \forall E}{Fa} \ \to E}{\cfrac{a = a \land Fa}{\exists x(x = a \land Fx)} \ \exists I} \ \land I
$$

3. $\exists x(x = a \land Fx) \vdash Fa$

$$
\cfrac{\exists x(x = a \land Fx) \quad \cfrac{\cfrac{[x = a \land Fx]^1}{x = a} \ \land E \quad \cfrac{[x = a \land Fx]^1}{Fx} \ \land E}{Fa} \ =E}{Fa} \ \exists E, 1
$$

<u>**問題 7.17**</u>

まず、$\exists x(Fx \land \forall y(Fy \to y = x)) \vdash \exists x \forall y(Fy \leftrightarrow y = x)$ を証明する。

$$
\cfrac{\exists x(Fx \land \forall y(Fy \to y = x)) \quad \cfrac{\cfrac{\cfrac{[Fx \land \forall y(Fy \to y = x)]^2}{\forall y(Fy \to y = x)} \ \land E}{Fy \to y = x} \ \forall E \quad \cfrac{\cfrac{[y = x]^1}{x = y} \quad \cfrac{[Fx \land \forall y(Fy \to y = x)]^2}{Fx} \ \land E}{\cfrac{Fy}{y = x \to Fy} \ \to I, 1}}{\cfrac{Fy \leftrightarrow y = x}{\cfrac{\forall y(Fy \leftrightarrow y = x)}{\exists x \forall y(Fy \leftrightarrow y = x)} \ \exists I} \ \forall I} \ \land I}{\exists x \forall y(Fy \leftrightarrow y = x)} \ \exists E, 2
$$

$\leftrightarrow$ を導入するステップは、双条件の定義から $\land$ の導入規則としている。また、$y = x$ から $x = y$ を導くステップは、先ほどと同様、$=$ の対称性に基づく派生規則である。

次に、$\exists x \forall y(Fy \leftrightarrow y = x) \vdash \exists x Fx \land \forall x \forall y(Fx \land Fy \to x = y)$ を証明する。この証明では、前提 $\exists x \forall y(Fy \leftrightarrow y = x)$ に基づいて導入される個体変項を他から区別するため、z としておく。

$$
\cfrac{\exists x \forall y(Fy \leftrightarrow y = x) \quad \cfrac{\cfrac{\cfrac{[\forall y(Fy \leftrightarrow y = z)]^2}{Fz \leftrightarrow z = z} \quad \cfrac{}{z = z} \ =Ax}{\cfrac{Fz}{\exists x Fx}} \quad \cfrac{\cfrac{[Fx \land Fy]^1}{Fy} \quad \cfrac{\cfrac{[\forall y(Fy \leftrightarrow y = z)]^2}{Fy \leftrightarrow y = z}}{\cfrac{Fy \to y = z}{\cfrac{y = z}{z = y}}} \quad \cfrac{[Fx \land Fy]^1}{Fx} \quad \cfrac{\cfrac{[\forall y(Fy \leftrightarrow y = z)]^2}{Fx \leftrightarrow x = z}}{\cfrac{Fx \to x = z}{x = z}}}{\cfrac{x = y}{\cfrac{Fx \land Fy \to x = y}{\cfrac{\forall y(Fx \land Fy \to x = y)}{\forall x \forall y(Fx \land Fy \to x = y)} \ \forall I} \ \forall I} \ \to I, 1} \ =E}{\cfrac{\exists x Fx \land \forall x \forall y(Fx \land Fy \to x = y)}{\exists x Fx \land \forall x \forall y(Fx \land Fy \to x = y)}}}{\exists x Fx \land \forall x \forall y(Fx \land Fy \to x = y)} \ \exists E, 2
$$

ここでは、各ステップで使った推論規則の明記は最小限にとどめている。特に $\forall I$ を二回適用する際、変項 x と y を含む仮定がすでに閉じていることに注意してほしい。

最後に、$\exists x Fx \land \forall x \forall y(Fx \land Fy \to x = y) \vdash \exists x(Fx \land \forall y(Fy \to y = x))$ を証明する。

$$
\dfrac{\dfrac{\exists xFx \wedge \forall x\forall y(Fx \wedge Fy \to x=y)}{\exists xFx}\,{\scriptstyle \wedge E}
\qquad
\dfrac{\dfrac{[Fx]^2 \qquad \dfrac{\dfrac{\dfrac{\dfrac{\dfrac{[Fx]^2\quad[Fy]^1}{Fx\wedge Fy}\,{\scriptstyle \wedge I}\qquad \dfrac{\dfrac{\exists xFx \wedge \forall x\forall y(Fx\wedge Fy\to x=y)}{\forall x\forall y(Fx\wedge Fy\to x=y)}\,{\scriptstyle \wedge E}}{\overline{\overline{Fx\wedge Fy\to x=y}}}\,{\scriptstyle \forall E}}{\dfrac{x=y}{\overline{\overline{y=x}}}}\,{\scriptstyle \to E}}{Fy\to y=x}\,{\scriptstyle \to I,\,1}}{\forall y(Fy\to y=x)}\,{\scriptstyle \forall I}}{}}{Fx\wedge\forall y(Fy\to y=x)}\,{\scriptstyle \wedge I}}{\exists x(Fx\wedge\forall y(Fy\to y=x))}\,{\scriptstyle \exists I}}{\exists x(Fx\wedge\forall y(Fy\to y=x))}\,{\scriptstyle \exists E,\,2}
$$

ここでは、上と同様に、

$$
\dfrac{t=s}{\overline{\overline{s=t}}}
$$

を派生規則として使っている。

問題 7.18

1. $\exists xFx,\ \neg\exists xGx,\ \forall x(Fx\to Gx)\vdash\bot$ を示せばよい。

$$
\dfrac{\exists xFx \qquad \dfrac{\dfrac{\dfrac{[Fx]^1 \qquad \dfrac{\forall x(Fx\to Gx)}{Fx\to Gx}\,{\scriptstyle \forall E}}{Gx}\,{\scriptstyle \to E}}{\exists xGx}\,{\scriptstyle \exists I} \qquad \neg\exists xGx}{\bot}\,{\scriptstyle \neg E}}{\bot}\,{\scriptstyle \exists E,\,1}
$$

2. $\neg Ga,\ \forall x(Fx\to Gx),\ \forall x(Fx\vee Gx)\vdash\bot$ を示せばよい。

$$
\dfrac{\dfrac{\forall x(Fx\vee Gx)}{Fa\vee Ga}\,{\scriptstyle \forall E} \qquad \dfrac{\dfrac{[Fa]^1 \qquad \dfrac{\forall x(Fx\to Gx)}{Fa\to Ga}\,{\scriptstyle \forall E}}{Ga}\,{\scriptstyle \to E} \qquad \neg Ga}{\bot}\,{\scriptstyle \neg E} \qquad \dfrac{[Ga]^1 \qquad \neg Ga}{\bot}\,{\scriptstyle \neg E}}{\bot}\,{\scriptstyle \vee E,\,1}
$$

問題 7.19 $\exists x(\forall y(Lyy\to\neg Lxy)\wedge\forall y(\neg Lyy\to Lxy))\vdash\bot$ は次のように証明できる。

$$
\dfrac{\exists x(\forall y(Lyy\leftrightarrow\neg Lxy)) \qquad \dfrac{\dfrac{\dfrac{\dfrac{[Lxx]^1 \qquad \dfrac{[Lxx]^1 \qquad \dfrac{\dfrac{[\forall y(Lyy\leftrightarrow\neg Lxy)]^3}{Lxx\leftrightarrow\neg Lxx}\,{\scriptstyle \forall E}}{Lxx\to\neg Lxx}\,{\scriptstyle \wedge E}}{\neg Lxx}\,{\scriptstyle \to E}}{\bot}\,{\scriptstyle \neg E}}{\neg Lxx}\,{\scriptstyle \neg I,\,1} \qquad \dfrac{\dfrac{[\forall y(Lyy\leftrightarrow\neg Lxy)]^3}{\neg Lxx\leftrightarrow Lxx}\,{\scriptstyle \forall E}}{\neg Lxx\to Lxx}\,{\scriptstyle \wedge E}}{Lxx}\,{\scriptstyle \to E} \qquad \dfrac{\dfrac{[Lxx]^2 \qquad \dfrac{[Lxx]^2 \qquad \dfrac{\dfrac{[\forall y(Lyy\leftrightarrow\neg Lxy)]^3}{Lxx\leftrightarrow\neg Lxx}\,{\scriptstyle \forall E}}{Lxx\to\neg Lxx}\,{\scriptstyle \wedge E}}{\neg Lxx}\,{\scriptstyle \to E}}{\bot}\,{\scriptstyle \neg E}}{\neg Lxx}\,{\scriptstyle \neg I,\,2}}{\bot}\,{\scriptstyle \neg E}}{\bot}\,{\scriptstyle \exists E,\,3}
$$

文献案内

　本書では、命題論理と述語論理の基本を学んできた。ここまでの内容を身につけたなら、論理学のより専門的な研究に進むにしろ、そのさまざまな応用に向かうにしろ、十分な基礎が得られたと考えてよいだろう。論理学は、学際的な分野であり、この先には論理学にかかわる興味深い分野がたくさんある。ここで、この先の話題を扱った論理学に関係する、日本語で読める文献を紹介しておこう。

　まず、完全性定理などメタ論理のトピックを解説した教科書としては次のものがある。

1. **リチャード・ジェフリー『形式論理学──その展望と限界』戸田山和久訳、産業図書、1995 年**
2. **鹿島亮『数理論理学』朝倉書店、2009 年**
3. **戸次大介『数理論理学』東京大学出版会、2011 年**

1 は、本書では扱わなかったタブローと呼ばれる証明体系に基づく教科書であり、述語論理の決定不可能性や算術の不完全性のような発展的トピックにもふれている良書である。著者のジェフリーは意思決定理論の研究で著名な哲学者であり、1 以外にも「論理 (Logic)」をタイトルに含む教科書を何冊か書いている。どの教科書でも、ジェフリーの説明はいつも簡潔でわかりやすい。2 では、自然演繹に基づいて、メタ論理の主要な話題が一通り解説されている。3 では、さまざまな証明体系、特に、自然演繹、タブロー、シークエント計算（これはタブローに「カット」と呼ばれる規則を加えた体系ともみなせる）の関係が詳しく説明されている。

　自然演繹が直観主義論理と相性がよいのに対して、タブローやシークエント計算は古典論理と相性がよく、完全性定理などのメタ定理を説明する

のに適した体系である。ただし、メタ定理をきちんと理解するには、ある種の数学的な洗練が要求される点に注意が必要である。最初に論理学にふれる人は、まず、自然演繹を中心に証明の読み書きの仕方を習得し、その後でいわば「二周目」として、完全性などメタ定理の話題に進むことをおすすめする。

本書で学んだ述語論理の体系は、**一階論理**とも呼ばれる。一階論理とは、量化子によって個体を量化することができる体系である。一方、量化子によって $\forall A(A \to A)$ のように命題を量化したり、$\forall F \exists x F x$ のように述語を量化したりすることができる体系は、**二階論理**、あるいは、**高階論理**と呼ばれる。ジェフリーによる 1 の教科書は、簡潔ではあるが、二階論理の解説も含んでいる。

数学的な証明の方法を身につけたいという人は、次の教科書に当たってみてほしい。

4. 嘉田勝『論理と集合から始める数学の基礎』日本評論社、2008 年
5. Daniel J. Velleman, *How to Prove it? A Structured Approach*. Cambridge University Press, 3rd edition, 2019. （ダニエル・J・ヴェルマン『その理屈、証明できますか？』神林靖訳、翔泳社、2016 年、原著第 2 版の翻訳）

5 は、自然演繹に基づいて数学的な証明の方法を一歩ずつ解説した良書である。証明のステップを「使用してよい仮定」と「導き出したい目標」に分けて説明する本書のやり方は、5 に倣ったものである。

これまで学んだ自然演繹による証明は、記号化に基づく形式的な証明である。一方、実際の証明は、自然言語で書かれるインフォーマルな（非形式的な）証明である。そこでは、すべてのステップを詳細に記述するわけではなく、明らかなステップは省略される。そのようなインフォーマルな証明を読んだり書いたりする場合でも、自然演繹の証明の構造を念頭に置くことは役立つはずであり、多くの人にとっては、それが数学的な証明の方法を身につける近道となるだろう。

第 4 章のノートでふれた非古典論理への導入としては、6 や 7 がある。

6. 小野寛晰『情報科学における論理』日本評論社、1994 年

7. 大西琢朗『論理学』昭和堂、2021 年

特に哲学分野で広く研究されている非古典論理の体系としては、**様相論理**がある。様相論理を中心とした非古典論理の研究は、現在では**哲学的論理学** (Philosophical Logic) とも呼ばれ、論理学の一分野を成している。様相論理では、「A が必然的に成り立つ」のような必然性や可能性を表す表現、「A であることを知っている」のような知識を表す表現、あるいは、過去や未来のような時間の表現などを含む推論が主題となる。6 では、証明論（特にシークエント計算）を中心として非古典論理がバランスよく解説されている。6 のタイトルが示唆しているように、非古典論理は情報科学においても広く研究されている。7 は、哲学で研究されているさまざまな非古典論理の体系について意味論の観点から解説したものであり、この分野への入門書として適した一冊である。

　論理学の基本的な概念について哲学的に探究する分野は、「論理学の哲学」と呼ぶことができるだろう。たとえば、推論の妥当性とは何に由来するのか、証明論と意味論はどちらが先立つのか、含意や否定の意味とは何か、さまざまなパラドクスはどのように解決されるのかなどといった問題は、論理学（哲学的論理学）の領域に属する問題であると同時に、哲学的な議論を要求する「論理学の哲学」の問題でもある。残念ながら、こうした論理学の哲学について体系的に解説した日本語の教科書は少ないのが現状である。8 は、論理学の哲学への導入として書かれた入門書であり、比較的広い範囲のトピックを扱っている。

8. 飯田隆編『論理の哲学』講談社選書メチエ、2005 年

　論理学と情報科学の関係、特に論理と計算という概念のつながりをさらに学びたい人には、9 を読むことをおすすめしたい。

9. 照井一成『コンピュータは数学者になれるのか？──数学基礎論から証明とプログラムの理論へ』青土社、2015 年

これは一般向けに書かれているが、ゲーデルの不完全性定理、計算量の問題（N 対 NP 問題）、さらには自然演繹とラムダ計算の関係（いわゆるカリー・ハワード対応）から AI による最近の自動定理証明の研究まで、論理学の研究の広がりを魅力的に解説している。10 は、第 7 章のノートでふれたチューリングの伝記であり、情報社会と情報科学の成立に大きな影響を与えたチューリングの生涯を生き生きと伝えている。

10. ジャック・コープランド『チューリング――情報時代のパイオニア』服部桂訳、NTT 出版、2013 年

　第 1 章で紹介した 4 枚カード問題など、人が実際に行う推論にどんな特徴があるのかという問題は、認知科学の分野で広く研究されている。この分野への導入としては 11 がおすすめである。

11. 市川伸一『考えることの科学――推論の認知心理学への招待』中公新書、1997 年。

例 1.7 (p. 8) で紹介した「隠れた排中律」を利用した推論の例は、

12. 網谷祐一『理性の起源――賢すぎる、愚かすぎる、それが人間だ』河出書房新社、2017 年

から学んだ。12 は、人が陥りやすい論理的誤謬（いわゆる誤謬推論）について哲学の視点から平易に解説している。
　論理学を使って自然言語を分析する試みは、形式意味論と呼ばれ、言語学の一分野を成している。導入としては以下の二冊が挙げられる。

13. 荻原俊幸『「もの」の意味、「時間」の意味――記号化に頼らない形式意味論の話』くろしお出版、2016 年
14. 飯田隆『日本語と論理――哲学者、その謎に挑む』NHK 出版、2019 年

どちらも「記号化」を一切前提しないで説明を試みている。本書で扱った論理学の基本を一通り学んだ後に読めば、より一層理解が深まるだろう。

あとがき

　本書は、私が慶應義塾大学文学部で担当している「論理学入門」という
コースで使用してきた教材を基にしている。私が慶應義塾大学で論理学を
最初に教えたのは 2008 年のことであり、遡ればそのときに作成した小さ
な教材が本書の原形にある。それ以来、試行錯誤を繰り返しながら、扱う
トピックや練習問題を選び、論理学を教えてきた。特に専修大学文学部
（2011 年～2013 年）と早稲田大学文学部・文化構想学部（2018 年～）で
は、通年あるいは半期の授業を担当し、命題論理と述語論理の基本を教え
た。参加した学生からは多くのフィードバックを得た。ここに感謝した
い。本書は、これらの授業で使用した教材を基に、独習もできるように解
説と解答を拡充してまとめたものである。

　また、論理学を専門とする秋吉亮太さんと高橋優太さんには、論理学の
入門的な講義で本書の基になっている教材を使っていただいた。高橋優太
さんには校正を手伝っていただき、忙しい中でも本書全体にわたって正確
で丁寧なコメントをいただいた。それによってこの本書が改善されたこ
とは言うまでもない。また、練習問題の解答の一部は、安東里沙子さんに
作成を手伝っていただいた。秋吉さん、高橋さん、安東さんに深く感謝を
申し上げたい。もちろん、残る不備があるとしたら、それは著者の責任で
ある。

　本書の目標は、論理に関する用語や知識を表面的にわかった気にさせる
ことではなく、実際に文を記号化したり、証明したりすることで、推論の
正しさを評価するスキルを身につけ、定着させることにある。そのために
は、「はじめに」で強調したように、簡単な問題から始め、実際に自分で
あれこれ考えながら問題を解くことが重要となる。論理学の応用は哲学に
とどまらず、言語学や情報科学など多岐にわたることはすでに触れたが、

私自身、このような論理学の考え方を学び、自分で記号化や証明ができるようになって初めて、基礎から応用までさまざまな問題に自分の感覚で接し、その面白さを実感できるようになった気がする。論理学の考え方をスキルとして身につけるということは、体を動かしてスポーツを実践することにも似ていて、「自分でやってみないとわからない」という側面がある。論理学の教科書はすでに多く書かれているが、本書がきっかけで論理学の面白さに少しでも気づく読者がいれば幸いである。

　最後に慶應義塾大学出版会の片原良子さんには大変お世話になった。本書全体に丁寧に目を通して、不明瞭でわかりにくい箇所を多数指摘していただいた。編集の段階で片原さんの適切なアドバイスがなければ、この本をまとめることは不可能であっただろう。心より感謝を申し上げたい。

2025 年 2 月

峯島　宏次

索　引

*頻出する単語は、重要な箇所のみを拾った。

著者紹介

峯島宏次 （みねしま　こうじ）

慶應義塾大学文学部准教授。博士（哲学）。

専門は哲学、論理学、言語学（意味論、語用論、計算言語学）。

主な業績に、『論理の哲学』（共著、飯田隆編、講談社、2005 年）、『岩波講座哲学第三巻言語／思考の哲学』（共著、飯田隆編、岩波書店、2009 年）、『名詞句の世界——その意味と解釈の神秘に迫る』（西山佑司編、ひつじ書房、2013 年）、*Modern Perspectives in Type Theoretical Semantics*（共著、S.Chatzikyriakidis and Z. Luo, eds., Springer, 2017）、W. ライカン『言語哲学——入門から中級まで』（共訳、勁草書房、2005 年）などがある。

一歩ずつマスターする　論理学入門

2025 年 3 月20日　初版第 1 刷発行

著　者―――峯島宏次
発行者―――大野友寛
発行所―――慶應義塾大学出版会株式会社
　　　　　　〒108-8346　東京都港区三田 2-19-30
　　　　　　TEL〔編集部〕03-3451-0931
　　　　　　　　〔営業部〕03-3451-3584〈ご注文〉
　　　　　　　　〔　〃　〕03-3451-6926
　　　　　　FAX〔営業部〕03-3451-3122
　　　　　　振替 00190-8-155497
　　　　　　https://www.keio-up.co.jp/
装　丁―――成原亜美（成原デザイン事務所）
印刷・製本――株式会社啓文堂
カバー印刷――株式会社太平印刷社